乡村发展背景下
西部地区美丽乡村建设研究

◎ 张永琴　著

九 州 出 版 社
JIUZHOUPRESS

图书在版编目（CIP）数据

乡村发展背景下西部地区美丽乡村建设研究 / 张永琴著 . -- 北京 : 九州出版社 , 2023.2

ISBN 978-7-5225-1655-4

Ⅰ . ①乡… Ⅱ . ①张… Ⅲ . ①农村－社会主义建设 －研究－中国 Ⅳ . ① F320.3

中国版本图书馆 CIP 数据核字 (2023) 第 022224 号

乡村发展背景下西部地区美丽乡村建设研究

作　　者	张永琴　著	
责任编辑	蒋运华	
出版发行	九州出版社	
地　　址	北京市西城区阜外大街甲 35 号（100037）	
发行电话	（010）68992190/3/5/6	
网　　址	www.jiuzhoupress.com	
印　　刷	湖南省众鑫印务有限公司	
开　　本	710 毫米 ×1000 毫米　16 开	
印　　张	14	
字　　数	206 千字	
版　　次	2023 年 2 月第 1 版	
印　　次	2023 年 2 月第 1 次印刷	
书　　号	ISBN 978-7-5225-1655-4	
定　　价	92.00 元	

　　张永琴　硕士研究生，青海大学副教授，企业管理教研室主任，主要研究方向为工商管理、乡村管理等。主持国家社科基金项目2项，主持完成青海省省级智库重点研究项目2项，完成各类横向项目10余项。出版专著1部，发表论文10余篇。

前　言

　　建设美丽乡村是新时期我国新农村建设发展的提质升级版,它不仅是对"生产发展、生活宽裕、村容整洁、乡风文明、管理民主"的新农村建设宗旨坚定的坚持延续,也进一步丰富并充盈了新农村建设的内涵和本质。美丽乡村建设过程对乡村内部发展规律给予了充分尊重和理解,同时也更加着眼于生态环境资源的有效利用及人与自然和谐相处。同时,美丽乡村建设也更侧重转变农业生产方式,探索农业功能的多元化,实现农业农村绿色可持续发展,完成农业文明的保护和传承等。

　　建设美丽乡村,是社会主义新农村建设实践的具体要求,是美丽中国建设目标不可或缺的关键部分。各地也都在本土化推进过程中根据自身特点不断实践并检验自己的建设思路和举措。总体来看,美丽乡村就是要用现代化的生态发展观,开拓出一条环境友好、协调和谐的现代化乡村发展新道路,最终实现乡村振兴。

　　美丽乡村建设亦是西部地区新农村建设的进阶版本。它在继承并拓展新农村核心内涵的同时,深入完善了有关政策方针,极大丰富了西部地区新农村建设的本土化内涵。在更加尊重本地乡村的历史发展进程与演变规律,更加关注脆弱的乡村生态环境资源,更加关注建立人与自然的协调共生关系的基础上,着力转变农牧业的落后生产发展方式,实现乡村的可持续发展和脆弱的乡村文明的传承、保护与发展。因此,也可以说,美丽乡村是自然和社会层面建设实践的融合统一。这对于有效保护乡村生态环境、增强乡村生态屏障功能、提高西部地区乡村资源利用率、提升乡村综合竞争力、巩固脱贫攻坚成果都具有现实突出意义。

　　本研究通过深入西部地区青海乡村的实地调查和实证分析，对如何有效开展民族地区美丽乡村建设、如何协调处理美丽乡村建设与精准扶贫的关系、如何以整合营销视角研究民族地区特定社会资源下的美丽乡村建设、完善西部地区美丽乡村建设理论体系等方面进行了有益的理论与实践探析。

　　本书所涉及的有些内容还处在实践、探索和完善阶段，鉴于本人的学识和水平，书中难免有不足和疏漏之出，恳请各位专家、同行和读者批评指正！

目　　录

第一章 绪 论

第一节 选题意义

一、美丽乡村建设的提出

"从基层上看，中国社会是乡土性的。"[①] 广大的农村地区是中国社会经济文化发展的基础，农村发展和最终实现社会主义现代化也是乡村振兴的必然选择。美丽乡村概念一经提出，全国各地的美丽乡村建设即蓬勃有序地开展起来。但何谓真正意义上的社会主义美丽乡村？在长期的发展实践中广大乡村不断探寻答案，而社会主义美丽乡村的中国化、地方化实践延续到今天也走过了一个循序渐进、生机勃发的路程。

2005 年，党的第十六届五中全会指出，建设社会主义新农村是我国现代化进程中的重大历史任务，要按照"生产发展、生活宽裕、乡风文明、村容整洁、管理民主"的建设要求，扎实推进社会主义新农村建设。

2012 年，党的十八大报告首次提出"美丽中国"的概念。"美丽中国"一经提出，便明确了中国特色社会主义五位一体的总体方略，即"以经济建设为基石，政治建设为保障，文化建设为内涵，社会建设为条件，生态文明建设为根本"的融合协调发展道路。这充分体现了我们党把人民放在首位和为人民服务的理念，符合人民追求更好生活的新期望，符合现阶段中国国情。建设美丽中国的目标是最终实现五个层面的和谐可持续发展。

2013 年，建设美丽乡村的具体目标经中共中央 1 号文件首次明确提出，文件中也明晰了美丽乡村建设推进工作安排，提出美丽乡村建设要进一步加强

[①] 费孝通. 乡土中国 [M]. 上海：上海人民出版社，2018.

产业发展、农村生态环境建设、自然环境保护和农村综合整治。农村土地和人口占国土总面积和总人口的绝大多数。建设美丽中国，起点在乡村，重点在乡村，最终实现标志在乡村。农业、农村、农民构成的"三农"是实现美丽中国的重要基础，实现美丽中国总体建设目标的实现，首先要完成农业现代化，达成美丽乡村建设标准。而美丽乡村要最终实现的产业发展，对提高农牧民收入、全面实现贫困人口脱贫、解决农牧区现阶段社会主要矛盾意义重大。实际上，中国的农村地区和农村人口占绝大多数。正如习近平总书记所说，即使将来城市化率达到70%或更高，农村人口也将达到4亿或5亿。农村要成为有生命力的农村，要成为有吸引力的农村，要成为富有魅力的农村。

总体来看，美丽的乡村是具有科学规划、合理设计和环境怡人的瑰丽乡村；是乡村有产业、农户有事做、农民有钱赚的富裕乡村；是秉承历史、赓续文化、独具特色的迷人乡村；是功能完备、服务优质、保障有效的幸福乡村；是洋溢生机、治理民主、机制灵活的创新乡村。美丽乡村是乡村未来发展的诗意表达，尤其是生态文明的韵味表达。其实质是人类文明的新发展形式，是人与自然，经济社会发展与生态环境保护之间的双赢局面。它充分体现了人民群众对人与自然和谐发展的美好愿望和期待，其特征可以概括为"四美"(科学规划布局美、村容整洁环境美、创业增收生活美、乡风文明身心美)和"三宜"(宜居、宜业、宜游)。

表1-1 美丽乡村的提出与发展历程

时间	提法	具体内容
1920	新村运动	1920年周作人在《新青年》上宣布成立"新村北京支部"，在中国宣传并实践"新村运动"
20世纪二三十年代	乡村建设运动	以晏阳初、梁漱溟、卢作孚等人为代表的中国知识分子，秉承救济农村即拯救国家的普遍认识，在全国范围内掀起了一场规模大、时间长、波及广的乡村建设运动
20世纪五十年代	社会主义新农村概念	党史文献中提出和使用过"社会主义新农村"概念
改革开放后	新农村	中发〔1981〕13号文件，提出"建设一个农、林、牧、副、渔全面发展，农工商综合经营，环境优美，生活富裕，文化发达的新农村"

时间	提法	具体内容
1999 年	新农村运动	1999 年，林毅夫指出中国出现了产能过剩问题，这个问题的解决，关键在于启动农村消费市场，并主张开展"新农村运动"
2003 年 7 月	新农村试验	2003 年 7 月，最早提出当代中国"三农"问题的学者温铁军与河北翟城村民集资建造了中国第一个免费培训农民的晏阳初农民建设学院
2005 年 10 月	社会主义新农村	党的十六届五中全会提出建设社会主义新农村的重大历史任务，提出了"生产发展、生活宽裕、乡风文明、村容整洁、管理民主"的具体要求
2007 年 10 月	统筹城乡发展，推进社会主义新农村建设	党的十七大提出"要统筹城乡发展，推进社会主义新农村建设"，进一步提出建设生态文明的新要求，把到 2020 年建设生态环境良好国家作为全面建设小康社会的重要目标之一
"十一五""十二五"	地方实践蓬勃发展	全国很多省市按十六届五中全会要求，为加快社会主义新农村建设，纷纷制定美丽乡村建设行动计划并付之行动，取得了一定成效
2012 年 10 月	美丽中国	十八大报告指出，要大力推进生态文明建设，努力建设美丽中国，实现中华民族永续发展；要推动城乡发展一体化，形成以工促农、以城带乡、工农互惠、城乡一体的新型工农、城乡关系
2013 年 1 月	农村基础设施薄弱和环境脆弱问题的解决	党的十八届三中全会提出要建设美丽中国、形成人与自然和谐相处的新格局，要实现这个目标，首先要解决广大农村的基础设施薄弱和环境脆弱的问题
2013 年	努力建设美丽乡村	2013 年中央一号文件《中共中央国务院关于加快发展现代农业进一步增强农村发展活力的若干意见》提出：加强农村生态建设、环境保护和综合整治，努力建设美丽乡村
2014 年	建设各具特色的美丽乡村	2014 年中央一号文件再次提出要大力整治农村居住环境，2014 年 3 月出台的《国家新型城镇化规划（2014—2020 年）》明确提出：要建设各具特色的美丽乡村
2015 年 12 月	加快美丽乡村建设	习近平在 2015 年中央农村工作会议上强调"坚持农民主体地位，尊重农民意愿，突出农村特色，弘扬传统文化，有序推进农村人居环境整治，加快美丽乡村建设"
2016 年 2 月	破解"三农"新难题	中央一号文件《中共中央 国务院关于落实发展新理念加快农业现代化 实现全面小康目标的若干意见》："十三五"时期要用发展新理念破解"三农"新难题，厚植农业农村发展优势，加大创新驱动力度

时间	提法	具体内容
2017年2月	田园综合体	中央一号文件提出支持有条件的乡村建设田园综合体
2018年9月	乡村振兴战略规划	中共中央国务院印发《乡村振兴战略规划（2018—2022年）》，规划提出，到2020年，乡村振兴的制度框架和政策体系基本形成，各地区各部门乡村振兴的思路举措得以确立，全面建成小康社会的目标如期实现
2019年2月	村庄基础设施建设	中央一号文件提出实施村庄基础设施建设工程、抓好农村人居环境整治三年行动、开展美丽宜居村庄和最美庭院创建活动
2020年2月	农村基层治理	中央一号文件提出坚决打赢脱贫攻坚战；对标全面建成小康社会加快补上农村基础设施和公共服务短板；保障重要农产品有效供给和促进农民持续增收；加强农村基层治理；强化农村补短板保障措施

二、美丽乡村建设意义

2012年11月，中国共产党第十八次全国代表大会提出创建美丽乡村实践行动。2013年，国家全面推进了美丽乡村建设工作。可以说，新时期新农村建设的提质版就是"美丽乡村"，它不仅对"生产发展、生活宽裕、村容整洁、乡风文明、管理民主"的新农村建设宗旨坚定地坚持延续，完备相关政策，也进一步丰富并充盈了新农村建设的内涵和本质，主要体现在对其内部发展规律的尊重和理解，并着眼于生态环境资源的有效利用及人与自然和谐相处。同时，美丽乡村建设也更侧重转变农业生产方式，探索农业功能的多元化，实现农业农村绿色可持续发展，完成农业文明的保护和传承等。

从另一个角度来说，美丽的乡村之美呈现于自然层面，更呈现于社会层面。在城镇化加速急剧推进的今天，建设美丽乡村对于凋敝乡村的重生、土地资源的重组盘活及有效开发、农业产业效率提质提速、城乡发展差距的缩小、实现互动融合的城乡一体化发展也有重要意义。同时，创建美丽乡村也是中国梦的最真实表现。作为生态文明建设扎实推进的重要举措和美丽中国在乡村完整实现的具体方略，没有"美丽乡村"就不会有"美丽中国"。开展美丽乡村建设符合国家新时期总体发展战略的要求，符合中国社会发展规律，符合现阶段农业农村发展实际，符合广大城乡群众的期许，历史意义和实践意义极其重大。

建设美丽乡村，是社会主义新农村建设实践的具体要求，是美丽中国建设目标不可或缺的关键部分。美丽乡村建设涵盖了前期新农村、乡村旅游等形式内容，目前全国也没有统一标准和固定的建设参考模式。各地都在本土化推进过程中根据自身特点不断实践并检验自己的建设思路和举措。

三、西部地区美丽乡村建设意义

中国共产党第十八次全国代表大会将"生态文明"纳入社会主义"五位一体"建设的总体设计，这关系着人民的福祉和民族未来。在此基础上，美丽中国的发展目标是生态和谐之美，其体现为生活之美、社会之美、环境之美、时代之美、人民之美。而美丽中国的发展目标落地在农村就是"美丽乡村"的实现，这也是生态文明建设落地乡村的终极目标。美丽乡村就是要用现代化的生态发展观，开拓出一条环境友好、协调和谐的现代化发展新道路，最终实现乡村振兴。这也是 20 世纪以来在实现经济社会协调融合发展的同时建设具有中国特色的"五位一体"社会主义的伟大实践中的重要现实问题。

美丽乡村建设亦是西部地区新农村建设的进阶版本。它在继承并拓展新农村核心内涵的同时，深入完善了有关政策方针，极大丰富了西部地区新农村建设的本土化内涵。在更加尊重本地乡村的历史发展进程与演变规律，更加关注脆弱的乡村生态环境资源，更加关注建立人与自然的协调共生关系的基础上，着力转变农牧业的落后生产发展方式，实现乡村的可持续发展和脆弱的乡村文明的传承、保护与发展。因此，也可以说，美丽乡村是自然和社会层面建设实践的融合统一。这对于有效保护乡村生态环境、增强乡村生态屏障功能、提高西部地区乡村资源利用率、提升乡村综合竞争力、巩固脱贫攻坚成果都具有现实意义。

西部地区特殊的自然地理条件使得该地区美丽乡村建设难度远高于中东部地区。总体来看，由于西部乡村面积大、海拔高、民族多、人口少、宗教浓、经济弱，乡村建设发展的困难异常明显。西部民族政策的深入贯彻、意识形态及民主法治建设、乡村现代化治理水平提升、宗教和谐与精神脱贫、农村市场经济体制建设等都将伴随美丽乡村建设得到整体提升。

建设美丽乡村,是西部地区实施生态文明建设的重要举措,是西部乡村建设美丽中国的具体体现,也是新农村建设的伟大实践,是新农村建设的浓墨重彩之笔,它充分体现了"科学规划布局之美、创业增收之美、村容村貌之美、环境清洁之美、乡村风貌之美、文明素质之美、民主和谐管理之美"。这也是实现乡村全面振兴的前提与基础,符合国家及西部总体发展建设构想,符合社会整体发展规律,符合西部地区现阶段实情和乡村发展的迫切需要,意义极为重大。

四、精准扶贫战略背景下西部地区美丽乡村建设意义

新中国成立后,国内扶贫工作经历了从救济扶贫(1949—1977)到改革扶贫(1978—1985)、开发扶贫(1986—1993)、攻坚扶贫(1994—2000)、整村扶贫(2001—2012),再到精准扶贫(2013年至今)的历程。2020年,在高质量完成既定扶贫目标,彻底消除困扰乡村的原发性绝对贫困问题后,我国农村贫困将发生新的变化:农村相对贫困更加突出;多维贫困特点更加凸显;新一代贫困人群逐渐出现。

西部地区多属民族地区,因地理条件、区域特征、人口与历史文化、宗教信仰等差异,造成贫困面宽、贫困程度深。这里是区域性贫困的典型代表和脱贫攻坚的重点区域,也是减贫难度最大、返贫可能性最大的区域。作为已明确实施特殊扶持政策的部分地区,由于生态保护责任大、资源开发局限多、产业发展选择难等客观原因,精准扶贫战略实施压力异常突出。

历经5年脱贫攻坚,西部各省克服自身缺乏发展能力、脱贫能力较低的发展性贫困主因,高质量完成脱贫攻坚任务。如青海省委省政府于2020年4月21日发布公告,经过专项评估和检查,民和回族土族自治县等17个贫困县(区)已达到脱贫标准。青海省42个贫困县(市、区、行政委员会),1 622个贫困村和53.9万贫困人口脱离了贫困,实现了绝对贫困全面"清零"目标。青海

省在精准扶贫战略助力下，美丽乡村建设也取得了卓越成就。依靠有力的扶贫政策支持（低保金、生态补偿金、特困供养金等转移性收入），美丽乡村建设在较短建设期内实现了生态环境持续改善、组织管理效能提升、基础设施配套升级、乡村产业优化发展等目标。

需要注意的是，虽然西部各省脱贫攻坚成果丰硕、绩效突出，但期间中央专项巡视、脱贫攻坚考核与评估中均发现易地搬迁有漏项、涉农资金统筹利用不佳、项目资金管理低效、健康扶贫不到位、行业扶贫仍有短板等问题依然存在。而这些问题很多也与美丽乡村建设的具体问题相互叠加交叉，影响了美丽乡村建设的综合效果。由于西部地区发展基础普遍薄弱，其自身的造血功能不足，下一步的脱贫成果巩固和防返贫任务将异常艰巨，而美丽乡村建设提质升级也将面临较大挑战。因此，实施精准扶贫战略背景下，脱贫政策延续期内美丽乡村建设研究，对保障地区社会稳定、经济发展具有重要的战略意义。

基于西部地区减贫工作实践及前期的美丽乡村建设实践经验可得：2020年后将接续高质量推进减贫工作，美丽乡村建设发展的重点也应调整为社会服务数量和质量的均等化基础上的乡村提质升级。需要在此前提下把握美丽乡村建设重点，准确思考设计精准扶贫战略背景下确保美丽乡村建设提质增效的乡村建设保障机制。同时美丽乡村建设配套政策等也应将现行精准扶贫思路重新梳理，在"摘帽不摘责任、摘帽不摘政策、摘帽不摘帮扶、摘帽不摘监管"政策指导下以西部地区青海省美丽乡村建设为重点研究对象，进行深度剖析。

五、研究意义

自美丽乡村建设项目开展以来，西部地区在重点村的房屋建设、环境改善、基础设施建设和公共服务建设方面投入了大量社会资源。精准扶贫战略的深入实施也有效助推了相关重点村建设效果快速升级。围绕美丽乡村建设目标、相关关系处理等问题积累了丰富经验。但由于该地区地理区位条件所限，经济、社会、治理体制等发展基础先天不足，因此，精准扶贫战略背景下美丽乡村建设也出现了诸如建设资金及整合力度与实际需求仍有较大差距，美丽乡村建设工作推进不平衡重点不清晰，美丽乡村建设成果的长效巩固机制不健全等问题。而该地区特定社会资源基础上美丽乡村建设的系统研究也尚属空白。因此，要系统分析精准扶贫战略与美丽乡村建设的关系，准确提炼二者融合交叉发展过程中出现的典型共性问题，对症施策。本研究深入西部地区青海乡村实地调查和实证分析，对如何有效开展民族地区美丽乡村建设，如何协调处理美丽乡村建设与精准扶贫的关系，如何以整合营销视角研究民族地区特定社会资源下的美丽乡村建设流程，完善西部地区建设理论体系等方面进行有益的理论探析，与国家精准扶贫战略和可持续发展战略高度吻合。

本研究突出对西部地区美丽乡村建设的实践指导作用：一是基于调研对象青海省美丽乡村建设要素分析基础上，形成美丽乡村可持续发展管理思路，提高美丽乡村建设的实践性，突出各乡村建设的特色化，并实现此基础上的乡村优势产业发展从而最终完成精准扶贫并巩固脱贫成果；二是本研究选择典型个案，以实地调研为基础，全面系统调查研究西部地区的精准扶贫、乡村发展现状，通过针对青海省美丽乡村建设的应用研究提出符合青海社会资源现实的、行之有效的美丽乡村建设发展思路与流程；三是通过项目研究，深挖地区优势资源与产业，为实现美丽乡村建设基础上的乡村价值增值提供新发展思路，并进一步保障西部地区和谐发展。

第二节　国外相关研究的学术史梳理及研究动态

乡村建设是当代社会对乡村施行社会化施策管理及传统农村进行自我改变的乡村发展规划。其他国家没有特定的"美丽农村"建设活动，大多称为"农村进步"及"农村改革"。

自1930年以来，发达国家在传统农业中进行了全面的技术创新。具有代表性的是：日本的创村活动、韩国的新农村活动、德国的乡村革新、荷兰的农地整合为中心的西欧城镇管理形式等等。以上国家的农村管理形式大多是依靠政府帮助，不过最主要的还是靠着乡村自己的能力，对减少地区收益差距、提升农民收益、提升农村的平均生活水平、推动当代现代化农村进步都有很显著的效果。

根据资料梳理发现，发达国家农村社会依靠本身具有的优势，衍生出了多样的乡村治理模式，获得了较好的收益，主要经验是：政府成为乡村管理的中心，必须给予政策帮助及资金保证，才能实行大范围的城镇创建活动；发达地区对城镇管理的规划比较看重，能够降低以后创建乡村管理过程中出现危机的概率；农民协会是农村自己的机构，可以提升农民地位保证其获得相关权益；城市、公司及社会都是城镇创建的辅助者，推动了农村进步；农民特别是乡村人才为农村创建的领导者，提升农村进步的速度；农村金融组织是农村管理施策的辅助，担负着乡村不间断进步的责任；看重公共设施的创建，这是提升乡村生活水平的前提。其他国家的农村建设发展也重点关注发挥农民能动性，表现在农村建设不仅当地农民自身发展需要，也是包含全国人民在内的社会性活动，农村建设尚未和城市的进步分开，是处理城市发展矛盾中的一部分。农村的发展进步推动了城市的创新发展，城市的发展也带动了农村的创建，这是城市和农村的共同进步，该理念也为中国实现美丽农村创建打下了基础。

第三节 国内相关研究的学术史梳理及研究动态

创建美丽中国的中心及困难在农村。2008 年，"中国美丽农村"规划首次在浙江省安吉县施行，同期《创建"中国美丽农村"实行规划》颁布。党的十八大也明确指出努力建设美丽中国，努力实现中华民族的永续发展。2013 年中央一号文件，首次提出美丽农村发展目标，提出产业发展、生态乡村建设、环境保护及乡村综合治理[①]。2017 年，党的十九大报告再次提出，"加快生

---

① 谢菲，袁世林. 中国美丽乡村建设研究现状回顾与展望 [J]. 农业科学研究，2018,39（2）：
61—66.

态文明体制改革，建设美丽中国"。美丽乡村成为美丽中国的直接体现，代表了广大农民追求美好生活的新期望，更是全面建成小康社会的必然选择。李鹤认为美丽乡村建设的核心是农业农村基础设施水平的大力提升，基础支撑是通过产业发展、收入结构调整促进农民增收致富。更好地发挥乡村的优势，缩小城乡之间的发展差距，使乡村居民的幸福指数不低于城市居民。[①]

美丽乡村建设研究热点集中在人与社会关系、人与自然关系的并重交叉，构建出乡村人口、社会、自然三者和谐统一的研究构架。其研究新特点体现在基于前期美丽乡村创建探究的思考，上升为有关体制机制化动态系统的创建[②]。如，王文龙以日韩农村创建举例思考国内美丽农村创建，找到国内美丽农村创建具有条件不够、目标过大、推动力不够、政策没有活力等不足，还指出有关政府调节的意见[③]。蔡雪雄集中于福建省面对的资金不足、战略不够与时俱进、利益情况多、看重创建忽视管控等不足来思考，表示应该提升战略，转变理念，改变人们的日常生活环境，推动生态经济工程创建、看重乡愁文化的继承[④]。韩喜平和孙贺对美丽农村建设中战略不足、形式不足及实践不足作出思考，表示需要从绿色生态、社会主义新乡村创建等层面，整体确定美丽乡村创建，需要坚定体制机制和整体规划概念，统一经过试验先行和整体推动的相互联系，整理好政府和人民联系的活动边界[⑤]。这一时期政策层面有关美丽乡村建设的引导代表性的是2014年3月颁布的《国家新型城镇化规划（2014—2020年）》，该规划指出：要创建有特点的美丽乡村。这一年还提出用奖励来推动美丽乡村建设，努力优化生活环境，创建农村美好生活的氛围。

---

① 李鹤. 浅析城乡规划设计中美丽乡村规划策略 [J]. 科技经济导刊，2020，28（22）：76.

② 谢菲，袁世林. 中国美丽乡村建设研究现状回顾与展望 [J]. 农业科学研究，2018，39（2）：61—66.

③ 王文龙. 中国美丽乡村建设反思及其政策调整建议：以日韩乡村建设为参照 [J]. 农业经济问题，2016，37（10）：83—90，111—112.

④ 蔡雪雄. 福建省美丽乡村建设态势与思考 [J]. 福建论坛（人文社会科学版），2014（12）：161—166.

⑤ 韩喜平，孙贺. 美丽乡村建设的定位、误区及推进思路 [J]. 经济纵横，2016（1）：87—90.

2016 年后，对于美丽乡村建设的目标、相关联系、典型问题等，各界学者从不同视角进行了归纳。首先，建设目标。史洪杰认为建设美丽乡村需要统筹规划城乡创建及进一步推动农村生活环境的调整、农村文化学习的创建、自然资源的使用和保护以及社会基础建筑的创建①。改革开放后，社会的不断发展，城镇化覆盖率提高，"人民富、农业强、乡村美"变成国内乡村创建的最终目的。各地的美丽乡村建设实践过程中也不断涌现出符合地域差异特点的美丽乡村建设独有形式，比如安吉模式、临安模式等等。徐翠婷认为要凸显农村独特魅力，紧跟农村特征实践，农民是农村建设发展的主要劳动力，提振农民创建美好农村的自信和动力②。其次，相关联系。王国灿认为美丽农村创建要整理好政府和社会群体、农民的联系，形成党政齐抓、共同把控、有关机构协作、一方监督一方的工作体制③；王卫星认为要规划好政府、市场、社会的联系，一事一议奖罚分明和美丽乡村的联系，政府机构和村委会的联系，美丽乡村硬件和软件建设的联系④。最后，典型问题。陶良如和朱彬彬的观点是美丽农村建设中的典型矛盾有空心村情况严重、农村基建落后、公共服务不足、建设的可持续降低⑤；王文龙认为中国美丽乡村建设条件还不成熟、目标过于超前、内生动力不足、政策僵化等等⑥。

还有很多专家学者对美丽农村今后发展进行了侧重研究，较集中的观点聚焦在两层面：第一是提升对参加美丽建设主体内部的区别化探究。每类主体并非孤立地、不被限制地加入到创建美丽乡村过程中，而是被相关的社会联系所约束。为降低这种社会联系的约束，需要进行管理体制建设，在此期间不但要

---

① 史洪杰.城乡统筹发展背景下美丽乡村规划研究 [J].中华建设，2019（4）：116—117.

② 徐翠婷.乡村振兴视角下美丽乡村规划设计探索 [J].河南农业，2020（29）：59—60.

③ 王国灿.浙江省美丽乡村建设的经验与启示 [J].人文天下，2018（22）：2—9.

④ 王卫星.美丽乡村建设要妥善处理好几个关系 [J].中国乡村发现，2014（2）：7—9.

⑤ 陶良如，朱彬彬.美丽乡村规划建设实践初探：以濮阳经济技术开发区张庄村为例 [J].河南农业，2018（18）：54—55.

⑥ 王文龙.中国美丽乡村建设反思及其政策调整建议：以日韩乡村建设为参照 [J].农业经济问题，2016，37（10）：83—90，111—112.

思考每类主体间的相互影响，还要思考每类主体内部的区别，及其对主体自身和各类主体中间的作用。所以需要在优化体制机制分析研究的前提下，提升对参加主体的内部区别的探究。第二是提升对潜在的美丽乡村建设的地方探究性研究。一方面，需要对未进行美丽乡村建设的地方深度调查，做好基础材料的收集和解析工作，对地方开展美丽乡村建设的意义和核心重点进行评价，对潜力较大的农村区别分类，健全与地方建设对应的法律条规和规划，用来规避美丽农村建设对经典案例形式化的模仿，进一步做到灵活建设；另一方面需要重视对美丽乡村建设优质村和建设欠佳村的对比解析，以此来启发探寻美丽乡村建设的最佳模式及最优推广模式，这对于更好地推动美丽乡村建设从点到线到面的分布具有较大作用。

第四节　研究述评

在梳理现有研究的过程中发现，已有的西部地区美丽乡村建设研究成果主要集中在特定的扶贫过程中，通过发展特色产业、基础设施建设、旅游扶贫、金融扶贫、文教扶贫等促进美丽乡村建设。而对于如何构建乡村发展背景下的以乡村价值认知为基础的美丽乡村建设，如何有效推进西部地区特色社会资源基础上的美丽乡村建设，并在乡村可持续发展过程中有效巩固扶贫成果，尚没有充分深入的研究。

同时，西部地区美丽乡村的实证研究主要针对集中连片特困地区、农牧业发达地区进行，而针对生态脆弱地区的美丽乡村建设理论与实证研究尚未出现。因此，探寻西部地区尤其是生态脆弱地区美丽乡村建设研究是支持完成西部地区美丽乡村建设目标及乡村全面振兴的重要研究。

第五节　相关概念与理论基础

一、美丽乡村概念界定

（一）美丽乡村

2005 年 10 月 11 日，党的第十六届五中全会提出我国现代化进程中的重大历史任务是社会主义新农村建设，"生产发展、生活宽裕、乡风文明、村容整洁、管理民主"是其扎实稳步推进的标准。

美丽乡村的提出不仅是立足于生态层面，而且是立足于经济层面，更是立足于社会层面。美丽乡村的建设，不仅要营造美丽的乡村形象和风貌，而且要注意提高农牧民的生活水平和素质，提高农牧民的幸福指数。美丽乡村应当是农村环境、产业、人才、文化、生态、组织等要素的和谐完美结合。这是创建真正意义上的美丽乡村的标准答案。美丽村庄的建设不是"颜面工程"，而是人民的现实生活工程，它肩负着建设新的社会主义阵营和新的生态文明的新使命。

美丽乡村是生态文明建设的目标。农村发展不仅需要"金山银山"，还需要"绿水青山"。贫穷和落后的美丽乡村不是美丽的中国，不是富强的中国，环境污染的乡村也不是美丽的中国。同时，美丽乡村的建设需要技术系统和文化的保护，以实现人与自然，环境与经济以及人与社会之间的和谐。从这个意义上说，美丽的乡村由三个层次的美丽组成。

第一层美是指生态环境与人文符号"协调美"。这是美丽乡村景观构建及视觉符号的表现基础。美丽乡村建设的基础层面，必须充分尊重自然、敬畏自然，放大自然环境的美。同时，乡村发展环境的打造必须从可持续发展的角度设计，打造出科学发展模式指导下的乡村美。这也是美丽乡村建设的基本出发点。人文符号美是对生态环境美的发展和延伸，是植根于自然环境之上的环境有效利用的体现。维护好生态平衡，乡村社会才能持续发展，才能更高效地利用自然资源创造物质和精神财富。因此，要在维护生态平衡的基础上，努力实现人类与自然和谐发展，科学合理地完成乡村的现代化建设，实现宜居空间和生态空间的均衡发展。

第二层美是文化与科技的"融合美"。这是美丽乡村建设的必要条件。建设美丽乡村，需要大力引导塑造全社会绿色发展和合理消费的观念，树立全面正确的生态价值观，营造鼓励绿色发展和合理消费的社会环境。综合利用各类科学技术，更好地节约资源、保护环境，开拓新的乡村发展空间，破解资源和环境制约经济社会发展难题，建立健全环境保护制度机制、资源有偿使用和生态社会保障及赔偿制度，加强并不断完善优化生态文明体系建设。要不断增强农牧民对自然生态环境保护和生态文明发展意识，为保护生态环境营造良好的社会条件。

第三层美是人与自然、环境与经济、人与社会的"和谐美"。这是美丽乡村建设的核心和本质。建设美丽乡村，最终目标是为了实现人与自然的和谐共存，必须彻底革新过度消耗资源、破坏环境的传统发展模式，全面促进乡村绿色发展、循环发展和低碳发展，改革并优化产业发展结构，节约资源能源。美丽乡村的美丽本质在于人与社会的和谐发展。而人与社会的和谐发展本质是，在尊重并遵守自然规律的基础上，不断调整人与环境间的利益关系，并努力实现人与人、人与社会、人与子孙后代在环境利益之间的和谐关系。

美丽乡村是新农村建设成果的重要标志，也是乡村全面振兴的重要前提和基础。本文所选调研对象青海省，自然气候条件恶劣（海西州平均海拔 3 000 米、海南州平均海拔 3 000 米、海北州平均海拔 3 200 米、玉树州平均海拔 4 200 米、果洛州平均海拔 4 000 米、黄南州平均海拔 3 800 米）、历史文化特殊（如果洛州直接从奴隶社会解放为社会主义社会）、经济基础薄弱、人口数量稀少（青海涉藏地区人口密度普遍每平方千米 3 人）等，这里的美丽乡村建设难度更大，任务更艰巨。

因此，本研究认为：西部地区美丽乡村建设应当是在完善的乡村基础设施建设前提下，实现乡村产业发展、人才集聚、文化繁荣、生态保护、组织完善五方面和谐统一发展。而对具体乡村的美丽乡村建设也应从这五个方面进行评价。同时，只有实现五方合一的统筹建设目标，下一阶段乡村全面振兴才能有的放矢。另外，由于西部地区发展基础的特殊性，美丽乡村建设还需要完成民族政策的深入贯彻、意识形态及民主法治建设、乡村现代化治理水平提升、宗教和谐与精神脱贫等深层任务。

表1-2　青海省涉藏地区六州人口统计表

单位：万人

州名	常住人口	户籍人口	城镇户籍人口	乡村户籍人口
海西州	52.07	40.38	27.89	12.49
海南州	47.80	47.15	10.70	36.45
海北州	28.49	29.56	8.05	21.50
玉树州	42.25	41.54	7.12	34.41
果洛州	21.15	20.38	5.92	15.23
黄南州	27.68	27.85	7.01	20.85

数据来源：根据青海涉藏地区六州2019年公报数据整理。

（二）青海省美丽乡村的界定与筛选

1. 青海省美丽乡村的界定。本项目研究的重点调研对象青海省美丽乡村具体包括：海西蒙古族藏族自治州（以下称海西州），海南藏族自治州（以下称海南州），海北藏族自治州（以下称海北州），玉树藏族自治州（以下称玉树州），果洛藏族自治州（以下称果洛州），黄南藏族自治州（以下称黄南州），亦即青海涉藏地区六州。

对青海省美丽乡村个案的筛选以2014—2020年青海省住建厅高原美丽乡村建设村目录为准，同时考核了各村建设时间、发展典型性、区域示范作用、社会评价、获得荣誉等因素。

2. 青海省美丽乡村调研对象筛选标准。在广泛深入青海省乡村调研中发现，青海高原美丽乡村建设村在建设时间、建设基础、建设成果等方面存在较大差异，为了更好地把握研究重点，获得高质量的、有时效性和指导性的研究成果，依据以下标准对高原美丽乡村重点调研对象进行筛选。

第一，高原美丽乡村必须为青海省住建厅建设目录中所列乡村。

第二，重点调研分析的美丽乡村个案在交通区位、乡村文化、产业结构、地缘关系等层面有典型代表性。同时，也综合考虑了个案村在区域示范作用、社会评价方面的突出特点。

第三，共调研22个美丽乡村，每州筛选2个重点调研个案村，共筛选出12个重点调研个案村（表1-3中带☆号的）。

表1-3　调研村信息

所属州	村名	与西宁距离（km）	海拔高度（m）	调研时间
海西州	☆德令哈市柯鲁柯镇希望村	501.3	2 900	2019.10
	德令哈市柯鲁柯镇平原村	472.8	2 900	2019.10
	☆格尔木市大格勒乡新庄村	689.0	2 790	2019.10
	诺木洪农场宗加镇农场一社区	624.2	2 794	2019.10
	诺木洪农场宗加镇农场一社区	624.2	2 794	2019.10
海南州	☆贵德县尕让乡阿言麦村	76.5	2 340	2020.11
	☆贵南县沙沟乡拉扎村	176.7	2 800	2020.11
海北州	☆门源县麻莲乡瓜拉村	158.3	2 890	2020.11
	门源县仙米乡龙浪村	109.8	2 900	2020.11
	☆祁连县扎麻什乡郭米村	305.6	2 980	2020.11
玉树州	☆囊谦县白扎乡东帕村	967.9	3 900	2018.08
	玉树市巴塘乡相古村	839.8	3 930	2018.08
	称多县拉布乡拉斯通村	760.6	3 910	2018.08
	☆治多县立新乡叶青村	930.9	4 050	2020.03
果洛州	☆甘德县下藏科乡江千村	608.1	3 780	2019.11
	甘德县下贡麻乡俄尔金村	640.7	3 800	2019.11
	玛沁县雪山乡阴柯河村	460.2	4 100	2020.03
	☆玛沁县下大武乡年扎村	425.0	4 020	2020.03
黄南州	☆同仁市隆务镇加查玛村	162.2	2 870	2019.07
	同仁市隆务镇上吾屯村	160.0	2 870	2019.07
	同仁市隆务镇下吾屯村	161.0	2 870	2019.07
	☆尖扎县昂拉乡德吉村	121.8	2 190	2019.07

调研村平均海拔 3 199 米,其中海拔最高的村是玉树州治多县立新乡叶青村 (海拔 4 050 米);调研村与青海省省会西宁平均距离 453.5 千米,最远的村是玉树州囊谦县白扎乡东帕村 (距离西宁 967.9 千米)。调研村尤其是纯牧业村,牧户居住非常分散,客观来看调研的空间跨度非常大。而因青海涉藏地区调研又受到民族文化、语言沟通等的局限,调研难度也明显高于青海省东部农业区。同时,因 2020 年新冠疫情暴发,项目调研计划与进度也做了及时调整。综合以上客观原因,具体调研最终在较长的时间跨度内合理完成。

二、理论基础

(一)最优化理论

最优化理论也称最优性原理,是美国数学家贝尔曼 (R. Bellman) 等人在 1956 年针对在一定的约束条件下,从众多可能的选择中做出最优选择,使系统的目标函数在约束条件下达到最大或最小,旨在解决系统的最优设计、最优控制、最优管理等的多阶段决策问题,使系统具有所期待的最优功能的组织过程而提出的理论。它分为线性规划与整数规划、变分法与动态规划、非线性的规划及智能优化方法。优化方法的基本因素有系统目标、可能方案、支付代价、系统模型和评价标准等。但无论采取哪种方法,必须遵循三方面原则:局部效应服从整体效应的原则,系统多级优化原则和优化的绝对性与相对性结合的原则。

(二)区域经济理论

区域经济学是由经济地理学逐步演化而来的,是以空间资源配置的合理性为基础,研究资源在区域内进行优化组合,以获得最大产出的空间分析经济学。根据资源配置的重点布局和配置方式不同,形成了不同的理论派别。其中,最具代表性的有以哈罗德—多马的平衡发展理论,包括罗森斯坦—罗丹的大推进理论和纳克斯的平衡发展理论,是解决落后国家中供给不足和需求不足的两种恶性循环的问题而实施平衡发展的理论。以赫希曼为代表的不平衡发展理论,强调经济部门或产业的不平衡发展,并强调关联效应和资源优化配置效应。区域分工贸易理论，包括亚当·斯密的绝对利益理论、大卫·李嘉图的比较利益理论和赫克歇尔与奥林的生产要素禀赋理论。梯度转移理论，是工业生产生命周期阶段理论的补充和完善，认为工业各部门及各种工业产品，都处于生命周期的创新、发展、成熟、衰退等四个阶段。主张发达地区优先加快发展，然后向较发达地区和欠发达地区转移，最后带动整个经济的发展。佛朗索瓦·佩鲁的增长极理论，主要观点是把少数区位条件好的地区和少数条件好的产业培育成经济增长极。通过增长极的极化和扩散效应，影响和带动周边地区和其他产业发展。萨伦巴和马利士的点轴开发理论，是增长极理论的延伸，强调交通条件对经济增长的作用。缪尔达尔的累积因果理论认为，要促进区域经济的协调发展，必须要有政府的有力干预。除此之外，还有劳尔·普雷维什的中心—外围理论、城市圈域经济理论、费特贸易区边界区位理论等。

（三）贫困理论

贫困理论是一个多层次体系，分贫困一般理论、贫困发展理论和一国内贫困理论三个层次。贫困一般理论主要探讨贫困的基础理论和共性问题，不直接与贫困的缓解和消除相关，却是反贫困发展和反贫困行动的重要基础。贫困发展理论从微观和宏观角度考察，从微观看贫困个人和贫困家庭的贫困状况，宏观是从国家角度看待贫困状况。贫困的一国内贫困理论将贫困作为一个国家社会经济发展面临的问题进行应对加以缓解和消除的思路和对策。贫困理论的主要组成部分是反贫困理论、维护贫困理论。其主要代表理论有社会分层职能学说、贫困功能论、三 M 理论和"自由主义经济原则"。

（四）"两山"理论

"两山"理论是指 20 世纪 80 年代末习近平总书记提出的"绿水青山就是金山银山"的理念，对于新时代建设生态文明与实现经济的高质量发展都具有重要的理论指导意义。一是在新的财富观念下，在追求社会经济高质量发展与满足人们对美好生活的需要的过程中，一定要把绿水青山当作金山银山来保护与建设。二是我们不仅要坚定"绿水青山就是金山银山"的绿色发展理念，还要把"绿水青山"当作"金山银山"去保护与建设，做到环境与社会经济发展的同促进同发展。三是展现了生态经济思维，决不单纯追求经济效益最大化，应追求经济效益与生态效益的平衡，实现可持续发展。

（五）民族理论

民族理论具有阶级性，是研究民族和民族间相互关系以及如何处理这种关系的学说。封建贵族为维护其特权和私利把民族说成是上帝的创造，资产阶级有些人成了自发的朴素的唯物主义者，有些人把民族之间的剥削和压迫看作是生存竞争。马克思主义民族理论是无产阶级及其政党观察和对待民族和民族问题的指导思想。毛泽东一贯主张各民族不分大小强弱，一律平等，反对民族歧视和民族压迫。他曾经指出，国家统一、人民团结、各民族团结，这是我们事业必定要胜利的基本保证。邓小平创新和发展了民族理论，创立了有中国特色的社会主义民族理论。江泽民民族理论既包括民族自身的发展，又包括民族之间，民族与阶级、国家之间等方面的关系。胡锦涛民族理论对民族定义做出了新的概括，即"民族是在一定的历史发展阶段形成的稳定的人们共同体"。通过"生产方式、风俗习惯、心理认同"等词解析了"共同心理素质""共同经济生活"两大特征。习近平民族理论提出了中华文化是中华儿女共同的精神基因，中华优秀传统文化是中华民族的根和魂，努力实现传统文化的创造性转化、创新性发展，不断铸就中华文化新辉煌的重要论述。

（六）可持续发展理论

可持续发展理论是以达到共同、协调、公平、高效、多维的发展为目的，以公平性、持续性、共同性为三大基本原则，指既满足当代人的需要，又不对后代人满足其需要的能力构成危害的发展。包括可持续发展的基础理论和可持续发展的核心理论。其中，可持续发展的基础理论有经济学理论（增长的极限理论和知识经济理论）、可持续发展的生态学理论、人口承载力理论和人地系统理论。可持续发展的核心理论有资源永续利用理论、外部性理论、财富代际公平分配理论和三种生产理论。

第六节　研究思路和主要内容

一、研究思路

本研究以最优化理论、区域经济理论、环境生产力原理、"两山"理论为基础，在对青海六州美丽乡村广泛深入的调研基础上，梳理了六州在美丽乡村建设中的成效与困难，并针对重点调研村的问卷分析及访谈信息提炼出青海省美丽乡村建设的共性问题及个性问题，提出提升美丽乡村建设水平的针对性建议。同时，为实现美丽乡村建设项目有效推进实施，提出了系统的西部地区美丽乡村建设项目实施流程及精准扶贫战略背景下西部地区美丽乡村建设保障机制。

二、研究内容

基于以上研究思路，本研究以西部地区美丽乡村建设为主线，从三大方面展开研究，即基础分析研究、技术层面研究、解决措施研究。

第一，基础分析研究，包括本书的前三章内容。通过深入实地的调研对青海省经济社会发展基本状况包括人口状况、经济方面基本情况、社会发展方面基本情况等进行了整理分析，对青海省六州乡村发展基础条件从自然环境、经济条件、文化和卫生等方面进行梳理和分析。为清晰完整展现青海省六州美丽乡村建设，从各州各选取两个重点调研村进行个案分析，从各村村庄规划、村庄建设、生态环境、经济发展、公共服务、乡风文明等方面进行还原介绍，并基于对青海省六州地区美丽乡村建设的充分调研总结各地建设成效与面临的实际困难。这一系列研究的核心在于解决两个问题：一是对青海省美丽乡村建设的基础条件及环境进行完整分析；二是对现阶段青海省美丽乡村建设的现状、成效与困难进行分析，为后续研究奠定扎实基础。

第二，技术层面研究，包括本书的第四、第五、第六章内容。根据前期分析了解到青海省美丽乡村建设中存在的问题，结合问卷一、问卷二获得的数据信息首先进行了问卷的描述性统计分析，获得相关基础数据内容。在此基础上，结合本研究对青海省美丽乡村建设定义的要求，对青海省美丽乡村建设从产业发展、人才建设、文化建设、生态建设、组织建设梳理了现存共性问题，并对调研过程中发现的六州建设中存在的个性问题进行了整理提炼。

第三，解决措施研究，包括本书的第七、第八章内容。针对青海省美丽乡村建设现存共性问题及六州个性问题，结合调研及数据分析启示，给出针对性解决建议。同时，为有效保障西部地区美丽乡村建设有序推进，并更好地与乡村振兴相衔接，提出了西部地区美丽乡村建设重点及保障机制，以确保美丽乡村建设扎实开展。

三、研究方法

项目研究过程中，广泛学习借鉴了来自乡村规划、空间信息技术、管理学、人类学等不同学科的研究思路与方法。以多学科综合研究方法论为总体指导，完成项目整体研究思路的梳理与凝练。项目研究过程中，通过多种研究方法相互支撑与融合，更有效地达成研究目的。

（一）文献分析与田野调查相结合

项目研究前期，深入查阅整理了有关西部地区美丽乡村建设的文献资料，充实了保障项目研究顺利开展所必需的理论积累与研究基础。研究过程中，项目组赴西部地区的青海省六州进行了广泛大量的实地调研。以青海省美丽乡村为调研对象，对调研村尤其重点调研个案村的聚落环境、建筑格局、精神空间、文明形态等内容进行细致观察、判断；调研中，也广泛充分地进行了美丽乡村建设相关的省级管理部门、州县乡镇村相关干部、调研村村民的访谈、问卷发放与收集，综合性地进行了文献分析与田野调查。

（二）个案研究与典型研究相结合

研究开展过程中，对西部地区的青海省美丽乡村进行了充分调研，在青海省六州选取十二个重点调研个案村，对个案村的美丽乡村建设从村庄规划、村庄建设、生态环境、经济发展、公共服务等方面进行了信息提炼与梳理。在此基础上，通过层次分析法进行十二个重点调研个案村的评价排名，提炼了美丽乡村建设不同评价村庄的建设特点及共性特征。

（三）定量分析与定性分析相结合

项目完成过程中，以定量分析为指导，围绕项目研究框架、问卷制订、样本选择及数据分析进行了系统研究；以定性分析为依托，侧重对精准扶贫对美丽乡村建设的影响、美丽乡村建设中乡村社会文化与农牧民心理行为的所有问题，尤其是意义层面内容，进行了分析研究。同时，项目研究以个案研究和全样本统计相结合，使定性描述与定量分析相互支撑，为研究提供理论依据的同时揭示更多青海省美丽乡村建设的隐匿内容，使研究既有概括性和代表性，又有深层次研究成果的体现。

第二章　青海经济社会发展现状
及六州乡村发展基础条件分析

第一节　青海省经济社会发展基本情况

依据《青海省2019年国民经济和社会发展统计公报》中相关资料及数据，本章主要从人口状况、经济基本面和社会发展基本面三个方面对青海省经济社会发展状况进行简要概述。

一、人口情况

2021年6月15日发布的《青海省第七次全国人口普查公报》显示，目前青海省常住人口592.40万人，比2010年（第六次全国人口普查数据）增加2.97万人，增长5.28%。其中，城镇常住人口355.94万人，与2010年（第六次全国人口普查数据）相比，城镇人口增加104.3人；乡村常住人口236.46万人，乡村人口减少74.59人；城乡人口占比为60.1∶39.9。少数民族人口293.04万人，占青海总人口的49.47%（见表2-1）。2016—2021年全省总人口持续保持低速增长，而乡村人口数持续下降（见表2-2）。

表2-1　青海省第七次人口普查常住人口数及其构成

指标名称	人口数（万人）	比重（%）
常住人口	592.40	100
城镇	355.94	60.10
乡村	236.46	39.90
男性	303.38	51.21

指标名称	人口数（万人）	比重（%）
女性	289.01	48.79
0～14 岁	123.30	20.81
15～59 岁	397.16	67.04
65 岁及以上	71.94	12.14
少数民族人口	293.04	49.47

资料来源：《青海省第七次人口普查公报》。

表2-2　2016—2019年度青海省总人口及乡村人口变化情况

年度	青海省总人口（万人）	乡村人口（万人）
2016	593.46	287.06
2017	598.38	280.84
2018	603.23	274.66
2019	607.82	270.34

资料来源：根据《青海统计年鉴2016—2019》中的数据整理。

二、经济面基本情况

2019年青海省实现地区生产总值2 965.95亿元，按可比价格计算，比2000年增长了102.48%，比2018年增长6.3%。分产业看，第一、二、三产业增加值分别为301.90亿元、1 159.75亿元和1 504.30亿元，比2000年分别增长了652.49%、1 333.56%和954.47%，比2018年分别增长了4.6%、6.3%和6.5%。第一、二、三产业增加值占全省生产总值的比重分别为10.2%、39.1%和50.7%，比2005年分别增长了−2.4、1和1.2个增长点。人均生产总值达到48 981元，人均可支配收入达到22 618元。全省城镇常住居民人均可支配收入33 830元，分别比2012年和2018年增长了84.50%和7.3%。全省农村常住居民人均可支配收入11 499元，分别比2012年和2018年增长了105.56%和10.6%。城乡居民人均收入比（以农村居民人均收入为1）为2.94。全省居民人均生活消费支出

17 545元，恩格尔系数为29.2%。其中，城镇人均生活消费支出23 799元，恩格尔系数为29.0%，比2012年降低了3.63个百分点；农村人均生活消费支出11 343元，恩格尔系数为29.7%，比2012年下降了7.42个百分点。

表2-3　2016—2019年青海省经济面基本信息表

年份		2016	2017	2018	2019
地区生产总值（亿元）		2 572.5	2 642.8	2 865.2	2 965.95
人均地区生产总值（元）		43 531	44 348	47 689	48 797
三产增加值（亿元）	第一产业	221.2	238.4	268.1	301.9
	第二产业	1250	1180	1247	1 159.75
	第三产业	1 101.32	1 224.01	1 350.07	1 504.30
公共财政预算收支（亿元）	收入	359.96	408.7	448.58	456.85
	支出	1 522.6	1 530.3	1 647.5	1 863.74
全社会消费品零售总额(亿元)	城镇	666.31	728.08	669.26	704.87
	乡村	100.99	110.95	166.31	175.88
货物进出口总额（亿元）	出口	90.29	28.75	31.11	20.2
	进口	10.49	15.67	14.89	17.04

资料来源：根据《青海统计年鉴2016—2019》中数据整理。

三、社会发展面基本状况

（一）居民收支方面

2019年青海省全体居民人均可支配收入22 618元，增幅达9.0%。全省城镇常住居民人均可支配收入33 830元，增幅达7.3%；全省农村常住居民人均可支配收入11 499元，增幅达10.6%。城乡居民人均收入比（以农村居民人均收入为1）为2.94，比上年缩小0.09。

2019年全省全体居民人均生活消费支出17 545元，比上年增长6.0%，恩格尔系数为29.2%。城镇常住居民人均生活消费支出23 799元，增长3.5%，恩格尔系数为29.0%；农村常住居民人均生活消费支出11 343元，增长9.6%，恩格尔系数为29.7%。

表2-4 2018—2019青海省居民收支情况

指标	2018 年居民收支情况		2019 年居民收支情况	
	金额（元）	较 2017 年涨幅	金额（元）	较 2018 年涨幅
全体居民人均可支配收入	20 757	9.20%	22 618	8.99%
全年全体居民人均生活消费支出	16 557	6.80%	17 545	5.99%
城镇常住居民人均可支配收入	31 515	8.00%	33 830	7.35%
农村常住居民人均可支配收入	10 393	9.80%	11 499	10.64%
全年城镇常住居民人均生活消费支出	22 998	7.10%	22 998	3.48%
全年农村常住居民人均生活消费支出	10 352	4.50%	10 352	9.57%

资料来源：根据《青海统计年鉴2017—2019》中的数据整理。

（二）新增就业方面

2019 年青海省新增 6.3 万城镇就业人员。城镇登记失业率至年末为 2.3%。全年转移农牧区劳动力就业人次达 113.07 万。

表2-5 2016—2019年新增就业情况

年度	城镇新增就业（万人）	农牧区劳动力转移就业（万人）	城镇登记失业率（%）
2016	6.35	119	3.10
2017	6.1	108	3.10
2018	6.2	113.9	3.00
2019	6.3	113.07	2.30

资料来源：根据《青海统计年鉴2016—2019》中的数据整理。

（三）社会保险方面

2019年末青海省共413.88万人参保养老保险，较2018年末增加5.93%。全省共557.92万人参保医疗保险，较2018年末增加0.46%。其中，城镇医疗保险参保人数达103.75万人，较2018年增加4.36%；城乡医疗保险参保人数454.17万人，减少0.39%。全省失业保险参保人数43.75万人，比2018年末增加3.5%，其中含0.30万农民工参保。全省工伤保险参保人数73.99万人，比上年末增加6.86%，其中农民工参保人数11.77万人。全省生育保险参保人数61.82万人，比上年末增加6.33%。年末全省享受城镇最低生活保障人数6.44万人，享受农村最低生活保障人数28.07万人。

表2-6　2016—2019年青海省社会保险情况

年份	全省养老保险参保人数（万人）	城乡居民基本养老保险参保人数（万人）	医疗保险参保人数（万人）	失业保险参保人数（万人）	农民工失业保险参保人数（万人）	生育保险参保人数（万人）
2016	367.52	235.21	454.61	40.77	0.18	49.65
2017	377.45	239.11	548.99	41.47	0.26	50.04
2018	390.72	245.63	555.35	42.28	0.26	58.14
2019	413.88	261.15	557.92	43.75	0.30	61.82

资料来源：根据《青海统计年鉴2016—2019》中的数据整理。

（四）医疗卫生方面

2019年，青海省年末共有6 511家医疗卫生机构，平均床位6.2张。其中，220家医院，平均床位157.3张；408个乡镇卫生院，平均床位11.6张；275个社区卫生服务中心(站)，52个妇幼保健院(所、站)，56个疾病预防控制中心(防疫站)，4 512个村卫生室，916个门诊部、诊所(卫生所、医务室)，卫生54个监督所(中心)。全省医疗卫生机构共有卫生人员6.21万人。其中包括：1.74万执业(助理)医师，1.89万注册护士。全年总诊疗2 660.71万人次，出院人数达到104.75万人次。

表2-7　2016—2019年乡村卫生院、卫生室数量

年份	乡镇卫生院		村级卫生室（个）
	院数（个）	床位（张）	
2016	405	4 106	—
2017	405	4 500	4 518
2018	405	4 521	4 474
2019	408	4 728	4 512

资料来源：根据《青海省2016—2019年国民经济和社会发展统计公报》中的数据整理。

总体来看，青海省经济体量较小。2019 年青海省地区生产总值为 2 965.95 亿元，与全国其他省（区市）相比，仅高于西藏。中国省域经济四个梯队中的第四梯队，GDP 不到 1 万亿，一省体量上不如宁波、无锡等二线城市。人均 GDP48 981 元，为全国人均 GDP 的 69.26%，居民人均可支配收入、居民人均消费支出、城镇居民人均消费支出、农村居民人均可支配收入、农村居民人均消费支出分别为全国平均水平的 73.60%、81.38%、84.80%、71.78%、85.11%。从以上数据中可以发现，青海省农村居民人均可支配收入仅为全国平均水平的 71.78%，但农村居民人均消费支出却较接近全国平均水平。

另外，从经济密度来看，在 72.23 万平方千米的辖区面积上，青海省经济密度为 410.62 万元 / 平方千米，远低于中东部地区经济密度。

表2-8　2019年青海主要经济指标与全国平均水平的比较

指标	全国平均水平（元）	青海（元）	青海 / 全国（%）
人均 GDP	70 724.6	48 981.0	69.26
居民人均可支配收入	30 732.8	22 618.0	73.60
居民人均消费支出	21 558.9	17 545.0	81.38
城镇居民人均可支配收入	42 358.8	33 830.0	79.87
城镇居民人均消费支出	28 063.4	23 799.0	84.80
农村居民人均可支配收入	16 020.7	11 499.0	71.78
农村居民人均消费支出	13 327.7	11 343.0	85.11

资料来源：根据《中华人民共和国2020年国民经济和社会发展统计公报》和《青海省2020年国民经济和社会发展统计公报》中提供的数据整理。

第二节　青海省六州乡村发展基础条件分析

青海省六州乡村发展的核心要素是农牧业基础条件，故青海省六州乡村发展基础条件从六州当地农牧业发展依托要素角度分析。

一、海西州乡村发展基础条件分析

海西州地处青海省的西北部，因位于青海湖以西而得名。海西州由不连续的两块组成，一块是主体部分，由阿尔金山东段和祁连山中西段的南麓、昆仑山中段北麓及其所环抱的柴达木盆地、茶卡盆地组成，地理坐标为东经90°05′～99°42′，北纬35°01′～39°20′。北邻甘肃省酒泉市，西接新疆巴音郭楞蒙古自治州，南与青海省玉树州、果洛州相连，东与青海省海北州、海南州相毗邻，是甘青新藏4省区交汇的中心地带，也是进出西藏的重要通道。海西州现辖的2个市分别为格尔木市和德令哈市，3个县分别为乌兰县、都兰县、天峻县，3个行委委员会分别为茫崖行政委员会、大柴旦行政委员会、冷湖行政委员会，15个镇、21个乡、424个行政村。

（一）自然环境

1. 地形地貌。海西州从西南向东北斜向排列着3个地理单元，西南部是临近西藏那曲的唐古拉地区，中部是中国四大盆地之一的柴达木盆地，东北部是青海湖盆地北沿天峻平原。海西海拔2 675至6 860米，平均海拔3 000米左右。柴达木盆地是全州海拔最低地区，海拔2 675至3 300米。海西州的主体地域，是作为国内海拔最高的封闭型内陆盆地的柴达木盆地，整体略呈菱形，东西长800千米，南北最宽处约350千米，因此海西州的代称又为柴达木。

2. 气候条件。海西州气候独特，四季不鲜明，紫外线辐射强，日温差大，常年多风，干旱少雨。年平均气温 −5.6～5.2℃。因海西州四周高、中部低、自盆地四周向中心逐渐升高的地形特点，州内气温相差4℃以上，气候特殊。可可西里自然保护区、都兰国际狩猎场、乌兰哈利哈图国家森林公园、柴达木梭梭林省级自然保护区、德令哈克鲁克湖托素糊省级自然保护区等是海西州境内重要生态区。风能和太阳能资源丰富，开发利用价值较高。

3. 土地利用结构。海西州土地利用类型中其他土地的面积最大，为16 883 726.60公顷，占全州土地面积的56.12%；其次为草地，占全州土地面积的36.77%；水域及水利设施用地面积1 077 366.71公顷，占全州土地面积的3.58%；林地面积904 432.68公顷，占全州土地面积的3.01%（见表2-9）。

表2-9 海西州土地利用类型、面积及分布

单位：公顷

行政区	耕地	园地	林地	草地
格尔木市	6 030.28	859.17	249 274.27	4 208 776.61
德令哈市	10 105.67	234.66	64 441.70	1 496 804.12
乌兰县	4 368.43	101.93	169 255.61	585 905.17
都兰县	18 919.10	2 631.05	322 516.62	2 469 284.86
天峻县	0.00	0.00	35 785.11	2 006 143.30
茫崖行委	0.00	0.00	1282.05	214 334.64
大柴旦行委	295.09	111.84	18 215.33	68 318.06
冷湖行委	0.00	0.00	13 661.99	11 680.82
海西州	39 718.57	3 938.65	904 432.68	11 061 247.58
行政区	城镇村及工矿用地	交通运输用地	水域及水利设施用地	其他土地
格尔木市	37 712.98	4 372.19	652 537.32	6 757 787.37
德令哈市	4 718.26	3 231.92	147 528.33	1 049 455.16
乌兰县	4 787.41	1 368.15	34 048.45	425 140.86
都兰县	25 574.89	2 904.62	102 357.91	1 552 271.94
天峻县	2 303.41	1 253.86	85 782.59	429 994.59
茫崖行委	7 969.29	1 577.46	21 531.90	2 966 519.26
大柴旦行委	7 269.87	1 742.99	21 678.69	1 972 252.61
冷湖行委	7 086.65	1 143.28	11 901.52	1 730 304.81
海西州	97 422.76	17 594.47	1 077 366.71	16 883 726.60

数据来源：青海省第二次土地调查数据及实地调研所获资料整理。

全州耕地利用类型全部为水浇地，分布于都兰县、格尔木市、乌兰县、都兰县等。天峻县、茫崖行委和冷湖行委没有耕地分布（见表2-10）。

（二）经济条件

2019年海西州全年地区生产总值672.17亿元，同比增长7.5%，其中第一产业完成35.90亿元，增长5.6%。全年全州固定资产投资同比增长11.6%，其中，第一产业下降69.5%（见表2-11）。

表2-10 青海省海西州基本农田类型、面积及分布

单位：公顷

行政区	耕地	基本农田面积		
		合计	水浇地	园地
格尔木市	6 030.28	3 402.35	3 402.35	0.00
德令哈市	10 105.67	8 292.15	8 292.15	0.00
乌兰县	4 368.43	2 396.77	2 396.77	0.00
都兰县	18 919.10	15 414.98	13 298.23	2 116.75
大柴旦行委	295.09	231.57	231.57	0.00
海西州	39 718.57	29 737.82	27 621.07	2 116.75

数据来源：青海省第二次土地调查数据及实地调研所获资料整理。

表2-11 海西州农牧业主要指标统计简表

年份	全年农作物总播种面积（公顷）	农业增加值（亿元）	粮食产量（万吨）	肉产量（万吨）	奶产量（万吨）	总人口/常住人口（万人）	第一产业固定资产投资（亿元）
2012	—	26.60	9.13	2.78	1.35	—	10.63
2013	45 933.33	22.10	8.00	2.92	1.38	50.13	10.10
2014	46 735.67	26.00	10.46	2.97	1.43	50.54	14.80
2015	—	26.80	—	—	—	—	—
2016	53 602.68	28.50	9.27	3.41	1.44	51.26	23.70
2017	55 133.33	29.90	8.95	3.50	1.45	51.52	33.24
2018	61 029.72	33.83	7.58	3.28	1.14	51.86	29.55
2019	59 640.00	37.99	7.79	3.57	1.27	52.07	9.01

数据来源：2012—2019年海西州国民经济和社会发展统计公报及实地调研所获资料整理，2018年农业增加值为农林牧渔业增加值。

（三）文化和卫生

2019年全年全州共有6个艺术表演团体，9个公共图书馆，9个文化馆，3座民族博物馆，4个文物保护机构，1个电影译制站，21个影剧院。电视覆盖率99%，广播覆盖率99.02%。全年公开发行6种报刊，其中3种报纸，3种刊物。累计发行322万份报纸，发行3.5万册刊物。

2019年末全州各类卫生机构525所。其中医院29所，社区卫生服务中心6个，社区卫生服务站56个，乡镇卫生院35所，妇计中心6个，疾病预防控制中心9个，卫生监督所9所，采供血机构2个，诊所、卫生所、医务室、护理站56个，村卫生室328个。病床数3307张。年末全州共开办11个敬老院，5个老年人服务福利中心，34个老年日间照料中心(社区老年服务中心、站)，1个儿童福利院。[①]

二、海南州乡村发展基础条件分析

海南州位于青海省东部，因地处我国最大的咸水湖"青海湖"之南而得名。地理坐标为东经98°55′~105°50′，北纬34°38′~37°10′，东西宽260千米，南北长270千米。东与海东市和黄南自治州毗连，西与海西州接壤，南与果洛州为邻，北隔青海湖与海北州相望。海南州是青海省重要的畜牧业基地之一，草场地势平坦，光照充足，季节较分明。夏秋草场气候凉爽、水草繁茂，冬春牧场温暖开阔，发展现代化畜牧业的自然条件得天独厚。海南州现辖共和县、同德县、贵德县、兴海县、贵南县5个县，15个镇、20个乡、1个民族乡。自治州政府驻共和县恰卜恰镇，距省会西宁市138千米。

（一）自然环境

1.地形地貌。海南州平均海拔在3 000米以上，地势起伏较大，四围环山，以山地为主，盆地、高原丘陵和河谷台地交错，复杂多样。在地貌上分为大区、分区和小区，其中大区为柴达木—湟中海拔盆地，分区为青海东部中海拔盆地，小区为青海湖—共和中海拔盆地。由南向北依次为蘑菇山—桑赤岗大起伏山地、兴海—同德盆地、河卡山中起伏山地、共和—贵德盆地、青海南山中起伏山地、青海湖盆地。山地面积占42.3%，丘陵及浅山面积占11%；中海拔平原和台地面积占46.7%。

2.气候条件。海南州属典型的高原大陆性气候，干旱少雨，空气稀薄，日照时间长，紫外线辐射强，气候温凉寒冷，年温差小、昼夜温差大。春季多

---

① 2019年海西州国民经济和社会发展统计公报。

风，夏季凉爽，秋季多雨，冬季漫长。由于境内地形复杂，高低悬殊，气候又显示出不同温度差异，在低温少雨的共性基础上，形成了形形色色的个性化地方气候和小气候特点。境内平均气温随着海拔的升高而降低。年平均气温以黄河下段谷地最高，达7℃；共和盆地约3℃；3 400米以上地区低于0℃；4 000米以上地区在－4℃以下。

根据青海省第二次土地调查数据，海南州土地面积4 345 323.04公顷，占全省土地面积的6.24%；第六次人口普查数据显示，海南州常住人口为441 689人，占总人口比例的7.85%，城镇人口125 742人，城镇化率为28.47%，人口密度为9.62人／平方千米。

3. 土地利用结构。海南州土地面积4 345 323.04公顷，占全省土地面积的6.24%。全州土地利用类型以草地为主，水域及水利设施用地和林地为辅。草地面积3 374 229.44公顷，占全州土地面积的77.65%；水域及水利设施用地面积325 157.03公顷，占全州土地面积的7.48%；林地面积257 713.42公顷，占全州土地面积的5.93%；其他土地面积280 084.89公顷，占全州土地面积的6.45%；草地、水域及水利设施用地、其他土地和林地面积占全州土地面积的97.51%（见表2-12）。

表2-12　海南州土地利用类型、分布及面积

单位：公顷

行政区	耕地	园地	林地	草地	城镇村及工矿用地	交通运输用地	水域及水利设施用地	其他土地
共和县	22 569.81	7.56	40 869.59	1 205 701.16	4 922.16	2 886.65	265 937.20	119 778.80
同德县	11 535.32	0.00	103 622.55	340 602.17	1 564.26	1 261.23	3 712.28	2 982.01
贵德县	15 149.96	465.42	20 469.46	286 443.04	3 452.77	1 838.33	8 320.90	14 896.62
兴海县	10 523.24	3.56	76 686.71	1 025 932.31	2 005.40	2 004.22	12 510.08	88 097.63
贵南县	22 938.04	0.00	16 065.11	515 550.76	3 164.01	1 846.32	34 676.57	54 329.83
海南州	82 716.37	476.54	257 713.42	3 374 229.44	15 108.60	9 836.75	325 157.03	280 084.89

数据来源：青海省第二次土地调查数据及实地调研所获资料整理。

全州耕地面积82 716.37公顷，占全省耕地面积的14.06%，占全州土地面

积的 1.90%。耕地主要分布在共和县和贵南县。全州农用地面积 3 704 358.08 公顷，占全省基本农田保护面积的 13.60%，占全州耕地面积的 71.77%（见表 2-13）。

表2-13　青海省海南州基本农田类型、面积及分布

单位：公顷

行政区	土地面积	基本农田面积				
		合计	水浇地	旱地	林地	草地
共和县	1 662 672.93	15 524.39	12 311.95	3 212.44	0.00	0.00
同德县	465 279.82	9 657.12	2 240.34	7 401.54	14.20	1.04
贵德县	351 036.5	10 468.30	6 686.75	3 781.55	0.00	0.00
兴海县	1 217 763.15	6 866.92	5 292.26	1574.66	0.00	0.00
贵南县	648 570.64	16 852.75	2 398.92	14 445.26	8.57	0.00
海南州	4 345 323.04	59 369.48	28 930.22	30 415.45	22.77	1.04

数据来源：青海省第二次土地调查数据及实地调研所获资料整理。

（二）经济条件

2019 年全年全州地区生产总值达到 174.66 亿元，按可比价格计算，比上年增长 7.1%。其中，第一产业增加值 43.59 亿元，增长 4.6%（见表 2-14）。

表2-14　海南州农牧业主要指标统计简表

年份	全年农作物总播种面积（公顷）	农业增加值（亿元）	粮食产量（万吨）	肉产量（万吨）	奶产量（万吨）	总人口/户籍人口（万人）	第一产业固定资产投资（亿元）
2012	93 466.67	24.73	12.25	5.36	4.13	45.02	16.76
2013	93 033.33	29.35	13.55	5.42	4.17	45.43	14.80
2014	99 200.00	31.12	13.90	5.85	4.80	45.90	15.55
2015	100 066.67	31.21	14.67	6.17	4.79	46.40	20.81
2016	98 106.67	32.42	14.99	6.24	4.57	46.83	13.78
2017	95 820.00	34.62	14.38	6.54	4.70	47.24	17.50
2018	87 040.00	38.77	12.58	5.85	3.43	47.63	17.31
2019	87 040.00	43.59	14.28	6.84	3.42	47.15	12.65

数据来源：2012—2019年海南州国民经济和社会发展统计公报及实地调研所获资料整理。

（三）文化和卫生

2019年末，全州共1个艺术专业表演机构，6个图书馆事业机构，2个文物事业机构，6个群众文化事业机构。年内开展337场次各类文体活动（2018年561场次），150场次文化三下乡活动达（2018年354场次）。全州共有73家各级医疗卫生机构，其中包含：2家州级公立医院，9家县级公立医院，6家疾病预防控制中心，6家卫生监督所，6家妇计中心，1个中心血站，1个血库，42所乡镇卫生院；共开设病床3 189张，平均每千人拥有病床6.8张。平均每千人拥有卫生专业技术人员5.5人。

三、海北州乡村发展基础条件分析

海北州位于青海省东北部，青海湖北岸。地理坐标为东经98°5′00″～102°41′03″、北纬36°44′00″～39°05′18″，全州东西长413.45千米，南北宽261.41千米。东南与互助县、大通县、湟中县、湟源县接壤，西与海西州的天峻县毗邻，南与海南州共和县隔青海湖相望，北与甘肃省河西走廊的天祝县、山丹县、民乐县、肃南县为邻。海北州辖门源回族自治县、祁连县、海晏县和刚察县4个县，共有11个镇、17个乡和2个民族乡。州府驻海晏县西海镇，距省会西宁市103千米。

第二次土地调查数据显示，海北州土地总面积为3 438 989.37公顷，占全省土地面积的4.94%。第六次人口普查数据显示，海北州常住总人口273 304人，其中，城镇人口89 597人，乡村人口183 707人，城镇化率达到32.78%。

（一）自然环境

1. 地形地貌。祁连山区腹地的海北州，整体地貌复杂多样。祁连山系由东南到西北走向的大通山（往东南向延伸称达坂山）、拖勒南山、拖勒山、走廊南山（往东南向延伸称冷龙岭），层峦起伏，蔚然绵延。上述山脉形成海北高原清晰的骨骼，山谷、湖盆和丘陵以及不同高度的山地分布其间，共同形成海北高原的整体地貌形态。门源盆地气候属半湿润型，土体较厚，宜农宜牧宜林；青海湖蓬堤北部地区属半干旱型，宜农宜牧；默勒、野牛沟、拖勒盆地气候属高山半湿润型，一般都为放牧地。全州资源分布、利用和农牧业生产布局，由于垂直地带差异性影响，局部地区显著，地带性和非地带性因素叠加交错，受到极其深刻的影响。这也使海北农牧业生产尤其复杂多样。海北州草原畜牧业经营基地集中在祁连山区和海拔3 300米以上地区；种植业的主要集中区位于门源盆地和海拔3 315米以下青海湖盆地的滨湖滩地；森林的主要分布区位于州内峡谷地区。

2.气候条件。海北州气候特点为冷凉季长，温凉季短，日照充足，紫外线辐射强，夏季雨水较充沛，且多夜雨和大风。年平均气温 −2.4～1.4℃，最高气温33.3℃，最低气温 −36.3℃。年平均降水量426.8毫米，最高降水量479.4毫米，最低降水量341.1毫米。

3.土地利用结构。海北州土地利用以草地为主，其他土地次之，林地面积居第3位。其中，耕地面积52 591.51公顷，占全州土地面积的1.53%；草地面积2 209 787.22公顷，占全州土地面积的64.26%（见表2-15）。

表2-15　海北州土地利用类型、面积及分布

单位：公顷

行政区	耕地	园地	林地	草地	城镇村及工矿用地	交通运输用地	水域及水利设施用地	其他土地
门源县	41 634.41	0.00	250 780.11	191 590.91	4 220.19	1 544.29	11 470.45	136 925.04
祁连县	3 316.02	0.06	91 665.12	1 005 493.27	1 748.38	1 239.63	41 241.90	244 274.26
海晏县	3 634.62	0.00	56 277.31	278 107.94	1 546.71	1 359.98	59 218.96	44 164.67
刚察县	4 006.46	0.00	19 996.03	731 595.10	1 494.99	1 683.12	164 257.72	41 501.72
海北州	52 591.51	0.06	418 718.57	2 209 787.22	9 010.27	5 827.02	276 189.03	466 865.69

数据来源：青海省第二次土地调查数据及实地调研所获资料整理。

全州80%左右的耕地分布在门源县大通河两岸，其余耕地分布在刚察县、海晏县境内的青海湖北岸和祁连县境内的黑河流域，耕地类型以旱地居多，水浇地分布较少。全州园地面积0.06公顷，分布在祁连县，主要为果园。

海北州基本农田保护面积37 503.08公顷，占全省基本农田保护面积的8.58%，占全州耕地面积的71.31%（见表2-16）。

表2-16 青海省海北州基本农田类型、面积及分布

单位：公顷

行政区	土地面积	耕地	基本农田面积		
			总计	水浇地	旱地
门源县	638 165.40	41 634.41	31 373.04	1 205.22	30 167.82
祁连县	1 391 978.64	3 316.02	2 007.09	774.95	1 232.14
海晏县	444 310.19	3 634.62	2 100.06	723.17	1 376.89
刚察县	964 535.14	4 006.46	2 022.89	2 022.89	0.00
海北州	3 438 989.37	52 591.51	37 503.08	4 726.23	32 776.85

数据来源：青海省第二次土地调查数据及实地调研所获资料整理。

（二）经济条件

2019年海北州全州完成地区生产总值91.7亿元，按可比价计算，比2018年增长3.3%。第一产业增加值25.62亿元，增长4.5%（见表2-17）。

表2-17 海北州农牧业主要指标统计简表

年份	全年农作物总播种面积（公顷）	农业增加值（亿元）	粮食产量（万吨）	肉产量（万吨）	奶产量（万吨）	总人口/户籍人口（万人）	第一产业固定资产投资（亿元）
2012	53 211.95	13.98	5.03	4.31	4.22	28.99	14.32
2013	53 709.35	16.65	5.05	4.78	4.2	29.26	18.74
2014	53 649.35	17.49	8.60	5.19	4.38	29.66	17.49
2015	53 802.69	16.91	8.60	5.47	4.53	29.70	22.06
2016	53 918.87	17.79	6.21	5.56	4.63	29.58	37.04
2017	54 189.38	19.81	8.41	5.85	4.82	29.68	7.86
2018	47 935.73	22.48	4.89	5.10	3.50	28.43	6.32
2019	56 033.33	25.62	8.66	5.08	3.55	29.56	2.42

数据来源：2012—2019年海北州国民经济和社会发展统计公报及实地调研所获资料整理。

（三）文化和卫生

2019年末海北全州共有文化馆5个，公共图书馆5个，博物馆2个；州级电视台1个，县级广播电视台4个，广播综合人口覆盖率100%，电视综合人口覆盖率100%。全州各类体育从业机构162家。体育产业经营企业共33家，

其中规模企业 5 家 (达玉自行车综合服务基地、海晏县东大滩冰上水上基地、海晏县马背互动营、海晏县一颗星文化旅游发展有限公司、门源县花海赛马基地);小型企业 19 家 (自行车租赁行等);体育服务商业类 54 家 (体育用品经营户、俱乐部等),体育任务站点 30 处 (各类健身、运动休闲站点);体育个体经营 26 家 (自行车、射箭、徒步、自驾车营地)。

2019 年末全州各类医疗卫生机构 381 家 (州、县、乡三级),平均床位数 4.5 张。其中,医院 9 个、乡镇卫生院 37 个、疾病预防控制中心 5 个、卫生监督所 5 个、妇幼保健院 (计划生育服务站) 5 个、中心血站 1 个、健康教育所 1 个。全州医疗卫生机构卫生专业技术人员 1296 人。其中,执业 (助理) 医师 744 人,注册护士 363 人。

四、玉树州乡村发展基础条件分析

玉树州位于青海省西南青藏高原腹地的三江源头,地理坐标为东经 89°27′~97°39′,北纬 31°45′~36°10′;东与青海省果洛州互通,东南与四川省甘孜藏族自治州毗邻,西南与西藏昌都专区和那曲专区交界,西北角与新疆的巴音郭楞自治州接壤,北与青海省海西州相连。玉树州是长江、黄河、澜沧江的源头,也是全国 30 个少数民族自治州中海拔最高、生态位置最重要、主体民族比例最高、人均面积最大的一个自治州。自治州内三江源自然保护区和可可西里自然保护区覆盖全境,素有江河之源、名山之宗和中华水塔的美誉。自治州州府所在地——玉树市结古镇是历史上唐蕃古道重镇,也是青海、四川、西藏交界处的民间贸易集散地。

根据青海省第二次土地调查数据,玉树州土地总面积 20 488 713.98 公顷,占全省土地面积的 29.41%。第六次人口普查数据显示,玉树州常驻总人口为 378 439 人,占总人口比例的 6.73%,城镇人口 121521 人,城镇化率为 32.11%,人口密度为 2 人 / 平方千米。

(一) 自然环境

1. 地形地貌。玉树州北有茫茫昆仑山,南有巍巍唐古拉,两大山脉,南北对峙，其间宽约 400 千米。东有蜿蜒峻峭的巴颜喀拉山，西有缓坡满岭的可可西里，群山错落，东西呼应，其间长约 500 千米。在群山拱卫之中，使整个玉树州的地势高高隆起，高出海平面 4 000～5 000 米。玉树州的地理形态，在青藏高原腹地自成一格自然区域，构成了具有自己特色的玉树高原，这个自成体系的玉树高原，与藏北高原一样，是青藏高原的重要组成部分。境内海拔 5 000 米以上的山峰有 2 000 余座，海拔 6 000 米以上的山峰有 30 多座，其中有些为无人登顶的处女峰。

2. 气候条件。玉树州气候是典型的高原高寒代表，其最基本特点就是高寒。这里全年四季不鲜明，仅冷暖之别，冷季长达七八个月，暖季只有四五个月。年平均气温 2.9℃，1 月平均气温 −7.5 ℃，7 月平均气温 12.5 ℃。年降水量 487 毫米。

3. 土地利用结构。玉树州土地面积 20 488 713.98 公顷，占全省土地面积的 29.41%。草地面积 17 073 231.59 公顷，占全州土地面积的 83.33%；其他土地面积为 1 908 506.72 公顷，占全州土地面积的 9.31%；水域及水利设施用地面积 824 417.24 公顷，占全州土地面积的 4.02%；林地面积 651 305.72 公顷，占全州土地面积的 3.18%（见表2-18）。

表2-18　玉树州土地利用类型、面积及分布

单位：公顷

行政区	耕地	园地	林地	草地	城镇村及工矿用地	交通运输用地	水域及水利设施用地	其他土地
玉树市	3 239.77	17.59	193 197.50	1 211 687.61	1 558.16	1 137.86	10 211.58	119 924.02
杂多县	0.00	0.00	63 803.51	3 177 730.87	552.80	1 164.11	71 464.83	237 197.81
称多县	2 567.92	0.00	23 541.76	1 338 334.94	702.65	932.95	10 780.67	84 967.55
治多县	0.00	0.00	38 305.78	6 802 776.54	1 436.40	3 501.55	595 222.42	622 952.46
囊谦县	7 911.22	0.00	317 455.33	747 420.52	2 032.80	993.45	6 167.14	124 085.48
曲麻莱县	0.00	0.00	15 001.84	3 795 101.11	1 730.45	1 773.03	130 570.60	719 379.40
玉树州	13 718.91	17.59	651 305.72	17 073 231.59	8 013.26	9 502.95	824 417.24	1 908 506.72

数据来源：青海省第二次土地调查数据及实地调研所获资料整理。

全州耕地面积13 718.91公顷，占全省耕地面积的2.33%，占全州土地面积的0.07%。耕地主要分布在玉树市、称多县和囊谦县；杂多县、治多县和曲麻莱县无耕地分布。玉树市旱地面积3 192.49公顷，称多县旱地面积2 562.03公顷，囊谦县旱地面积7 469.26公顷。

玉树州基本农田保护面积12 319.75公顷，占全省基本农田保护面积的2.82%，占全州耕地面积的89.80%（见表2-19）。

表2-19　青海省玉树州基本农田类型、面积及分布

单位：公顷

行政区	土地面积	耕地	基本农田面积		
			合计	水浇地	旱地
玉树市	1 541 154.09	3 239.77	2 907.14	44.69	2 862.45
称多县	1 461 828.44	2 567.92	2 310.90	5.89	2 305.01
囊谦县	1 206 065.94	7 911.22	7 101.71	432.97	6 668.74
玉树州	20 488 713.98	13 718.91	12 319.75	483.55	11 836.20

数据来源：青海省第二次土地调查数据及实地调研所获资料整理。

（二）经济条件

2019年全州实现地区生产总值59.82亿元，同比增长5.1%。从产业分类看，第一、第二、第三产业完成增加值分别为34.44亿元、5.42亿元、19.96亿元，同比分别增长3.7%、4.0%、7.7%（见表2-20）。

（三）文化和卫生

2010年4月14日玉树地震后，经过3年的灾后重建，全州文化卫生基础设施水平得到大幅改善和提高。截止到2019年末，全州共有广播电视转播站7座，有线电视用户11 490户，村村通（户户通）用户42 380户，电视综合人口覆盖率达到97.38%，广播覆盖率96.72%。全州共5个艺术事业机构，6个图书馆，7个群众文化机构。全州年末共有卫生机构86个，其中：县级以上医院14个，乡镇卫生所（院）50个，疾病预防控制中心7个，卫生监督所7个。年末实有病床数2 375张。

表2-20　玉树州农牧业主要指标统计简表

年份	全年农作物总播种面积（公顷）	农业增加值（亿元）	粮食产量（吨）	草食畜出栏/存栏（万头）	奶产量（万吨）	总人口/户籍人口（人）	第一产业固定资产投资（亿元）
2012	12 360.00	23.84	15 866.00	98.83	—	391 829	5.99
2013	11 306.67	26.84	15 979.00	83.95	—	394 803	13.12
2014	12 320.00	26.10	25 300.00	241.16	7.06	404 636	8.30
2015	12 226.67	25.72	20 515.00	251.7	7.07	391 853	3.00
2016	12 340.00	26.20	20 447.00	254.28	5.75	403 656	3.50
2017	11 913.33	27.85	18 456.00	250.6	4.63	409 500	1.90
2018	11 100.00	30.61	9 762.00	233.2	3.66	414 400	1.43
2019	11 473.33	34.44	11 146.00	211.49	3.80	415 400	1.01

数据来源：2012—2019年玉树州国民经济和社会发展统计公报及实地调研所获资料整理。2012—2013年草食畜出栏为万头计，2014—2019年草食畜出栏统计为肉类总产量万吨计。

五、果洛州乡村发展基础条件分析

果洛州位于青海省东南部，地处青藏高原腹地的巴颜喀拉山和阿尼玛卿山之间。地理坐标为东经 97°54′~101°50′，北纬 32°31′~35°40′，东临甘肃省甘南藏族自治州和青海省黄南州，南接四川省阿坝涉藏地区羌族自治州和甘孜藏族自治州，西与青海省玉树州毗连，北和青海省海西州、海南州接壤。平均海拔4 200 米以上，大气含氧量仅为海平面的 60%。现辖玛沁、班玛、甘德、达日、久治、玛多 6 个县，8 个镇、36 个乡。州政府驻地在玛沁县大武镇。

（一）自然环境

1.地形地貌。山地、河谷和盆地是果洛州境内典型地貌。山地可分为海拔高度大于 5 400 米的极高山、海拔高度 5 000~5 400 米之间的高山、海拔高度 4 000~5 000 米的中高山。区内山地以中高山—高山为主。北东部以阿尼玛卿山为主，构成西北—东南向高山区，海拔高度从北西向东南逐渐减低。南西部以巴颜喀拉山为主体，构成西北—东南高山区，海拔高度也是从北西向南东逐渐降低。在阿尼玛卿山与巴颜喀拉山之间，形成一个相对较低的中高山区，花石峡—久治公路从中通过，是牧草生长的主要区域。区内水系发达，水资源丰富,主要为黄河水系。由于地理位置和自然环境非常特殊,果洛州全境被列入"三江源"自然保护区这个全国最大的自然环境保护区内。

2.气候条件。果洛州气候属典型的高原大陆性气候,具有显著的高寒缺氧、气温低、紫外线辐射强、早晚温差大等特点。因地势高峻,易受北方和西北方寒流影响,日照时间长,降雨(雪)量较多,蒸发量大,多阵性大风。年均气温 -4℃,年降水量为400~760毫米,素有"北方气候南方雨"之说。位于东南部高原边缘的久治,受西南气流和地形影响,降水丰富,是州内降水量最多的区域,也是青海省雨量最多的地区。而地处西北部的玛多,由于西南气流受巴颜喀拉山脉阻隔影响,水量明显下降,降水量和降水天数明显减少。

根据青海省第二次土地调查数据,果洛州土地总面积7 424 635.51公顷,占全省土地面积的10.66%。第六次人口普查数据显示,果洛州常驻总人口为181 682人,占总人口的3.23%,城镇人口44 920人,城镇化率为24.72%,人口密度为2.38人/平方千米。

3.土地利用结构。果洛州耕地面积1 297.11公顷,占全州土地面积的0.02%;全州耕地分布在玛沁县和班玛县。全州耕地全部为Ⅰ级坡度耕地。全州草地面积6 194 096.72公顷。草地以天然牧草为主。全州农用地面积6 281 058.78公顷,占全州土地面积的84.60%(见表2-21)。

表2-21 果洛州土地利用类型、面积及分布

单位:公顷

行政区	耕地	林地	草地	城镇村及工矿用地	交通运输用地	水域及水利设施用地	其他土地
玛沁县	267.26	60 121.27	1 125 701.36	1 051.97	976.16	30 842.09	127 052.07
班玛县	1 029.85	141 245.64	486 921.73	439.95	442.72	1 395.29	8 223.83
甘德县	0.00	23 653.60	654 013.65	427.22	751.03	7 635.26	26 590.36
达日县	0.00	17 393.93	1 282 076.83	474.76	553.66	8 796.04	139 225.56
久治县	0.00	80 229.96	699 935.93	534.05	453.71	6 327.73	40 438.66
玛多县	0.00	1 587.63	1 945 447.22	231.55	1 093.29	225 511.94	275 540.75
果洛州	1 297.11	324 232.03	6 194 096.72	3 159.50	4 270.57	280 508.35	617 071.23

数据来源:青海省第二次土地调查数据及实地调研所获资料整理。

（二）经济条件

2019 年全州完成地区生产总值 461 835 万元，同比增长 7.2%。其中：第一产业完成增加值 83 965 万元，同比增长 3.8%；第二产业完成增加值 160 529 万元，同比增长 10.4%；第三产业完成增加值 217 341 万元，同比增长 6.5%。全州人均地区生产总值 21 990 元，同比增长 5.22%（见表 2-22）。

（三）文化和卫生

全州文化事业单位 18 个，其中：艺术事业单位 1 个，图书馆 7 个，群众文化事业单位 7 个，博物馆 1 个，文管所 1 个，业余体校 1 个。电影发行机构 7 个，影剧院 4 个，电影放映单位 14 个。广播站 8 个，电视转播台 36 个，广播覆盖率 99.89%，电视覆盖率 99.89%。

全州卫生机构 79 个（不含诊所等），其中：县及县以上医院 11 个（含 4 个藏医院），乡镇卫生院 45 个，疾病预防控制中心 7 个，卫生监督所 7 个，计划生育服务站 7 个，其他 2 个。卫生人员 1 033 人，其中：卫生技术人员 898 人（含执业和助理医师 331 人，注册护士 213 人，药师 24 人，技师 87 人，其他卫生技术人员 239 人），其他人员 137 人。

表2-22　果洛州农牧业主要指标统计简表

年份	全年农作物总播种面积（公顷）	农业增加值（亿元）	粮食产量（万吨）	肉产量（万吨）	奶产量（万吨）	总人口/户籍人口（万人）	第一产业固定资产投资（亿元）
2012	—	5.23	—	2.62	3.27	18.56	1.96
2013	522.67	5.65	0.12	2.38	3.08	18.98	7.02
2014	525.87	6.07	0.14	2.12	3.13	19.42	6.82
2015	525.73	5.88	0.13	2.10	3.22	20.02	4.21
2016	523.93	6.25	0.13	2.14	3.19	20.40	4.86
2017	393.13	6.65	0.11	2.31	3.33	20.57	4.05
2018	289.13	7.42	0.06	1.70	2.44	20.84	4.97
2019	270.00	8.55	0.06	2.28	2.49	21.16	1.33

数据来源：2012—2019年果洛州国民经济和社会发展统计公报及实地调研所获资料整理。

六、黄南州乡村发展基础条件分析

黄南州位于青海省东南部,是青藏高原的东门户,素有"海藏通衢"之称。地理坐标为东经100°34′~102°23′,北纬34°03′~36°10′,地处九曲黄河第一弯,东与甘肃省甘南藏族自治州夏河县、碌曲县、玛曲县接壤,南与青海省果洛州玛沁县为邻,西与海南州同德县、贵德县相接,北与海东市的化隆县、循化县接壤。州境东西宽175千米,南北长235.5千米。州府驻同仁市隆务镇,距省会西宁市181千米。黄南州辖同仁市、尖扎县、泽库县,代管河南蒙古族自治县,共8个镇、25个乡、7个牧场,全州有256个村级权属单位。南牧北农,农牧兼作是黄南州突出特点。海拔在3 500米以上的南部泽库、河南两县属于青南牧区,这里属典型的高寒气候,是全州畜牧业的主要发展基地;北部海拔在1 900~4 118米之间的尖扎、同仁两县,尤其是黄河滨地和隆务河谷地气候温暖,水源充足,土壤肥沃,具备良好的种植业发展条件。

第二次土地调查数据显示,黄南州土地总面积为1 822 645.84公顷,占全省土地总面积的2.62%。第六次人口普查数据显示,黄南州常住总人口256 716人,其中,城镇人口65 960人,乡村人口190 756人,城镇化率达到25.69%。

(一)自然环境

1.地形地貌。黄南州地处青南高原,地形地貌复杂多样。以中部麦秀山为分界,北低南高,南部属以古冰川侵蚀作用为主的中高山构造区,地貌起伏较小,属于单一的东西构造带。这里平均海拔3 800米以上,拥有平缓广阔的草原,是秦岭山系南支西倾山的西延部分,主要山脉有李恰如、阿米莫尔藏山、达日宗喀恰山,也是河曲马、青藏高原牦牛、巴滩马、欧拉羊、青海藏系羊等的主产区之一。北部山势陡峻,以北西构造占主导地位,多中切割高山、峡谷、山间台地;形成以流水侵蚀作用为主的侵蚀—构造中山区,主要山脉有申宝山、夏琼山等,峡谷有李家峡、隆务峡等,广泛分布北西向的褶皱和断裂,这里河流湍急,是黄南州粮食、蔬菜、瓜果主产区。黄南州地貌以其形态可分为河谷阶地、中低山山地、高山山地、高原平地4类。

2.气候条件。由于属典型的高原大陆性气候，黄南州雨热同季，热量不足，无霜期短，降水不均，时空分布不平衡；光照时间长，紫外线辐射强；冷季干冷漫长，暖季润凉短促；多灾害天气。年平均气温6.6～8.5℃。降水时空分布不均，年际变化率大，尖扎、河南地区略少，同仁、泽库地区略多。

3.土地利用结构。黄南州土地利用以草地为主，面积1 528 012.03公顷，占全州土地面积的83.83%；其次是林地和其他土地，面积分别为202 363.72公顷和50 649.76公顷，占全州土地面积的11.10%和2.78%（见表2-23）。

表2-23　黄南州土地利用类型、面积及分布

单位：公顷

行政区	耕地	园地	林地	草地	城镇村及工矿用地	交通运输用地	水域及水利设施用地	其他土地
同仁市	9 492.80	29.24	53 063.52	242 821.04	1 984.24	882.89	2 053.32	9 173.06
尖扎县	6 628.99	49.32	44 010.39	92 590.12	1 725.63	790.68	3 446.07	6 543.99
泽库县	3 967.58	0.00	81 340.46	570 282.76	815.85	1 875.03	3 067.41	15 988.00
河南县	0.00	0.00	23 949.35	622 318.11	427.02	842.92	3 541.34	18 944.71
黄南州	20 089.37	78.56	202 363.72	1 528 012.03	4 952.74	4 391.52	12 108.14	50 649.76

数据来源：青海省第二次土地调查数据及实地调研所获资料整理。

全州耕地面积20 089.37公顷，占全州土地面积的1.10%。全州水域及水利设施用地面积12 108.14公顷，占全州土地面积0.66%。

黄南州基本农田保护面积16 679.79公顷，占全省基本农田保护面积的3.82%，占全州耕地面积的83.03%（见表2-24）。

表2-24　青海省黄南州基本农田类型、面积及分布

单位：公顷

行政区	土地面积	耕地	基本农田面积		
			合计	水浇地	旱地
同仁市	319 500.11	9 492.80	7 828.21	1 886.00	5 942.21
尖扎县	155 785.19	6 628.99	5 646.93	2 801.79	2 845.14
泽库县	677 337.09	3 967.58	3 204.65	0.00	3 204.65
黄南县	1 822 645.84	20 089.37	16 679.79	4 687.79	11 992.00

数据来源：青海省第二次土地调查数据及实地调研所获资料整理。

（二）经济条件

2019年全州地区生产总值100.95亿元，按可比价格计算比上年增长7.7%。其中：第一、第二产业增加值分别为26.06亿元、26.24亿元，分别增长4.5%、9.7%（见表2-25）。

表2-25　黄南州农牧业主要指标统计简表

年份	全年农作物总播种面积（公顷）	农业增加值（亿元）	粮食产量（吨）	草食畜出栏（万头/万吨）	奶产量（万吨）	总人口/户籍人口（人）	第一产业固定资产投资（亿元）
2012	17 422	16.83	29 371	125.20	—	260 800	9.39
2013	17 417	19.19	29 383	4.43	4.86	263 411	10.16
2014	17 624	20.09	29 400	4.56	4.27	266 541	13.31
2015	17 935	19.62	29 400	4.08	4.83	268 822	13.90
2016	17 839	19.70	29 800	4.09	4.86	271 460	10.47
2017	16 795	20.35	44 600	4.25	5.12	274 204	8.48
2018	16 448	22.91	29 800	167.52	3.79	276 825	10.66
2019	15 725	26.06	30 700	167.27	4.95	280 229	11.06

数据来源：2012—2019年黄南州国民经济和社会发展统计公报及实地调研所获资料整理，2012年草食畜出栏为万头计，2013—2019年草食畜出栏为肉类总产量万吨计。

（三）文化和卫生

2019年年末全州共有艺术表演团体10个，文化馆5个，公共图书馆5个，一千瓦以上电视发射机6部，广播电视调频发射台和转播台54座，电视综合人口覆盖率为98.15%。有线广播电视用户9 508户。

2019年年末全州拥有卫生医疗机构351个，其中综合医院4个；民族医院4个；专科疾病防治院(所、站)1个；疾病预防控制中心5个；卫生监督所5个；采血机构1个；妇幼保健与计划生育服务中心5个；乡镇卫生院39个；村卫生室287个。年末实有病床数1 507张，卫生职工人数2 409人，其中卫生技术人员2 134人。

第三章　青海省六州美丽乡村建设现状、成效与困难

国家农业农村部于 2013 年启动了"美丽乡村"创建活动。2014 年 3 月，青海省委省政府召开全省推进高原美丽乡村建设电视电话会议，下发《关于加快改善农牧区人居环境全面推进高原美丽乡村建设的指导意见》(青政〔2014〕16号)，正式启动推进青海省高原美丽乡村建设工作，并制定实施方案，确定了 300 个高原美丽乡村建设任务。全省各地区、各部门积极行动，建立了以党政负责同志为组长、相关部门分工负责的长效工作机制，957 个省、市(州)、县党政军企单位参与了结对共建，全力推进高原美丽乡村建设工作。2014—2020年，青海省累计投入建设高原美丽乡村 2 100 个。今天，美丽乡村已在青海的壮阔大地上遍地开花。

第一节　青海省美丽乡村建设现状、成效与困难

在"党政军企共建示范村"基础上，从 2014 年开始，青海省每年确定 300个重点村，以住房建设、环境整治、基础设施和公共服务配套建设为主要内容建设"高原美丽乡村"。并提出用 7 年时间到 2020 年实现全省 60% 的村庄达到8 个方面的标准。到 2019 年 90% 的村庄生活垃圾得到有效处理，村居环境得到极大改善。经过历年美丽乡村建设的积累与不断完善，全省城乡关系、人与自然关系、传统与现代关系呈现出良好的发展态势，青海各地都在经历并演绎着美丽而又幸福的嬗变。

推进高原美丽乡村建设，创新是关键。全省每年推进的 300 个美丽乡村示范村，无论是地域特色、人口规模、功能定位，还是发展方向上都各有不同，这使得每一项决策，都可能面临着"做蛋糕"与"分蛋糕"之间的抉择。必须切实改善农牧区人居环境，让农牧区发生深刻的变化，不仅要坚持"因地制宜、分类指导，规划先行、完善机制，突出重点、统筹协调"的原则，重新进行规划布局，最大限度地满足农牧民群众的需求，还要把发展的基点放在创新上，让高原美丽乡村迸发出发展的新活力。

在青海六州地区的高海拔区域内，高原美丽乡村建设更是新型城镇化和新农村建设发展双轮驱动、相得益彰，让村民在日益现代化、城镇化的家园里过上了宜居、宜家、宜业的新生活，"高原美丽乡村"建设不断书写着青海乡村跨越式发展实践新篇章。全省正在着力打造美丽乡村的升级版，以点带面、连线成片，推动美丽乡村从"一处美"迈向"一片美"；标本兼治、长效管护，推动美丽乡村从"一时美"迈向"持久美"；加快农村生活污水治理、农村垃圾专项治理和分类减量，推动美丽乡村从"外在美"迈向"内在美"；创业创新、富民富村，推动美丽乡村从"环境美"迈向"发展美"。

"十三五"时期，是青海省全面建成小康社会的决胜时期，是全面深化改革的攻坚时期，全省把解决好"三农"问题作为重中之重，结合精准扶贫和生态文明建设战略，全力抓好农牧区人居环境改善，建设山川秀美、平安富庶的社会主义新农村新牧区，打造出了一批独具特色的宜居、宜业、宜游的高原美丽乡村，在青海广袤的土地上描绘出更加壮美的风景。

在青海省美丽乡村建设过程中，全省各地用现代理念和历史情怀审视村庄建设，使优秀的传统文化得以传承，高原美丽乡村不仅改善了村容村貌，也保留了历史精髓，让子孙后代可以共建美丽乡村，同享发展成果。各级政府齐心聚力，守住了记忆中的故园，让高原美丽乡村"面貌新，思路新，聚民心"的建设理念深入人心。各地坚持从战略高度谋划美丽乡村建设，坚持党政军企结对帮建，全局谋划，变输血为造血，激发村庄发展的内生动力和活力。美丽乡村建设实践中，各地也积极大力宣传工作成效，让广大群众真切感受到建设成果，引导群众主动参与，成为美丽乡村建设的最大动力，正是这种"齐心协力、共建家园"的做法，孕育出了"幸福门源""魅力海北""潮起新海东""圣洁海南"等多地发展代表，这些扎根高原的美丽乡村建设成果在青海广袤的土地上尽情绽放，充分带动了当地经济迅猛发展，描绘出一幅幅人和、家美、富足的美好画面。

一、青海省美丽乡村建设现状

2014年开始，青海省高原美丽乡村建设省级资金每年的安排情况：由省级财政安排4亿元补助资金用于每年300个高原美丽乡村建设（表3-1、表3-2、表3-3、表3-4、表3-5分别为2016—2020年高原美丽乡村省级财政补助资金分配表），每村平均补助130万元，由省级财政按标准直接拨付到县，县级政府可根据村庄大小和建设需求进行统筹安排，专项用于高原美丽乡村建设，预留1 000万元"以奖代补"及其他资金，按照年度绩效考核情况进行奖补。各市（州）、县也根据自身财力配套安排补助资金，加大力度推进高原美丽乡村建设。

表3-1　2016高原美丽乡村省级财政补助资金分配表

地区或单位	村庄个数	补助标准（万元/村）	补助金额（万元）
全省	300		40 000
西宁市	75	130	9 750
海东市	120	130	15 600
海西州	11	130	1 430
海南州	30	130	3 900
海北州	16	130	2 080
玉树州	12	130	1 560
果洛州	12	130	1 560
黄南州	20	130	2 600
省监狱管理局	2	130	260
省三江集团	2	130	260
"以奖代补"及其他资金	300		1 000

数据来源：根据青海省住建厅2016年相关数据整理。

表3-2　2017高原美丽乡村省级财政补助资金分配表

地区或单位	村庄个数	补助标准（万元/村）	补助金额（万元）
全省	300		40 000
西宁市	77	130	10 010
海东市	120	130	15600
海西州	10	130	1 300
海南州	30	130	3 900
海北州	16	130	2 080
玉树州	13	130	1 690
果洛州	12	130	1 560
黄南州	20	130	2 600
省监狱管理局	1	130	130
省三江集团	1	130	130
"以奖代补"及其他资金	300		1 000

数据来源：根据青海省住建厅2017年相关数据整理。

表3-3　2018年高原美丽乡村省级财政补助资金分配表

地区或单位	村庄个数	补助标准（万元/村）	补助金额（万元）
全省	300		40 000
西宁市	79	130	10 270
海东市	120	130	15 600
海南州	31	130	4 030
海北州	16	130	2 080
海西州	8	130	1 040
黄南州	21	130	2 730
果洛州	10	130	1 300
玉树州	13	130	1 690
省监狱管理局	1	130	130
省三江集团	1	130	130
"以奖代补"及其他资金	300		1 000

数据来源：根据青海省住建厅2018年相关数据整理。

表3-4　2019年高原美丽乡村省级财政补助资金分配表

地区或单位	村庄个数	补助标准（万元/村）	补助金额（万元）
全省	300		40 000
西宁市	81	130	10 530
海东市	120	130	15 600
海西州	5	130	650
海南州	33	130	4 290
海北州	14	130	1 820
玉树州	13	130	1 690
果洛州	10	130	1 300
黄南州	22	130	2 860
省监狱管理局	1	130	130
省三江集团	1	130	130
"以奖代补"及其他资金	300		1 000

数据来源：根据青海省住建厅2019年相关数据整理。

表3-5　2020年高原美丽乡村省级财政补助资金分配表

地区或单位	村庄个数	补助标准（万元/村）	补助金额（万元）
全省	300		40 000
西宁市	83	130	10790
海东市	120	130	15 600
海西州	5	130	650
海南州	34	130	4 420
海北州	14	130	1 820
玉树州	12	130	1 560
果洛州	8	130	1 040
黄南州	22	130	2 860
省监狱管理局	1	130	130
省三江集团	1	130	130
"以奖代补"及其他资金	300		1 000

数据来源：根据青海省住建厅2020年相关数据整理。

2016—2020年，全省通过中央"一事一议"补助资金、各级财政预算安排、项目整合、结对共建、群众自筹等方式有序推进了每年300个高原美丽乡村建设工作。每年村均投入在600万元~1 100万元，其中以2016年村均投入最多。2016年全省通过中央"一事一议"补助资金、各级财政预算安排、项目整合、结对共建、群众自筹等方式在300个高原美丽乡村开展建设工作，涉及7.63万户农牧民，28万多人。全年共整合各类建设项目1 377个，筹集各类项目资金32.41亿元，村均投入1 080万元，村均增加20万元，增长率为1.86%。其中：中央"一事一议"补助资金0.45亿元，省财政专项补助4亿元，市（州）配套资金1.07亿元，县级自筹1.9亿元，整合各类项目资金12亿元，结对帮扶资金1.25亿元，群众自筹资金12.19亿元。

各年度青海省美丽乡村建设项目的实施主要围绕以下方面进行：

一是村庄规划及方案编制。全省各地住建部门按照规划先行的原则，在建设开展前一年底开始提早谋划、组织实施，编制完成每年300个高原美丽乡村建设规划和实施方案。以"绿水青山就是金山银山"理念为引领，村庄规划强调注重贴近村庄实际、自然山水、乡土气息、乡村风貌，注重美化、绿化、亮化、道路硬化等基础设施和公共服务设施建设，确保更加符合当地实际、满足群众需求、体现农牧区特色。

二是基础设施和公共服务设施建设。各地在每年300个高原美丽乡村配套建设村庄道路；安装太阳能路灯；新建或扩建村民活动广场；新建村级综合服务中心；新建村级养老院；搭建村级电商中心；配置文体设施；实施饮水安全巩固提升项目及乡村电网改造项目；实施文化进村入户工程，配备了电视音响、演出服装、演出乐器、文娱器材等；开展了收音机进帐蓬项目；开展了"百县万村"综合文化服务中心项目，对高原美丽乡村的农（牧）家书屋图书进行更新补充等。

三是村庄环境整治工作。有序推进农牧区垃圾专项治理。根据青海省政府办公厅《青海省开展农牧区生活垃圾专项治理工作指导意见》和《青海省农牧区垃圾专项治理行动治理五年工作方案》，结合高原美丽乡村建设，在全省开展了农牧区垃圾专项治理工作。通过修订完善村规民约、签订"门前三包"责任书、配备保洁员等措施，初步建立了"村保洁收集、乡（镇）转运、县处理"的农牧区生活垃圾治理长效机制。持续开展农牧区生活污水治理试点。通过开展试点工作，探索适合青海省农牧区特点的污水处理模式、处理技术、运营管理方式。

四是农牧民危旧房改造。按照高原美丽乡村建设危旧房改造全覆盖的要求，各地在高原美丽乡村中实施农牧民危旧房改造，把保障贫困户住房安全作为当前农村危房改造工作的首要任务，严格执行《农村危旧房改造抗震安全基本要求（试行）》和《农村危房改造最低建设要求（试行）》，加强基层乡镇建设管理人员配置，加大农村建筑工匠培训，充分发挥村"两委"及村民监督作用，加强技术指导与质量管理，严控检查验收，确保了住房工程质量安全。同时，进一步优化户型设计，完善使用功能，农牧民住房由满足基本居住条件向品质化住房发展，住房质量进一步提升。

五是土地整治。充分与高原美丽乡村建设的总体思路结合，按照"统筹规划、集中连片、整体推进"的原则，土地整治实现了从散片化向集中化规模整治转变，将改善生态环境和提升农村生产生活条件相结合转变。

六是兴业富民。在多地开展土地承包经营权确权工作，强化对土地承包权的物权保护，促进农牧业适度规模经营；启动了全国草地生态畜牧业建设项目，实施试验区生态畜牧业合作社试点创新建设项目，推进了全省生态畜牧业试验区建设；新建冬暖式日光节能温室，旧棚改造，打造蔬菜标准园；创建省级休闲农业示范点；实施"一村一品"品牌建设项目；在全省大力开展农村电子商务综合服务站点建设。

二、青海省美丽乡村建设成效

几年来的高原美丽乡村建设为青海省贯彻落实乡村振兴战略、推动农牧区高质量发展和促进青海特色新型城镇化发展做出了有益尝试，形成了明显的示范引领效应，农牧民建设美丽乡村的热情空前高涨，参与乡村建设的主动性和积极性不断增强，形成了"我要干"的良好氛围。全省美丽乡村建设加大了以下工作力度。一是注重补齐突出短板。各地以满足群众自身的实际需要为政策指导，以保证农牧民基本生产和日常生活条件为关键，因地制宜地实施了道路硬化、村庄亮化、园林绿化、电网升级改造、人畜饮水安全、文化广场及标准化卫生室、广播电视、数字互联网宽带等工程，补齐了村庄的基础配套设施和其他公共服务设备的短板，不搞面子工程，确保农牧民能够喝上干净水、使用上安全电、行走平坦路。在乡村建设过程中，着力城镇基础配套设施与公共服务扩展至乡村，实现供水、燃气进村入户，农村污水无害化处理，垃圾治理、公共交通等服务扩展至乡村，使农牧民共享城镇文明。二是注重人居环境改善。各地从人居环境综合治理入手，组织动员群众参与村庄环境综合整治，村庄环境和面貌得到美化。通过修订完善村规民约、签订"门前三包"责任书、配备保洁员等措施，建立健全了村庄环境卫生综合治理的长效机制。全面启动实施了农牧区垃圾专项治理，配套完善了农村垃圾收集和转运设施。统筹推进农村生活污水治理试点，为农村污水治理积累了经验。积极开展村庄绿化，在房前屋后、街道两侧、沿河两岸、荒山荒地植树种草，全面提升了村庄绿化率。三是注重统筹协调发力。围绕大势做工作，将脱贫攻坚、乡村振兴战略、农牧区人居环境整治行动、农牧民危旧房改造和农牧民居住条件改善工程与高原美丽乡村建设有机结合，统筹整合各部门各行业涉农项目，协同发力，全力推进高原美丽乡村建设。美丽乡村建设村困难群众危旧房改造全覆盖，解决困难群众基本住房安全问题。四是注重乡村风貌打造。各地在高原美丽乡村建设中充分注重村庄可持续发展和历史文化的传承，重点保护那些能够充分体现当地乡土文化、历史回忆的文化符号，创建既能有效地结合区域性特征又能反映区域民族特点的新型建筑、新庭院，避免"千村一面"，既留住了绿水青山，还保留了当时的乡音故事和农村情怀。同时，各地积极开展传统村落的改造和升级，使村庄的传统风貌和现代功能互补融合，村庄建设变得更富有时代性，更接地气。五是注重激发内生动力。各地始终发挥农牧民群众在高原美丽乡村建设中的主体作用，将群众认同、群众参与、群众满意作为根本要求，最大限度地调动了群众参与热情，农牧民在高原美丽乡村建设中投工投劳，在村庄规划、项目建设、质量监督和资金使用管理中主动参与。通过积极开展"美好环境与幸福生活共同缔造"试点，更加激发了群众参与村庄建设的内生动力，探索了一系列的好经验和好做法。

通过村庄基础和公共服务设施的有效提升，农牧区人居环境综合整治和改善工作的着力推进，农牧区乡村建设取得了明显成效。

一是农牧区基础设施配套水平不断提高。通过各地因地制宜实施道路硬化、村庄亮化、园林绿化、电网升级改造、人畜饮水安全、文化广场及标准化卫生室、广播电视、数字网络宽带等项目，补齐了村庄基础设施和公共服务设施短板，不断完善了农牧区生产生活等基础设施条件。

二是农牧区人居环境得到有效改善。村庄环境综合整治是高原美丽乡村建设的一项重要内容，各地从治脏、治乱、治差入手，结合"厕所革命"、农牧区人居环境整治三年行动等环境整治项目，村庄环境和面貌得到改善，并建立起村庄环境卫生综合治理的长效机制。统筹推进农牧区生活污水治理试点，为污水治理积累了经验。开展村庄绿化，房前屋后、街道两侧、沿河两岸、荒山荒地植树种草，全面改善了村庄生态环境，农牧区人居环境质量明显提高。

三是农牧区住房安全得到充分保障。各地围绕脱贫攻坚"住房安全有保障"目标，将农牧民危旧房改造在高原美丽乡村建设村中全覆盖安排，让农牧民群众住上了安全房。同时，通过统筹实施农牧民居住条件改善工程，有力推进农牧民居住条件从"有没有"向"好不好"转变，农牧民住房品质得到显著提升。

四是公共服务能力水平显著增强。公共服务能力的提升是高原美丽农村建设的一个重要环节，通过统筹和推进各州医疗、教育、文体等各类公共服务资源向贫困地区和农牧区扩展覆盖，从村民最关心、最密切、最现实的公共服务项目入手，集中政策、项目、资金等资源，稳步提升了乡村公共服务能力，有效促进了城乡公共服务均等化，使农牧民享受到更加完备的公共服务。

五是脱贫攻坚助力作用明显。各地紧密结合脱贫攻坚目标任务要求，优先将高原美丽乡村建设向贫困村倾斜安排，通过统筹整合各行业部门涉农项目和资金，切实改善了贫困村农牧民群众基本生产生活条件，极大增强了贫困群众的幸福感和获得感，成为贫困村顺利脱贫退出的强大助力。

六是乡村治理能力有效提升。高原美丽乡村建设始终坚持发挥群众的主体作用，引导农牧民群众共同缔造美丽家园，乡村面貌和乡村治理发生了翻天覆地的变化，既提升了农牧区人居环境，又建立健全了乡村科学管理、民主管理、依法管理的体制机制。

三、青海省美丽乡村建设困难

截止到 2020 年，青海省围绕精准扶贫、脱贫攻坚与乡村振兴，大力推进了美丽乡村建设，但此过程中也出现一些共性困难。

一是项目资金有效整合难。美丽乡村建设资金来源部门间协调对接不够，项目安排时间不一，导致各类涉农项目资金整合难以形成有效合力，整合效率不高，村庄建设成效不明显。

二是建设长效管护机制难。一些建设村没有同步建立和健全村庄环境卫生长效管理机制，后期对美丽乡村建设的维护和补充改进不足，存在村庄环境脏、乱、差回潮现象。

三是个别高原美丽乡村建设项目显实效难。项目建设内容单一，风貌管控力度不强，没有把有限的资金投入到完善村庄基础设施和公共服务设施以及村庄环境整治中，影响了村庄建设整体效果。

第二节　青海省六州美丽乡村建设现状、成效与困难

在青海省高原美丽乡村建设稳步扎实推进过程中，青海省六州美丽乡村在精准扶贫战略助推下，也取得了丰硕成果，期间各地结合地区乡村发展实际也出现了一些现实困难，下面就青海省六州分别加以说明。

一、海西州美丽乡村建设现状

（一）海西州美丽乡村总体建设情况

海西州辖德令哈、格尔木、茫崖 3 个县级市，乌兰县、都兰县、天峻县 3 个县和大柴旦行政委员会（简称大柴旦行委），共有 8 个街道、21 个镇、14 个乡、295 个行政村、75 个居委会。

2014 年至 2020 年海西州共建设高原美丽乡村 70 个，德令哈、格尔木 2 个县级市，乌兰县、都兰县、天峻县 3 个县和诺木洪农场美丽乡村分年度建设数量及具体建设村如表 3-6、表 3-7 所示。都兰县累计美丽乡村建设数量最多。

表3-6 2014—2020年海西州美丽乡村建设数量及分布

年份	乌兰县	格尔木	德令哈	天峻县	都兰县	诺木洪农场
2014	2	2	3	3	5	0
2015	1	2	2	2	5	4
2016	1	1	1	4	4	0
2017	0	1	1	4	4	0
2018	1	1	0	2	4	0
2019	1	1	0	1	2	0
2020	2	0	0	1	2	0
合计	8	8	7	17	26	4

数据来源：根据2014—2020年海西州美丽乡村建设信息整理。

（二）海西州美丽乡村建设村个案调研现状

为了解并评价海西州美丽乡村建设情况，项目组于 2019 年 10 月赴海西州格尔木市及德令哈市进行了美丽乡村建设相关调研。

格尔木市是青藏高原继西宁、拉萨后的第三大城市，德令哈市是青海省海西州州府所在地，是全州政治、教育、科技、文化中心。以德令哈市为中心的东部经济区，是全州绿洲农牧业的典型区，农牧业资源、生态资源相对富集，工业基础薄弱，经济总量小，农牧业及贫困人口所占比重大。以格尔木市为中心的西部经济区，矿产资源富集优势明显，工业化和城镇化程度相对较高，经

表3-7 2014—2020年海西州美丽乡村建设名单

县名	2014年	2015年	2016年	2017年	2018年	2019年	2020年
德令哈市	德令哈市柯鲁柯镇花土村 德令哈市怀头他拉镇东滩村 德令哈市尕海镇富康村	柯鲁柯镇民兴村 尕海镇泉水村	大格勒乡查那村 柯鲁柯镇平原村	蓄集乡贡艾里沟村			
格尔木市	格尔木市大格勒乡龙丰村 格尔木市郭勒木德镇新源村	唐古拉山镇日罗村 乌图美仁乡安康村		唐古拉山镇长江源村	郭勒木德镇红柳村	大格勒乡新庄村	
乌兰县	乌兰县茶卡镇茶卡村 乌兰县柯柯镇柯中村	希里沟镇北庄村	铜普镇都兰河村		柯柯镇东沙沟村	柯柯镇西沙沟村	柯柯镇新村 柯柯镇南沙沟村
都兰县	都兰县沟里乡秀毛村 都兰县香日德镇东盛村 都兰县香日德镇小夏滩村 都兰县宗加镇加入村 都兰县巴隆乡河西村（河西村、布拉格村）	香日德镇香源村 热水乡寨什堂村 夏日哈镇联合村 察汗乌苏镇下滩村 香日德镇兴盛村	巴隆乡新隆村 香日德镇香乐村 香加乡红星村 宗加镇哈西娃村	巴隆乡科尔牧业村 香日德镇乐盛村 香日德镇东山村 香日德镇上柴开村	香日德镇香盛村 察汗乌苏镇西园村 香日德镇东盛村 察汗乌苏镇北园村	夏日哈镇沙柳河村（查查香卡） 香日德镇幸福村	察汗乌苏镇上滩东村 香加乡全杰村
天峻县	天峻县江河镇莫合拉村 天峻县苏里乡豆库尔村 天峻县龙门乡龙门尔村	舟群乡桑毛村 江河镇茶木村	舟群乡迪尔恩村 龙门乡措扎村 舟群乡岗东村 苏里乡登陇村	生格乡阿吾秀村 生格乡秀陇村 快尔玛乡赛尔曲田村 快尔玛乡哈通村	生格乡织合纳合村 生格乡奥陇村	龙门乡纳尔扎村	织合玛乡加陇村
诺木洪农场		宗加镇农场一社区 宗加镇农场二社区 宗加镇农场三社区 宗加镇农场四社区					

数据来源：根据2014—2020年海西州美丽乡村建设信息整理。

58

济增长速度居于全州领先水平。基于上述原因，海西州美丽乡村调研以德令哈市和格尔木市为重点深入调研了4个美丽乡村，以下列举其二。重点调研村一：德令哈市柯鲁柯镇希望村（2019年10月调研）。德令哈市柯鲁柯镇为海西州特色小镇建设点，希望村是海西州新型农村社区建设的典型，同时也是"党政军企共建示范村"及人居环境整治试点示范村。该村在美丽乡村建设尤其是人居环境整治方面在海西州颇具典型性。重点调研村二：格尔木市大格勒乡新庄村（2019年10月调研）。该村为2019年高原美丽乡村建设村。2018年9月29日，青海省人民政府发布公告：格尔木市顺利脱贫摘帽。新庄村作为全市脱贫摘帽后新时期高起点美丽乡村建设村，其精准扶贫战略成果基础上的美丽乡村建设实践的研究意义具有典型性。

1. 柯鲁柯镇希望村美丽乡村建设情况

柯鲁柯镇位于德令哈市市境中部，是该市第一大镇。柯鲁柯为蒙古族语，意为"美丽而富饶的地方"。该镇距德令哈市府驻地20千米，人口14 337人（2017年数据），面积6 679平方千米。辖德令哈、乌兰干沟、茶汉沙、克鲁诺尔、陶生诺尔、莲湖、新秀、花土、金原、希望、民兴、安康12个村（牧）委会。2006年3月柯鲁柯撤乡建镇。境内的柯鲁克湖盛产水产品，是海西州的渔业养殖基地，该湖在青海省有较高知名度。柯鲁柯镇从20世纪50年代的农场生产经营积累到今天，在这片荒凉的戈壁上积淀了独特的农垦文化。进入柯鲁柯，映入眼帘的高大的铸铁犁铧造型，代表着柴达木人战天斗地的不屈与顽强。

柯鲁柯镇希望村由20世纪90年代青海省海东八县村民迁入建成。目前该村共3个社，4个片区。希望村为贫困村，共488户，户籍人口2 298人。全村建档立卡户12户48人，1户低保兜底。全村共有耕地面积5 300亩，农作物种植以马铃薯、小麦为主。2019年该村人均年收入达6 000元。村民收入来源除种植及少量养殖外，以外出务工居多，主要从事枸杞采摘、光伏电站劳务等。

（1）村庄规划。希望村原址于20世纪90年代末建成，由于地处戈壁，地广人稀，村民院落面积明显较一般农牧区偏大。各户排列布局整齐，3个社分布空间距离远。由于与柯鲁柯小镇距离5千米，新的小镇规划项目建设完成，极大影响了希望村的规划布局，这也是促成希望村成为海西州新型农村社区建设典型的重要原因。

为改善柯鲁柯镇困难群众生产生活条件，2012年，德令哈市政府启动柏树山新村建设项目。柏树山新村是一个易地搬迁村，整村配套建设890平方米的社区服务中心，集中开展绿化亮化美化工程。2017年3月，德令哈市柯鲁柯镇希望村、新秀村等3个村的526户2 104人(部分搬迁)，搬迁至柏树山新村。

(2) 村庄建设。从实际调研情况来看，希望村整体住房风格统一，有鲜明的戈壁乡村特色。村庄整体较美观整洁，乱搭建、空心化现象不明显。电线、通信用杆等排列较整齐，无私拉乱拨电线电缆现象。全村无危房无三类、四类和五类桥梁道路。各类生活生产设施完备，有较完整的上水、有线电视、网络等配套设施。村主干道路面(水泥)硬化率100%，主干道里程12千米。饮用水安全覆盖率100%，供电稳定。全村已修建3个广场(各社1个)，安装120座路灯，还需要修建150座。

(3) 生态环境。希望村产业发展以农业种植为主，全村无薄膜使用。养殖农畜较少，农畜粪便处理方式即为供农田肥料使用。全村无工业污染企业，生活垃圾采用集中填埋方式处理。截止到2019年底，因全村尚未进行地下管网建设，故生活污水处理方式延续农村传统倾倒方式。厕所革命后，有434户修建完成卫生旱厕。全村全部使用清洁能源做饭，取暖仍以燃煤为主。

(4) 经济发展。希望村主导产业为农产品种植，目前以马铃薯、小麦为主。2018年人均收入达到6 000元。由于该村临近德令哈市，故劳动力农闲时节外出务工多，以枸杞采摘、光伏电站劳务等为主，日薪100元左右。

该村集体经济发展虽然破零，但发展形势不容乐观。2018年该村成立德令哈希望畜牧养殖合作社，当年一头牛平均售价3 000元左右，年终核算各项成本开支后基本持平。2019年村两委带头通过500元/亩的价格流转土地260亩，引进互助马铃薯新品种植110亩，种植小麦150亩。但总体盈利依然不乐观。

我们这儿的地倒是适合种洋芋，但是销售不行，总体效益出不来，劳动力也不太够，一会儿我还得带人去挖洋芋，得赶紧趁天好都收起来，也

给村民都分一分。(WAZ, 20191014)

除种养殖外,该村 2019 年将市农牧局下达的 27.5 万元合作社帮扶资金投入新育合作社,按年底 5% 进行股份分红,分红结果调研时未出。

(5)公共服务。希望村现建有村级组织活动场所面积 1 600 平方米,其中办公设施占地面积 300 平方米,建有村级卫生室 2 所。由于该村 3 个社分布分散距离较远,集中在村委办公地的活动广场使用率不高,调研过程中村干部及村民普遍认为全村缺乏运动场所与活动设施。

> 我们村三个社之间距离远,但活动广场就一个,你要想举办个什么活动,村民往返就不方便,所以都没啥积极性,有时候开个会都难心。(YVX, 20191014)

(6)乡风文明。希望村现有完整村规民约,全村乡风淳朴,村民热情好客。由于该村由海东八县村民迁入建成,故乡俗文化延续了海东市乡风民俗特征。该村 3 个社分布距离较远,故村民间文化活动组织有客观局限,尤其各社间沟通制约明显。由于劳动力外出务工较多,该村日常留居人数有限,文化活动开展次数也较少,内容形式单一。

2. 大格勒乡新庄村美丽乡村建设情况

格尔木市大格勒乡是全国文明村镇、国家卫生乡镇、全国"一村一品"(枸杞)示范乡镇、国家级有机枸杞出口质量安全示范基地(核心区)、青海省"千村建设百村示范"整乡推进示范区、海西州统筹城乡发展富民强百村试点地区。该乡有海西州新农村示范之乡、库区移民示范之乡、枸杞之乡、卫生之乡、信用之乡、平安之乡、文明之乡、和谐之乡等八大名片。

大格勒原本是荒漠、戈壁、沙滩。1958 年由诺木洪农场垦殖 2.45 万亩荒地,建大格勒劳改农场。1965 年移交农建师。1968 年原兰州军区建设兵团农建十二师再次开发大格勒,并改为格尔木农场大格勒分场。1975 年农建师撤兵团建制移交省农林厅改为格尔木大格勒农场。1980 年因支边青年调离撤销了大格勒农场,后由海南州龙羊峡库区移民为主的农民组成了大格勒乡的前身(1983年前的大格勒公社)。1982年由格尔木市管辖，1984年改为大格勒乡。2006年隶属格尔木市东城区工行委管辖。

大格勒乡是格尔木市的农业乡，离格尔木市区90千米，辖区面积1 680.5平方千米，全乡有查那村、龙羊村、新庄村、菊花村4个行政村，含学校、卫生院、派出所等7个驻乡站所，康普农业格尔木有限公司、源鑫堂生物科技有限公司、亿林生物科技有限公司3个驻乡企业。全乡现有户籍人口620户2 242人，从事农牧业生产的常住农户486户1 891人，医疗、养老全乡做到应保尽保。适龄儿童、少年入学率均为100%。全乡耕地13 443.28亩，红枸杞种植面积达12 122.43亩，黑枸杞650亩。

截至2019年8月，新庄村现有户籍人口108户412人，常住人口95户379人，其中劳动力281人。现有耕地2 075亩，其中枸杞1 997亩。由于该村为2019年高原美丽乡村建设项目，故调研时，美丽乡村建设正在按规划推进。

(1)村庄规划。新庄村于20世纪末建制，全村在册有户籍108户排列分布整齐，院落宽敞。在原有村庄格局未变的前提下，2019年的美丽乡村建设规划对整村基础设施、院落围墙等进行了全局优化提升。同时，兴建了村级活动场地等标准化基础设施。

(2)村庄建设。从实际调研情况来看，新庄村整体住房风格统一，有鲜明的高原戈壁乡村特色。村民院落白墙红大门，村庄整体较美观整洁，乱搭建现象不明显。青壮年劳动力外出务工较多。电线、通信用杆等排列较整齐，无私拉乱拨电线电缆现象。全村无危房，无三类、四类和五类桥梁道路。各类生活生产设施完备，有较完整的相关配套设施。村主干道路面(水泥)硬化率100%，主干道里程15千米，但因路面硬化较早沙化较为严重。饮用水安全覆盖率100%，供电稳定。全村已修建文化广场1个，村医务室1所，村医1名。

(3)生态环境。新庄村产业发展以农业种植为主，全村无薄膜使用。养殖农畜较少，生猪养殖均为农户自己食用。全村仅10户从事牛羊育肥养殖。农畜粪便处理以用作农田肥料为主。全村无工业污染企业，生活垃圾采用本村集中填埋方式处理。截止到2019年底，因全村尚未进行地下管网建设，故生活污水处理以传统倾倒方式为主。厕所革命后，全村在册户籍108户均完成卫生旱厕。全村全部使用清洁能源(电、罐装煤气)做饭，取暖仍以燃煤为主。

(4)经济发展。新庄村现主导产业为枸杞种植。全村在册户籍农户除枸杞种植外，另种植藜麦、小麦、青稞等作物。但由于新庄村土地以沙化地为主，农作物产量普遍偏低，村长雷某某介绍，藜麦亩均产500斤左右，青稞六七百斤。由于枸杞价格自2016年起连年下跌，故该村人均收入4 000至5 000元不等。由于该村临近格尔木市，所以劳动力农闲时节外出务工多，以枸杞采摘、光伏电站劳务、服务业等为主，日薪平均100元左右。

该村集体经济发展虽然破零，但集体经济发展形式单一，对村级经济发展带动效果不明显。

(5)公共服务。新庄村现建有文化广场1处共1 200平方米，其中办公设施占地面积300平方米，建有村级卫生室1所。由于该村各社分布分散距离较远，集中在村委办公地的活动广场使用率不高。调研过程中村干部及村民普遍认为全村缺乏运动场所与活动设施；调研中，村民也普遍反映村医务室面积小，药品种类少，药价普遍比普通药店偏高。村内有图书室1间，但使用率不高。

> 我们村民都是去乡上的药店去买药，实在急用才在村医务室买，药价普遍比药店的贵。(FUY，20191015)

(6)乡风文明。新庄村有完整的社会主义核心价值观、村规民约在内的宣教管理，在新庄村入户调研及问卷填答过程中，村民热情好客。由于经济发展稳步提升，村民精神风貌乐观积极，能清晰感受到全村整体乡风文明、民风淳朴。新庄村基层党组织凝聚力、战斗力强，村委基础工作扎实，对村民具体情况掌握详尽。乡村社会整体风气和谐具有活力，形成了一整套自治、法治、德治相结合完善的乡村治理体系。

(三)海西州美丽乡村建设成效与困难

基于海西州美丽乡村总体建设情况及重点调研村调研所得，该州美丽乡村建设成效与困难如下。

1.海西州美丽乡村建设成效

首先，全州突出传承历史文化风貌打造。积极结合村庄实际，村庄规划编制紧密与扶贫开发、土地利用及基础设施建设等规划对接融合，村庄规划尊重并保留乡村记忆、传承历史文化、注重风貌打造、尊重村民意愿，切实引导农民避免简单"上楼房"、简单复制城市社区模式，将农村建成缩小版或乡村版城镇。

其次，基础设施建设及公共服务能力得到明显提升。得益于精准扶贫及美丽乡村建设项目的开展，通过建设村自来水入户、电网改造、村级道路硬化、公共场所路灯建设改善了建设村基础设施条件。新建或改建了村级综合办公服务中心、群众文化广场、文化舞台、文化活动室等配套基础设施和相关文体设备。

再次，村容村貌得到改善。通过农牧区人居环境整治项目，完善生活垃圾处理程序，保持了村内环境卫生的干净整洁。全州在村级文化广场制作以弘扬社会公德、家庭美德等为主要内容的文化墙，建立健全村级综合服务中心及文化广场管理使用办法、卫生保洁制度、村庄管护长效机制等有效措施，引导群众转变生产生活习惯，自觉维护建设成果，村容村貌显著改善，农牧民生活质量明显提升。

最后，乡村产业发展突出。根据村庄规划，部分易地搬迁村将原村宅基地在搬迁结束后通过土地集中整治，发展为村集体规模化种植基地。其中天峻县牛羊肉精细加工，都兰县、德令哈市枸杞、藜麦种植加工等，以及部分村的乡村旅游业发展良好。全州围绕培育主导产业，积极引导群众建立产业协会和专业经济合作组织，努力促进群众增收，为发展高原现代绿色生态畜牧业奠定了基础。

2.海西州美丽乡村建设困难

首先，美丽乡村建设内生动力不够。海西州部分村庄外来移民人口较多，民族成分复杂，诉求多元，现行建设标准与群众期望值相差较大，部分群众"等、靠、要"思想严重，且在建设过程中对与自身利益有牵涉影响的项目环节抵触心理强烈，从而导致村庄建设进展缓慢。

其次，建设资金投入不足。部分村庄位处偏远地区，交通不便、居住分散且人口较少，农牧民参与美丽乡村建设积极性不高，造成自筹资金收缴困难，仅靠现有的补助资金很难有效满足高原美丽乡村建设需求。

最后，共建帮扶力度不高。部分共建单位对美丽乡村建设帮扶工作重视不够，积极性不高，与共建村对接协调不积极，结对共建效果不理想。同时，受近年来工业经济整体下行影响，共建企业帮扶资金落实情况不容乐观。

二、海南州美丽乡村建设现状

（一）海南州美丽乡村总体建设情况

海南州辖共和县、贵德县、贵南县、同德县、兴海县5县，19镇17乡（含1个民族乡），49个居委会、426个村委会。

2014年至2020年海南州共建设高原美丽乡村222个，海南州5县美丽乡村分年度建设数量及具体建设村如表3-8、表3-9所示。共和县累计美丽乡村建设数量最多。

表3-8　2014—2020年海南州美丽乡村建设数量

	共和县	贵德县	贵南县	同德县	兴海县
2014	8	6	8	7	
2015	8	7	6	5	7
2016	8	8	5	5	4
2017	8	8	5	5	4
2018	8	8	6	5	4
2019	8	8	8	5	4
2020	8	8	8	6	4
合计	56	53	46	40	27

数据来源：根据2014—2020年海南州美丽乡村建设信息整理。

（二）海南州美丽乡村建设村个案调研现状

为了解并评价海南州美丽乡村建设情况，项目组于2020年11月赴海南州贵德县及贵南县进行了美丽乡村建设相关调研。

贵德县位于青海省东部,海南藏族自治州东南部。贵德县居委会和村委会数量为海南州第一,地理位置优越。贵南县属典型的农牧结合县,农牧业发展在全州极具代表性。基于上述原因,海南藏族自治州调研以贵德县、贵南县为重点,深入调研了2个村。重点调研村一:贵德县阿言麦村(2020年11月调研),该村为2018年高原美丽乡村建设村。阿言麦村交通区位优势突出,村级特色产业在贵德县独具一格,整体发展特征鲜明。重点调研村二:贵南县拉扎村(2020年11月调研),该村为2016年高原美丽乡村建设村。

1.贵德县阿言麦村美丽乡村建设情况

贵德县人文历史悠久、地貌奇特、风光旖旎。全县辖3乡(含1个民族乡)4镇,境内有汉、藏、回、土、撒拉等15个民族。2000年7月国务院副总理钱其琛曾为贵德题下"天下黄河贵德清"的美誉。由于这里海拔低于青海省省会西宁,气候温润适宜养生,又被称为"高原小江南"。

阿言麦村地处贵德县尕让乡,距离乡政府驻地1.8千米,辖4社175户,662人。其中藏族人口占80%,汉族人口占20%,耕地950亩,草山20 500亩,2015年该村被评为贫困村,有贫困户52户182人,于2018年全部脱贫。其中一般贫困户34户132人,低保贫困户4户44人,低保兜底户4户10人,五保户3户3人,残疾人8人。

(1)村庄规划。西久公路从阿言麦村穿村而过,村居分列于公路两侧山坡及河谷洼地。2018年美丽乡村建设项目开展前,借助优越的交通条件,全村在村庄建设、经济发展等方面已经有了一定发展积累。在美丽乡村建设过程中,村庄整体建设遵循原村落发展布局,村道、村居保持原有地方及民族特色,重点对全村基础设施、村容村貌进行改造。由于村民居住非常分散,所以系统的美丽乡村建设规划有难度。目前,村内现存1座历史100余年的土司老宅,颇具当地民俗建筑代表性。

表3-9　2014—2020年海南州美丽乡村建设名单

县名	2014年	2015年	2016年	2017年	2018年	2019年	2020年
共和县	倒淌河镇拉乙亥麻村 倒淌河镇元者村 龙羊峡镇瓦里关村 龙羊峡镇黄河村 龙羊峡镇阿乙支村 铁盖乡托勒台村 沙珠玉乡扎布达村 恰卜恰镇下梅村	倒淌河镇甲乙村 恰卜恰镇莫合多村 江西沟乡莫热村 龙羊峡镇麻尼磨合村 倒淌河镇东卫村 塘格木镇治海村 铁盖乡上合乐寺村 石乃亥乡切吉村	塘格木镇智德村 石乃亥乡鲁色村 廿地乡廿地村 切吉乡祁加村 沙珠玉乡珠玉村 铁盖乡吾雷村 恰卜恰镇索吉支麦村 江西沟乡大仓村	龙羊峡镇龙才村 倒淌河镇黄科村 塘格木镇华塘村 沙珠玉乡曲沟村 沙珠玉乡卡力岗村 铁盖乡七合村 廿地乡切扎村	沙珠玉乡上卡力岗村 倒淌河镇次汗达哇村 恰卜恰镇上梅村 铁盖乡马汉合村 恰卜恰镇下塔迈村 龙羊峡镇蒙古村 廿地乡羊让村	沙珠玉乡耐海塔村 倒淌河镇哈乙亥村 恰卜恰镇西台村 铁盖乡下合乐寺村 铁盖乡哈汗土支村 石乃亥乡向公村 塘格木镇浪娘村 廿地乡什纳村	沙珠玉乡种子村 塘格木镇金塘村 塘格木镇达拉村 铁盖乡委曲村 恰卜恰镇加隆台村 石乃亥乡肉隆村 廿地乡拉龙村 倒淌河镇黑科村
贵德县	河西镇木干村 河东乡巴卡村 尕让乡珊瑚湾村 常牧镇周屯村 新街乡麻吾村	河阴镇童家村 河东乡杨家村 尕让乡水扎什村 河西镇贺尔加村 河西镇山湾村 新街乡上卡村 拉西瓦镇罗汉堂村	河阴镇邓家村 河西镇下岗查村 常牧镇下岗村 常牧镇斜马浪村 拉西瓦镇仿果村河 东乡王屯村 新街乡陆切村 尕让乡切扎村	河阴镇张家沟村 河西镇团结村 河东乡西北村 河东乡哇里村 常牧镇加卜查村 尕让乡查曲昂村 新街乡豆后浪村 尕让乡藏盖村	河东乡哇里村 河西镇阿什贡村 常牧镇上兰角村 河东乡边都村 河西镇本科村 尕让乡关加村 新街乡尕公堂村 拉西瓦镇多拉村	河东乡查达村 河阴镇西家嘴村 常牧镇兰角村 新街乡下卡村 河西镇加卜村 尕让乡黄河滩村 尕让乡亦扎村 拉西瓦镇叶后浪村	河阴镇城关村 河西镇多勒仓村 河西镇瓦家村 河东乡保宁村 常牧镇曲玛塘村 尕让乡扎力毛村 新街乡老虎口村 拉西瓦镇曲乃海村
贵南县	茫曲镇托勒村 茫曲镇沙拉村 茫曲镇昂索村 塔秀乡都兰村 塔秀乡巴塘新村 过马营镇过崖村 森多镇塔哇村	茫曲镇哇村 过马营镇切扎村 沙沟乡东吾村 森多镇康乐村 塔秀乡尼玛龙村 茫曲镇上洛哇村	沙沟乡拉扎村 森多镇贡加村 茫曲镇江当村 塔秀乡吾羊村 塔秀乡达隆村	沙沟乡石乃亥村 沙沟乡郭勒村 茫曲镇江当村 塔秀乡达然村 茫曲镇那然村	沙沟乡洛合相村 过马营镇沙加村 森多镇青稞丰村 森多镇纂羊村 茫曲镇江当村 茫曲镇郭拉村	茫曲镇加土平村 沙沟乡河洲村 森多镇加尚村 茫曲镇活然村 过马营镇达拉村 沙沟乡居平拉村 塔秀乡贡哇村 塔秀乡西格村	茫曲镇达玉村 沙沟乡东让村 茫曲镇吐鲁村 过马营镇多拉村 塔秀乡扎日干村 森多镇扎日注村 茫曲镇下洛哇村 塔秀乡加斯村

县名	2014年	2015年	2016年	2017年	2018年	2019年	2020年
同德县	唐谷镇尤隆村	尕巴松多镇欧沟村	尕巴松多镇科加村	巴沟乡班多村	尕巴松多镇美日克村	尕巴松多镇斗后言村	河北乡上知迈村
	尕巴松多镇德什端村	唐谷镇美日克村	尕巴松多镇完科村	巴沟乡下才乃亥村	唐谷镇那仁村	秀麻乡木合村	河北乡赛德村
	尕巴松多镇秀麻村	巴沟乡下巴村	巴沟乡下阿格村	尕巴松多镇贡麻村	唐谷镇阿血尔村	秀麻乡豆后索村	尕巴松多镇科日干村
	尕巴松多乡地干村	巴沟乡上巴村	巴沟乡托头村	尕巴松多镇瓜什则村	巴沟乡尕哇嘛村	巴沟乡下尕毛其村	尕巴松多镇夏日仓村
	巴沟乡上尕毛其村	巴沟乡卡力岗村	河北乡下知道村	唐谷镇寨堂村	巴沟乡上才乃亥村	巴沟乡团结村	唐谷镇元庄村
	巴沟乡加日亥村						巴沟乡直德村
	巴沟乡新村						
兴海县	河卡镇红旗村	子科滩镇切卜藏村	河卡镇幸福村	河卡镇加拉确什滩村	河卡镇上游村	河卡镇都合村	子科滩镇日干村
	曲什安镇莫多村	唐乃亥乡龙曲村	温泉乡赛什塘村	曲什安镇团结村	曲什安镇塔洞村	河卡镇宁曲村	温泉乡盖什干村
	温泉乡多巴村	中铁乡杜宗村	曲什安镇大米滩村	龙藏乡赛日巴村	温泉乡尕科河村	曲什安镇才乃亥村	龙藏乡浪琴村
	中铁乡斗后塘村	河卡镇吾勒赫村	唐乃亥乡沙那村	唐乃亥乡夏塘村	中铁乡民族村	唐乃亥乡野马台村	中铁乡恰青村
	龙藏乡日旭村	河卡镇羊曲村					
		河卡镇白龙村					
		龙藏乡木果村					

数据来源：根据2014—2020年海南州美丽乡村建设信息整理。

（2）村庄建设。从实地调研情况来看，阿言麦村住房风格统一，有鲜明的乡村特色和民族特色。村庄住户房舍分布整齐有致，乱搭建、空心化现象不明显，电线、通信用杆排列较整齐，无私拉乱拨电线电缆现象。全村厕所革命后，家家有冲水厕所。入村入户硬化路全部到位，村主干道路面（水泥）硬化率100%，蓄水池1座，改造自来水水管8 000米，修建倒虹吸80米，U型槽5 000米，不定期维护水利设施，排查水利设施安全隐患。照明路灯全部使用节能灯具，全村共计有路灯170盏。因该村交通便利，发展基础较好，目前全村污水管网全覆盖。

（3）生态环境。阿言麦村产业发展以种植业、养殖业为主，无工业类产业。故全村大气、土壤等环境质量较好。全村共有14名路管员，每周五清理全村垃圾等。自然生态环境保护良好，村庄原貌保留完好。

（4）经济发展。截至2020年年底，阿言麦村村集体收入贫困村光伏投资收入43万元。130多亩水浇地流转后年收入7万~8万元。村股份经济合作社于2020年6月挂牌，收入主要靠务工、种植业、养殖业三部分。该村特色主导产业为焜锅馍馍。为了把村里无添加纯天然手工馍馍食品品牌做好，村书记LFL和驻村第一书记LCL赴甘肃永靖专门定制200个铁锅，每个铁锅底部印有编号，便于产品追溯，经村委登记后发放给考核合格的农户。每年该村还组织"焜锅馍馍评比大赛"，由获胜者指导大家提高馍馍加工工艺。经过几年的培育，该村焜锅馍馍特色产业已在最初8户村民基础上带动全村稳步增收。馍馍产品甚至远销广州、深圳等地，日均收入260元左右，月收入不低于6 500元。焜锅馍馍也被央视"中国三农报道'三区三州'行"进行了专题报道。

> 这个馍馍开始做着，我们家庭妇女也有事干了，不出家门就能把钱挣上，我儿子的微信里还有好些外地的客人，有时候还给寄快递卖馍馍。现在生活真的好，坐到家里农活也干了，外快也挣了。（ZM，20201112）

（5）公共服务。村内有标准村级卫生室1处，标准村级综合服务中心1处。村内党员活动室，面积达300平方米，建有村务公开栏、政策宣传栏。学前一年毛入学率100%，九年义务教育目标人群覆盖率100%。村内建有较完整的文

化活动场所和文体活动设施，维护良好。除组织当地大众化文体活动外，围绕
焜锅馍馍特色产业发展与品牌打造，该村还组织村民尤其是妇女劳动力参加比
赛，既带动了产业发展，也为村级特色产品品牌走出地域局限打下较好的群众
基础。

(6) 乡风文明。阿言麦村为藏汉混居村，其中藏族人口占80%。在与村书
记访谈时，他最感慨的是全村民族团结，氛围融洽。

> 民族团结胡度好，虽然闹们村是藏汉混居村，但从来没发生过民族之
> 间闹矛盾啥的现象，村民习惯好，民族团结好。谁家老人没有了，大家都
> 去帮忙，谁家儿子娶媳妇，50、100块的都去凑热闹。这十年我就觉得变
> 化特别大，真的好，党的政策真的好。(LDT，20201114)

为了提高村里老年人的生活质量，让老人充分体会到党和政府的温暖，
2020年7月"关爱老年驿站"正式启动，该驿站也是全乡22个村唯一一个老
年驿站(提供免费午餐、休息室、娱乐活动等)。经村书记与驻村干部联系，由
连点单位支持经费为60岁以上老年人提供免费午餐，既解决了居家老人生活
问题，也为老人提供了娱乐休闲场地。

2. 贵南县拉扎村美丽乡村建设情况

贵南县位于青海省东南部，海南藏族自治州南部，是一个以牧为主、农牧结
合的多民族聚居县。全县耕地主要分布在黄河支流冲积地带，土质肥沃、灌溉便
利，是青海省主要的油菜产地之一。贵南县水电资源富集，水能充沛，开发潜力
较大。该县也是全国防沙治沙重点县，生态强县发展战略已经进入新阶段。

拉扎村位于北纬35°55′31″、东经100°54′3″。距贵南县城111千米，沙沟
乡政府3千米。属河谷地带，平均海拔2 650米，具有典型的高原大陆气候特
点。"拉扎"系藏语，意为"放羊的山"。因原村民从贵德"拉扎"地区迁移至此，
故得名"拉扎村"，是一个以农业为主、畜牧业为辅的纯藏族村落，也是省级
重点贫困村。

建村初期，拉扎村农户不过20户、100人左右，人均年收入约15元。经
过90多年的发展，特别是新中国成立后，在党和国家民族政策的大力支持下，

全村政治、经济、文化等方面都取得了长足的发展。现如今，全村共有1社、82户、330余人，其中劳动力人口151人。全村草场面积15 095亩，耕地798亩，林地1 368.3亩。2018年人均年收入约6 000元，2019年达到7 000元。

（1）村庄规划。截至2020年，拉扎村已有130余年的村史，原村民由海南州贵德县迁入，村落在积累至今的生产生活中发展到今天的规模，美丽乡村建设在原村基础上，重点进行了村道硬化、路灯架设、村居围墙改造等。因村民院落在村域内错落分布，全村布局呈不规则状。

（2）村庄建设。拉扎村全村已实现入户道路硬化，路灯架设100盏。经过"高原美丽乡村建设""危旧房屋改造""基本农田平整""文化、科技""健康教育"等帮扶项目推广实施，全村的村容村貌、经济水平、精神状态有了跨越式的发展。尤其拉扎村图书阅览中心得到了青海民族出版社《章恰尔》主编旦正加、藏田图书有限公司等的大力支持，现存藏书与捐书有效保障了图书阅览中心的书籍需求。图书中心基本保障了村民阅览各种书籍，开展各种致富、健康、教育讲座，暑期、寒假大学生志愿辅导培训班等多功能活动的需要。

（3）生态环境。拉扎村产业主要依赖种植、生猪养殖、外出务工等，无工业。故全村大气、土壤的环境优良，自然生态环境保护良好，村庄原貌保留完好。全村共有护林员、护草员等公益性岗位,10余名，有效保障了林草生态环境与安全。路管员负责清理全村垃圾等，保障全村卫生环境清洁有序。

（4）经济发展。全村特色产业一是生猪养殖，贫困户户均年收入达三四万元，家庭无劳力的由奥新公司托管代养。特色产业二是蚕豆良种种植，由该村对口帮扶单位青海大学提供优质青蚕-14号种推广种植并提供技术指导和服务。目前，该品种也是我国青海、甘肃、宁夏、新疆等春播区大面积推广种植的蚕豆品种。在拉扎村，蚕豆种植走出了"教学＋科研＋公司＋农户"的新型发展模式。2020年，蚕豆收购价为每斤2.8元，全村仅蚕豆收入达60多万，户均8 000元。

（5）公共服务。拉扎村现有标准村级卫生室1处，标准村级综合服务中心1处。村内党员活动室1处，面积达300平方米，建有村务公开栏、政策宣传栏。村内建有较完整的文化活动场所和文体活动设施，维护良好。全村兴建公共厕所2个，由于尚未铺设地下管网，厕所革命目前仅完成新型旱厕改造。调研时，村民反映雨季时上水水质受影响较明显。

> 一到雨季，自来水管子里的水就稠了，可能是上边的蓄水池不行，接出来的水有时候还能澄哈沙子，在雨季我们就只能大罐子到外边拉水吃了。（GGDJ，20201113）

村内兴建射箭场1座，该场地满足村民闲暇娱乐运动的同时，也是每年全乡射箭比赛项目的比赛场地。

> 以前我颈椎不好，肩膀也老疼，后来有了射箭场开始练射箭了，现在都好了，也都不疼了，所以人还是得多活动，这个射箭场也确实丰富了我们的生活。（WJC，20201113）

（6）乡风文明。拉扎村为纯藏族村，民风淳朴、生活氛围闲适。村规民约齐备，村民热情好客，邻里间关系融洽。但由于年轻劳动力外流及现代通信技术的影响，该村原本口口相传的传说、民俗故事，及村内原有的手工生产技艺如传统青稞酿酒工艺等已经失传，且青年对乡村文化传承等动力不足。

> 以前我小的时候，村里老一辈还都会酿酒，逢年过节就开始做酒，村里能闻到酒香。现在老一辈人都走得差不多了，酿酒也就失传了。小时候，还老听老人讲一些村里流传的或者地方上的故事，现在的小孩子和年轻人都上网了，也没人听你讲故事，这些故事也没人知道了。（DZDJ，20201116）

（三）海南州美丽乡村建设成效与困难

基于海南州美丽乡村总体建设情况及重点调研村调研所得，该州美丽乡村建设成效与困难如下。

1.海南州美丽乡村建设成效

首先，职责明确，协调联动。美丽乡村建设项目实施中各级政府成立了相应的领导小组和工作机构，做到了人员、措施、责任三到位，形成了各级抓责任、层层抓落实的工作制度。同时，建立了州、县级领导干部和州、县直部门联村管理制度，由州、县级领导干部分别联系负责村级项目建设的协调沟通和督促指导。

其次，思路明晰，凝练特色。在高原美丽乡村规划编制和执行过程中，海南州始终坚持"宜聚则聚、宜散则散"和充分尊重群众意愿的原则，打破"兵营式""营盘式"和盲目集中安置的规划布局，打造错落有致，别具一格，富有区域特色、民族特色，具有较高品位的新型农牧区村庄风貌。全州各县组织抽调技术人员成立工作组，深入项目村，重点对村庄自然环境、发展基础、村落布局、民族结构、特色资源、产业特点、家庭收入和群众住房现状等情况进行了实地调查，全面掌握项目实施村各项基础性数据的基础上，依据规划制定出了操作性强、群众乐于接受的具体建设方案，做到了规划有特色、建设有层次、村庄有风貌，基本实现了用规划指导村庄建设。

再次，资源整合，形成合力。在项目建设中，按照"渠道不乱、用途不变、统筹安排、分类建设、各负其责"的原则，全州各级不断整合各类项目资金，加大投资力度，积极引导财力、物力、人力向高原美丽乡村建设集聚。

又次，建设资金争取有效。以2018年为例，海南州不断加大投资力度，积极引导财力、物力、人力向高原美丽乡村建设集聚。2018年全州建设总投资29 268.47万元资金用于31个高原美丽乡村村庄建设。其中，各级财政补助资金13 530万元。省级财政安排4 030万元补助资金用全州高原美丽乡村建设，每村平均补助130万元；江苏援建资金中安排3 500万元，每村安排112.9万元；州级财政补助资金3 100万元，每村安排100万元；县级财政补助资金2 900万元（共和县、贵德县、贵南县、兴海县每村补助100万元，同德县每村补助60万元），其余均为项目整合资金和群众自筹。

最后，社会共建机制完整。各县动员党政机关、驻军单位、企事业单位结对参与高原美丽乡村建设，加大了与省、州、县共建单位的衔接、对接和落实力度，明确各共建单位把项目村建设作为"全州创建全国民族团结示范州"的重要载体。在实际行动中凝聚民心，增进感情。建设过程中充分尊重农牧民群众的意愿，从根本上转变群众意识，"要我干"成功转变为"我要干"。

2.海南州美丽乡村建设困难

首先，海南州美丽乡村建设过程中尚存在对美丽乡村建设认识不准确，搞形象工程的现象。如，2018年9月，国务院扶贫办曾就"贵德县实施高原美丽乡村建设建牌坊搞形象工程，要求农户自筹资金新建或翻新院墙，贫困户不堪重负问题进行约谈，责令认真整改"。

其次，整合项目落地困难。全州上下梳理整合的建设项目和资金量大面广，但从进展情况来看，落地和完成投资率较低，由于基础设施建设投入大，建设要求高，年度项目数量有限，村级争取项目和落实资金难度大，村级基础设施建设仍然存在薄弱环节。各建设年度存在既定的实施计划因为资金没有落地而无法实施的情况，影响了总体建设。同时，建设资金与实际需求仍有较大差距。省级层面虽逐年加大建设资金投入，但全州多数建设村经济基础薄弱，部分项目村村民居住分散、需建设的项目多，环境整治难度大，群众自筹资金筹措难，使资金投入很难满足建设需要，达不到预期的规划建设效果。

再次，部分帮建单位和企业帮扶力度不够。部分共建单位对美丽乡村建设帮扶工作重视不够，积极性不高，需帮扶解决的实际问题无法落实。同时，由于缺乏相应的督促问责机制，帮扶援建事宜很难落实，帮扶资金只落实在口头上，未达到预期目标。

又次，个别美丽乡村建设项目开工迟缓。如，贵德县在2018年因过于注重项目前期工作，将有限的黄金建设期投入其中，导致部分村庄迟迟不能开工，严重影响全州高原美丽乡村建设总体进度。同时，个别县不同程度存在结转结余资金、未拨付援建资金的现象。

最后，后续管理机制欠缺。已完成建设的部分村庄因经费不足和无长效管理机制，出现了公厕、道路、绿化、路灯等设施建后管理不到位的现象。从不同程度上降低了美丽乡村建设与维护效果。

三、海北州美丽乡村建设现状

（一）海北州美丽乡村总体建设情况

海北州辖海晏县、门源回族自治县、祁连县、刚察县4县，共有11镇、17乡、2个民族乡、25个居委会、214个村委会。

2014年至2020年海北州共建设高原美丽乡村122个，海北州4县美丽乡村分年度建设数量及具体村名如表3-10、3-11所示。

表3-10　2014—2020年海北州美丽乡村建设数量及分布

	2014	2015	2016	2017	2018	2019	2020	合计
门源县	11	13	8	8	12	10	6	68
祁连县	4	4	3	3	2	2	2	20
海晏县	2	3	3	3	2	2	6	21
刚察县	5	4	2	2	0	0	0	13

数据来源：根据2014—2020年海北州美丽乡村建设信息整理。

（二）海北州美丽乡村建设村个案调研现状

为了解并评价海北州美丽乡村建设情况，项目组于2020年11月赴海北州门源县及祁连县进行了美丽乡村建设相关调研。

门源县村委会数量在海北州排名第一，且百里油菜花海、门源菜籽油等旅游种植品牌影响力与日俱增。祁连县作为海北州牧业发展的代表性地域，因优良的草场条件与畜牧产品地域知名度在青海省也颇具影响力。故海北州调研以门源县和祁连县为重点进行。重点调研村一：门源县麻莲乡瓜拉村（2020年11月），青海省2014年高原美丽乡村建设村，选择该村进行调研的原因是截止到2020年底，该村美丽乡村建设实施已有6年时间，希望了解借助较优越的地理位置，乡村发展是否有了突破。重点调研村二：扎麻什乡郭米村（2020年11月），青海省2014年高原美丽乡村建设村，青海省省级乡村旅游重点村，也是2020年度海北州唯一的全国民族乡村振兴试点村，该村发展建设在祁连县颇具典型性。

表3-11 2014—2020年海北州美丽乡村建设名单

县名	2014年	2015年	2016年	2017年	2018年	2019年	2020年
海晏县	甘子河乡达玉村 金滩乡仓开村	三角城镇黄草村 三角城镇海峰村 甘子河乡俊日村	三角城镇西岔村 青海湖乡塔列村 金滩乡道阳村	金滩乡海东村 哈勒景乡永丰村 金滩乡岳峰村	三角城镇三角城村 甘子河乡热水村	金滩乡东达村 金滩乡光明村	三角城镇三联村 甘子河乡温都村 甘子河乡托华村 金滩乡金滩村 金滩乡姜柳盛村 青海湖乡达玉五谷村
门源县	浩门镇二道崖湾村 阴田乡措龙滩村 麻莲乡瓜拉村 东川镇寒牧隆下村 北山乡北山根村 青石嘴镇下大滩村 皇城乡西滩掌村 仙米乡边麻掌村 西滩乡讨拉村 泉口镇西河坝村 珠固乡无树村	青石嘴镇白土沟村 东川镇碱湾村 北山乡沙沟脑村 西滩乡老龙湾村 阴田乡大沟脑村 仙米乡桥滩村 苏吉滩乡马营村 皇城乡马营村 浩门镇鲎沟村 泉口镇包哈图村 麻莲乡马场村 西滩乡初麻院村	苏吉滩乡繁双达吾村 西滩乡东山村 北山乡东滩村 东川镇尕牧龙上村 仙米乡老浪村 珠固乡龙滩村 阴田乡大沟口村 麻莲乡下麻莲村	东川镇寺尔沟村 青石嘴镇红沟村 泉口镇西沙河村 麻莲乡中麻莲村 皇城乡马营村 阴田乡上阴田村 仙米乡达隆村 北山乡下金巴巴合村	青石嘴镇上铁迈村 青石嘴镇德庆营村 东川镇尕牧牧中村 北山乡上金村 麻莲乡白崖沟村 西滩乡宝积湾村 西滩乡下西滩村 阴田乡措龙滩村 仙米乡梅花村 苏吉滩乡扎麻图村 珠固乡东旭村	西滩乡崖头村 东川镇巴哈村 阴田乡米多麻隆村 泉口镇多麻滩村 泉口镇大湾村 泉口镇东沙河村 泉口镇鉴洞庄村 仙米乡德欠村 珠固乡珠固寺村 青石嘴镇尕大滩村	西滩乡上西滩村 麻莲乡葱花滩村 泉口镇俊傅博沟村 珠固乡玉龙滩村 阴田乡卡子沟村 苏吉滩乡燕麦图呼村
祁连县	扎麻什乡郭米村 央隆乡托勒高秋村 八宝镇高楼村 野牛沟乡边麻村	央隆乡曲库寺 八宝镇黄藏寺 扎麻什乡夏塘村 扎麻什乡棉沙湾村	八宝镇白土垭韬村 扎麻什乡河北村 默勒镇海浪村	八宝镇下庄村 野牛沟乡达玉村 扎麻什乡地盘子村	阿柔乡日旭村 野牛沟乡大泉村	八宝镇麻拉河村 阿柔乡草大阪村	扎麻什乡河西村 扎麻什乡东村
刚察县	沙柳河镇红山村 沙柳河镇果洛藏贡麻 仓秀麻村 泉吉乡切吉村 吉尔孟乡向阳村	伊克乌兰乡什科贡麻村 泉吉乡扎苏合村 吉尔孟乡冶合茂村 吉尔孟乡环仓贡麻村	伊克乌兰乡刚察贡麻村 吉尔孟乡日芒村	吉尔孟乡秀脑贡麻村 伊克乌兰乡亚贡麻村			

数据来源：根据2014—2020年海北州美丽乡村建设信息整理。

1.门源县瓜拉村美丽乡村建设情况

门源回族自治县是古丝绸之路辅道和新"丝绸之路经济带"的重要节点，是青海省的"北大门"，现辖4镇8乡（含1个民族乡），109个行政村。门源县农牧资源独具特色，是一个以农为主、农牧结合的县份，是青海省重要的商品油料基地和藏区青稞制种基地，有"北方小油菜故乡"之称，也是省、州现代高效畜牧业示范基地和牛羊育肥贩运基地。近年来，门源县先后荣获中国十佳最美乡村、全国休闲农业与乡村旅游示范县、中国美丽田园、全国社会主义新农村建设示范县、全国农机平安县、全国第三批率先基本实现主要农作物生产全程机械化示范县等称号。

瓜拉村是门源县独具特色的回族传统村落，村民信仰伊斯兰教，该村位于大坂山与南阴山交界的平原地带。与县城相距5千米。全村辖8个社，共有人口428户，2 046人。35户建档立卡贫困户中：学龄前儿童3人，小学教育阶段学生4人，初中教育阶段9人，高中阶段学生3人，大学教育阶段2人。已实现基本医疗保险全覆盖。

（1）村庄规划。瓜拉村在美丽乡村建设过程中，村庄规划在原村发展风貌与村居布局基础上进行，整村发展规划与门源县发展规划相衔接。美丽乡村建设项目的推进在深入农户实地调查，结合村民意见后制定，在保留村居原貌基础上实施危房改造、围墙新建、架设路灯、村主干道及入户道路硬化等。但由于高原美丽乡村项目实施于2014年，硬化路面碎石化，甚至部分路段有粉化现象。其他基础设施如路灯等也需维护。

（2）村庄建设。从实地调研情况来看，瓜拉村住房风格统一，有较鲜明的乡村特色。村庄整体风貌较整洁，乱搭建现象不明显，电线、通信用杆排列较整齐，无私拉乱拨电线电缆现象。全村无危房，无三类、四类和五类桥梁道路。基本生活设施及农牧业生产设施完整，有较完整的相关配套设施。村主干道路面（水泥）硬化率100%，广播、电视通信、邮政等设施完备，信号清晰通畅。饮用水安全覆盖率100%，供电保证率高。照明路灯全部使用节能灯具。全村有设施完备的村民委员会、党员活动室，有村幼儿园1所。

（3）生态环境。瓜拉村主要产业为种植、养殖、务工等，无工业，故全村土壤、水质良好，村落周边野生鸟类众多（常年见国家保护动物），生态环境较少受人类活动影响。种植秸秆以自然腐化和用作生活燃料为主，综合利用率高。全村有完备的垃圾管理设施，共有生态管护员15人。全村总体生态环境优良。

（4）经济发展。全村35户建档立卡贫困户人均可支配收入平均为8 050元，村民收入由政策性收入、生产经营性收入、分红、务工工资等构成，其中政策性收入达到45%，生产经营性收入达到5.5%，分红收入达到11.3%，工资性收入达到38%。2017年共有29户78人享受到产业入户资金，其中10户22人将资金投入门源县祥泰新型节能建材公司，按10%分红收益。同时，该村养殖合作社也在稳步经营中。

（5）公共服务。全村建有广场2处，村级综合服务中心1处，村级幼儿园1座，村级卫生室2处。村内主巷道硬化2 000米。瓜拉村已设有门源县供销社村级综合服务社1处，基本满足全村含金融、社保、电商等在内的公共服务需求。

> 村里这几年的变化太大了，以前冬天就是酸菜、洋芋，现在我这里有专门的蔬菜配送车送菜，村里人也跟城里人一样天天有各种新鲜的蔬菜、水果。现在我这里也能代办金融保险等，年轻人打工不在家，老人也能在家门口办好，像存折上打个养老金、交个医保啊啥的，都一样能在我这办。（HBC，20201118）

（6）乡风文明。瓜拉村民风淳朴，村民热情好客。调研中村民对美丽乡村建设及精准脱贫以来乡村的变化评价积极。全村村规民约落实到位，邻里关系和睦。该村有供销合作社村级服务点1处，蔬菜瓜果日用品等均能在本村购买，故生活习惯城镇化表现初现。

> 村里这几年的变化大着，以前脏乱差，现在干净多了，买东西也方便，党的政策好啊！（HFX，20201118）

2. 祁连县郭米村美丽乡村建设情况

祁连县因地处巍峨挺拔、绵延千里的祁连山腹地而得名，位于青海省东北，海北藏族自治州西北部。辖3镇4乡，5个居委会、45个行政村。县境内交通便利，国道宁（西宁）张（张掖）公路、湟（湟源）嘉（嘉峪关）公路穿境而过，陆路交通形成南靠青藏铁路线的热水、哈尔盖，北通河西走廊的张掖与欧亚大陆桥相衔接。

祁连旅游资源丰富，有中国百大避暑名山牛心山、中国最美六大草原之一祁连山草原、世界第三大峡谷黑河大峡谷、亚洲最大的半野生鹿驯养基地、卓尔山风景区、祁连石林等旅游景点，有着"天境祁连""东方瑞士"的美誉。

郭米村位于祁连县西部的祁连山自然保护区内，并有"黑河峡谷第一村"之称，该村东部与河北村接壤，西部与河东村为邻，北部与甘肃省毗连，南部与夏塘村相连，是一个藏、回、汉聚集村庄，全村以藏族为主。郭米村的藏族原生态文化活动有则柔[①]、射箭、藏曲、社火、六月六花儿会等。该村距县城18千米，距乡政府4千米，交通十分便利，平均海拔2 750米。全村总面积114 173.29亩，其中国有土地面积113 285.49亩，集体土地面积972.26亩，林地400亩，草场面积90 961.47亩。全村共175户515人，2018年底人均收入达7 500元左右。全村房屋共390余间。全村贫困户17户共53人，其中因病致贫1户5人，缺资金13户41人，缺劳力3户7人。郭米村2015年被评为非贫困村，于2017年年底实现17户贫困户整体脱贫。

（1）村庄规划。郭米村位于省道302沿线，交通条件便利。2014年的美丽乡村建设保留村落原貌及布局，进行了基础设施改善。由于后续获得了生态旅游发展基础投入，村容村貌进一步提升，村民生态环保意识的转变也对村庄规划发展产生了积极促进作用。调研中发现，虽然村居散落分布在省道沿线，但卫生良好，乡村原生风貌清晰。

（2）村庄建设。从实地调研情况来看，郭米村住房风格统一，有鲜明的乡村特色及民族文化特色。村庄整体风貌较整洁，乱搭建现象不明显，电线、通

---

① "则柔"藏语意为"戏嬉"，是一种集体歌舞表演形式。

信用杆排列较整齐，无私拉乱拨电线电缆现象。全村无危房，无三类、四类和五类桥梁道路。乡村基础生活设施及农牧业生产设施完整，有较完整的相关配套设施。村主干道路面（水泥）硬化率100%，广播、电视通信等设施完备，信号清晰通畅。移动电话信号覆盖率100%，宽带入户率为70%。饮用水安全覆盖率100%，全村无下水管网。照明路灯全部使用节能灯具。

（3）生态环境。郭米村世代保留着半农半牧的生产生活方式，由于全村隶属于祁连山自然保护区黑河源保护分区，这里的生态环境在祁连山国家公园管理基础上得到了最有效的保护。自国家公园体制试点开展以来，村民的生态保护意识明显提升、环保主动性增强。伴随该村旅游产业的发展，村民对生态环境的经济价值有了切身感受。依托优质的生态环境资源，全村旅游业发展迅速。

> 现在我们村的名气越来越大了，等树都绿了，好多到这里拍照片、旅游的人，那边山根里也修了木栈道，也能徒步，带动着村里的住宿啥的也都慢慢发展起来了，县上还请了北京的一个公司专门给我们村做了旅游发展规划，大家也都关心着以后咋发展。（SJZM，20201120）

（4）经济发展。郭米村村民传统收益来源为虫草采挖、务工等，人均收入2万元左右，最高收入可达五六万元。由于该村为半农半牧生产形式，受制于高原气候，燕麦、甜菜等种植效益不佳，现存耕地900多亩。畜牧养殖产业，现175户中有90多户从事藏羊养殖，单户养殖从几十到五六百头不等，是该村目前主导产业。由于国家公园体制试点的推进，今后养殖草场部分将会禁牧、减畜。该村已开始旅游产业投入转型，打造"祁连山国家公园第一村""黑河峡谷第一村"村级品牌，发展生态旅游业，带动餐饮和民宿业发展。2019—2020年，该村获得国家基建投资近2 000多万元，村庄绿化改造200万，种植5万多棵云杉、青杨等树种，打造乡村生态景观。祁连县旅游局投资100万打造观景台，未来将主打生态旅游、自然教育，吸引更多高端游客。

集体经济方面，村牦牛养殖专业合作社现有牦牛300头，年利润8万元。还有2个家庭农场，现有牛羊几百头，经济效益可观。餐饮住宿等农家木屋同属集体经济，2020年收入4万元。2018年至今村集体经济产生收益达15万元。

（5）公共服务。郭米村党团活动室、村委办公室位于村庄中部，占地面积2亩，使用面积100平方米。医疗卫生室2间40平方米。幼儿园1所120平方米。通电131户，通自来水131户，通路131户。村庄内设有文化广场1处，占地面积2亩，内有健身器材10种。村内目前开设有各类农家乐、牧家乐共4家、客房9间、帐房宾馆7间。村内设有公交车站2处，公共卫生间2处。

（6）乡风文明。郭米村主要民族为藏族，占76.9%，其他民族占23.1%。该村民族融合、乡风淳朴，村民热情好客。由于村级经济发展结构均衡，产业发展思路清晰，村民幸福感明显。村民也通过"则柔"这种群众自娱自乐的活动，增强了团结友爱、互相帮助的乡村精神文化氛围，营造了和谐、文明的社会环境。"则柔"艺术表演也已成为郭米村的特色文化品牌。

> 我父母亲是甘肃人，我从小在村里长大。他们当年来这里时村里条件确实不好，生活真的困难。但现在精准脱贫后不仅生活有保障了，还通过各种致富项目日子越来越好了，明年我们准备扩大旅游规模，按照规划好好经营，村民的积极性也都特别高。（GMY，20201120）

（三）海北州美丽乡村建设成效与困难

基于海北州美丽乡村总体建设情况及重点调研村调研所得，该州美丽乡村建设成效与困难如下。

1. 海北州美丽乡村建设成效

首先，村庄建设规划有序，执行力强。海北州各县坚持规划先行、政府引导、群众参与、整合资金、集中整治、合力共建的工作方针，全力推进高原美丽乡村建设。在村庄规划的基础上，结合各村民族特色、地域特点等，编制完成了具有较高可操作性的美丽乡村建设方案和农牧民危旧房改造实施方案。在项目建设选址、用地等方面严格按照规划和方案执行，因地制宜、科学选址、合理用地。同时，各乡镇的乡村建设规划管理员，全程监督规划执行情况，确保了规划的执行力。

其次，建设综合效果明显。海北州各县通过召开会议、现场办公、情况通报等形式，及时研究解决美丽乡村建设的困难和问题，调整力量部署，把高原美丽乡村建设与农牧区人居环境、厕所革命等项目结合起来，集中整合投入，统筹安排各类项目资金，有效拓宽美丽乡村建设项目资金投入渠道，为提高建设水平提供了项目和资金保障。

最后，沟通对接有实效。在高原美丽乡村建设工作中，省、州、县各级各部门各司其职、积极配合，积极开展高原美丽乡村结对帮扶工作。通过乡镇、村委会与联点帮扶单位主动衔接，全州高原美丽乡村建设村与省、州、县共建单位签订了共建帮扶协议。协议涉及道路建设、文化广场、路灯等基础设施建设项目，为推动高原美丽乡村建设提高了项目资金保障。

2.海北州美丽乡村建设困难

首先，项目投资力度减弱。如，以高原美丽乡村建设资金2018年与2017年投入相比，2018年项目投资较前一年下滑，2017年高原美丽乡村建设累计完成投资1.6亿元，2018年只有8 579.86万元，难以充分满足建设需求，在一定程度上影响了该州高原美丽乡村的建设效果。

其次，土地批复手续较迟。尤其在2018年初，海北州门源县审计部门审计扶贫领域工作时，提出在高原美丽乡村在建设过程中，土地等手续办理不齐全，要求在2018年高原美丽乡村建设中要严格按照基本建设程序办理各项手续。在后期的各项手续办理当中，时间节点长，且部分建设村建设用地手续迟迟不能办理，导致门源县高原美丽乡村建设招投标工作进展滞后，部分建设村建设项目未能在当年底按时竣工。

最后，共建单位帮扶力度下降。因结对帮扶单位能力有限以及部分共建单位对美丽乡村建设帮扶工作重视不够，需帮扶解决的实际问题无法落实。如2018年海北州16个高原美丽乡村共有省、州、县97个单位结对帮扶，但至2018年底，只有68个单位签订共建协议，协议资金765.8万元，且部分已签订帮扶协议的单位未真正落实项目和资金。

四、玉树州美丽乡村建设现状

（一）玉树州美丽乡村总体建设情况

玉树州辖1市5县，分别为玉树市、杂多县、称多县、治多县、囊谦县、曲麻莱县。境内共4个街道、11个镇、33个乡，54个居委会、258个村委会。

2014年至2020年玉树州共建设高原美丽乡村88个，玉树州1市5县美丽乡村分年度建设数量及具体建设村如表3-12、表3-13所示。其中囊谦县累计美丽乡村建设数量最多。

表3-12　2014—2020年玉树州美丽乡村建设数量及分布

年份	玉树市	杂多县	称多县	治多县	囊谦县	曲麻莱县
2014	2	2	2	2	2	2
2015	2	3	2	1	3	2
2016	1	1	3	1	5	1
2017	4	0	1	4	1	3
2018	2	3	1	1	3	1
2019	3	2	3	3	2	0
2020	4	0	1	3	4	0
合计	18	11	15	15	20	9

数据来源：根据2014—2020年玉树州美丽乡村建设信息整理。

（二）玉树州美丽乡村建设村个案调研现状

为了解并评价玉树州美丽乡村建设情况，项目组于2018年8月赴玉树州囊谦县及2020年3月赴玉树州治多县进行了美丽乡村建设相关调研。

囊谦县现为玉树州除玉树市外人口最多的县，该县农牧业发展典型。治多县地处三江源核心区，是全国主体民族比例最高、生态位置最为重要的县域之一。故玉树州调研以囊谦县和治多县为重点，深入调研了4个美丽乡村。重点调研村一：囊谦县白扎乡东帕村（2018年8月调研），2014年美丽乡村建设村，因214国道穿村而过，交通区位优越，在乡村区域发展上具有典型性。重点调研村二：治多县立新乡叶青村（2020年3月调研），2017年美丽乡村建设村，

表3-13　2014—2020年玉树州美丽乡村建设名单

县名	2014年	2015年	2016年	2017年	2018年	2019年	2020年
玉树市	巴塘乡相古村 上拉秀乡多拉村	仲达乡塘达村 新寨办事处卡那村	隆宝镇措美村	扎西科街道办甘达村 扎西科街道办果青村 隆宝镇措多村 隆宝镇措桑村	巴塘乡岔来村 仲达乡歇格村	小苏莽乡草格村 哈秀乡甘宁村 仲达乡尕拉村	小苏莽乡西扎村 下拉秀镇高强村 巴塘乡当头村 下拉秀镇钻多村
杂多县	扎青乡地青村 结多乡巴麻村	苏鲁乡新荣村 阿多乡吉乃村	萨呼腾镇多那村		昂赛乡热青村 查旦乡达谷村 莫云乡巴阳村	昂赛乡年度村 查旦乡跃尼村	
称多县	拉布乡司通村 尕朵乡卓木其村	歇武镇歇武村 称文镇下庄村	歇武镇直门达村 清水河镇扎哈村 扎朵镇向阳村	拉布乡兰达村	拉布乡吾海村 称文镇白龙村 珍秦镇莱麻村	称文镇岗革村 拉朵乡郭吾村 尕朵乡吾云达村	拉布乡达村
治多县	治渠乡同卡村 多彩乡麦恰村	多彩乡江荣村	立新乡扎西村	加吉博洛镇日青村 加吉博洛镇改查村 立新乡叶青村 索加乡莫曲村	索加乡牙曲村	扎河乡马赛村 治渠乡江青村 立新乡岗查村	扎河乡口前村 多彩乡达生村 治渠乡治加村
囊谦县	白扎乡东帕村 白扎乡吉沙村	香达镇达称村 香达镇江卡村 香达镇前达村	香达镇前多村 香达镇前迈村 吉曲乡外户卡村 吉尼赛乡拉翁村 东坝乡过水村	东坝乡尕麦村	白扎乡生达村 吉曲乡加麻村 吉曲乡山荣村	觉拉乡尕少村 白扎乡巴麦村	白扎乡白扎村 尕羊乡莱滩村 觉拉乡四红村 着晓乡巴然村
曲麻莱县	约改镇长江村 约改镇岗当村	秋智乡格麻村 约改镇格前村	麻多乡格阳村	秋智乡布甫村 曲麻河乡多秀村 叶格乡红旗村	巴干乡麻秀村		

数据来源：根据2014—2020年玉树州美丽乡村建设信息整理。

叶青村有治多县代表性产业如畜牧、虫草等，同时还具备有一定地域竞争优势的旅游资源，在美丽乡村产业发展方面具有典型性。

1. 囊谦县东帕村美丽乡村建设情况

囊谦县地处青海省最南端，玉树州东南部，青海三江源腹地，下辖9乡1镇，69个行政村，291个生产合作社，政区面积1.27万平方千米，平均海拔4 000米以上，总人口113 053人（其中乡村人口104 306人，城镇人口8747人），占玉树州总人口近1/3。周边与玉树州玉树市、杂多县，以及西藏自治区昌都的丁青、卡若区和类乌齐接壤，是青海的"南大门"和玉树未来发展的"副中心"。

2014年美丽乡村东帕村有7社，479户1 918人。其中男性974人，女性944人；劳动力681人；驻村干部2名。村级党支部1个，农牧民党员46名，后备干部5名，村社干部9名。全村用草场面积27.814万亩，牲畜总数为4 407头，总耕地面积3 900.4亩，其中农作物播种面积3 810.2亩。粮食作物播种面积3 392.08亩，粮食总产量592.3吨，亩产174.61公斤；青稞总产量为472.52吨，亩均180.28公斤。经济作物播种面积235.02亩，其他作物播种面积236亩，特色种植芫根总产12.67吨，亩产372.86公斤。

（1）村庄规划。东帕村于20世纪末建村。2004年，214国道穿村而过，使原村以自然成熟形态分布于国道两侧。全村7个社居民中除3社、4社分布在国道一侧山沟之外，其余5个社村民均分散居住于国道两侧沿线。村庄整体布局以自然发展布局为主，体现了藏区乡村村落布局相邻而居，便于生活的总体特点。该村规划在尊重村居原布局基础上进行了基础设施建设等设计。

（2）村庄建设。从实际调研情况来看，东帕村整体住房风格统一，有鲜明的藏族民居特色。村民院落乳白墙绿大门，村庄整体较美观整洁，乱搭建、空心化现象不明显。电线、通信用杆等排列较整齐，无私拉乱扯电线电缆现象。全村无危房，无三类、四类和五类桥梁道路。各类生活生产设施完备，有较完整的相关配套设施。村主干道路面（水泥）硬化率100%，主干道里程15千米。饮用水安全覆盖率100%，供电稳定。全村已修建村民活动室1所，村医务室1

所，村医 1 名。

（3）生态环境。东帕村产业发展以畜牧业为主，兼顾少量种植。全村无工业污染企业，生活垃圾采用集中填埋方式处理。截止到 2019 年底，因全村尚未进行地下管网建设，故生活污水处理以传统倾倒方式为主。厕所革命后，全村在册户籍均完成卫生旱厕。全村生活能源基本使用清洁能源太阳能，全村取暖仍以燃煤为主。因处三江源腹地，全村生态环境保持良好。

（4）经济发展。东帕村经济发展以农牧业为主，同时由于该村距离囊谦县城约 15 千米，青年劳动力在县城务工较多。经济收入来源相对丰富。但也因为主要劳动力留村较少，截至 2018 年 8 月调研时，村集体经济虽已破零但发展优势不明显。

> 现在村里年轻人回来的少，因为离县城近，都去打工了，也就放假上学的孩子们回来看着人多一些。（CDJ，20180814）

（5）公共服务。2018 年 8 月 13 日调研所见，东帕村建有村民活动室 1 所，其中办公设施占地面积 200 平方米，建有村级卫生室 1 所。由于该村 7 个社分布分散距离较远，集中在村委办公地的活动室使用率不高。调研过程中村干部及村民普遍认为全村缺乏公共服务运动场所与活动设施；3 社、4 社村民因居住在山沟里，电信网络信号不稳定，有急事要通知时，需要专人走路进去口头通知。每年 7、8 月雨水旺季，也偶有村级道路被冲毁的现象。

> 就连村长家我们有急事也得走进去通知，大概有 2 千米，手机也没信号，喊又太远听不见，没办法。"（DJC，20180813）

（6）乡风文明。东帕村在美丽乡村建设后有完整的社会主义核心价值观、村规民约在内的宣教管理。作为传统藏族村，这里民风淳朴、热情好客，全村社会风气良好，尤其在村党支部的有效引导下，全村"无酗酒、无赌博"。同时村党支部充分利用农家书屋发挥思想教育引领作用，鼓励村民看书读书，并定期组织群众在党员活动室内观看爱国主义教育影片，用多种方式充实丰富了群众生活。

以前村里赌博的人还比较多，一赌博那就没治了，最后真的就是家破人亡。后来经过州县乡带动我们村齐抓共管，教育引导，赌博已经没有了，都能安心好好过日子。（CDJ，20180813）

2. 治多县叶青村美丽乡村建设情况

治多县地处三江源核心区，属纯牧业县，土地总面积 8.06 万平方千米，平均海拔 4500 米以上，高寒缺氧，环境恶劣，辖 5 乡 1 镇，20 个行政村，68 个牧民小组，总人口 4.3 万余人。治多县是三江源国家级自然保护区、三江源国家公园和可可西里世界自然遗产地"三重叠加"的特殊地理区块。是全国主体民族比例最高、地区海拔最高、人均占有面积最大、生态位置最为重要的县域之一。是国定贫困县和国家确定的三区三州深度贫困地区，这里高寒缺氧、环境恶劣，产业结构单一，经济社会发展滞后。

立新乡位于治多县东南部，东南与玉树市接壤，西南与加吉博洛镇为邻，东北隔通天河与曲麻莱相望。立新地处青南高原，平均海拔 4100 米。乡驻地贡持涌在县城东南 63 千米，草场面积 138.35 万亩，可利用草场面积为 89.9373 万亩。全乡草场退化面积 3.55 万亩。截至 2019 年底，全乡牲畜总数 28 285(头、只、匹)，人均牲畜数为 9 (头、只、匹)，其中羊 3 314 只，牛 24 906 头，马 65 匹。母畜比例为 52%。立新乡属纯牧业区，下辖有岗察村、叶青村、扎西村 3 个牧委会，8 个生产小组。截至 2019 年底，立新乡总牧户为 1 020 户 3 346 人，其中留居户 828 户 2 783 人，搬至县城退牧还草的有 192 户 563 人。

立新乡"原生态心灵旅游"项目、"万里长江第一湾"和"长江源第一大柏树之林"旅游开发项目，被列入治多县旅游发展规划项目。目前，总投资 800 万元的立新乡"万里长江第一湾"观光台旅游项目已经竣工，"万里长江第一湾"有力提升了立新乡旅游品牌效益。

叶青村位于立新乡北偏西方向，牧委会驻地距离县城 48 千米，距离州政府所在地 125 千米。其西邻加吉博洛镇改查村，东邻立新乡岗查村。叶青村平均海拔 4 250 米，属于寒冷干旱山地草甸气候，牧草在每年 5 月中旬开始返青，生长期约 120 天左右。境内自然环境严酷，自然灾害频繁，属于典型的高原气候，全年多风少雨，无绝对无霜期和四季之分，只有冷暖之别。全年日照丰富，辐射量达619.6~669.7千焦/平方厘米。全村拥有草场面积59.89万亩，可利用草场面积52.15万亩。全村各类牲畜存栏14 857头（只匹）。2019年叶青村总人口421户1 519人，其中建档立卡97户306人。

（1）村庄规划。叶青村为纯牧业村，属于非贫困村，产业单一，生产水平落后。该村在村庄自然发展中形成今天的牧户分散而居的村落格局。截止2019年底，全村留居户（留在草原生活）有78户，易地搬迁至县城的搬迁户有343户。留居户牧民点村庄规划以世居形成的牧户分散自然格局形态为基础。目前，叶青村已规划打造"万里长江第一湾"旅游品牌。

（2）村庄建设。叶青村78户本村留居户分散而居，村庄整体布局因牧户太过分散无法进行完整观察判断。村庄建设只能以留居户以户为单位的房屋情况进行判断。2020年3月调研期间所见，牧户房屋经过人居环境改善项目及美丽乡村建设，得到极大改善，但由于该村为纯牧业村，村民居住分散，村庄整体建设无法进行完整观察评价。

（3）生态环境。叶青村主导产业为牧业及虫草采挖，在传统放牧方式发展的同时进行了产业化畜牧业发展管理。全村无工业污染企业，生活垃圾采用集中填埋方式处理。截至2020年3月，因全村尚未进行地下管网建设，故生活污水处理方式传统。厕所革命后，留村78户修建完成卫生旱厕。全村全部使用清洁能源。

（4）经济发展。叶青村发展村级集体经济作为村"两委"班子年终考核与业绩重要依据，近年来，发展村集体经济已成全村重点工作。2010年投资90万元在治多县城购置门面房，年收益3.8万元；2017年投资92万元在西宁购买商铺，每年收益7.26万元；2018年投资20万元在治多产业园开藏式家具店，每年收益3万元；2019年国家投资60万元、村民入股460头生产母牛，成立叶青村生态畜牧业合作社，目前该合作社为玉树最大生产性母牛合作社，年收益约有150万元。此外，虫草草皮费收入3 218.5万元，2019年叶青村总集体经济收入3 382.5万元，人均分红2万余元，现有村级存量资金为57.6万元。

同时，叶青村依托"万里长江第一湾"资源，实施了旅游资源开发利用项目。项目总投资300.79万元，全部申请中央预算内投资。共兴建观景房2座，木栈道220米（宽度2米），观景平台1处，90平方米；观光车停车场800平方米；游客集散场地1 060.7平方米（文化砖铺地）；亲水平台1处；节水闸1座。截至2020年3月调研时，项目建设基本完成，但由于叶青村交通、气候等制约，年接待游客不超过1 000人，且以散客自驾游居多，故总体经济效益不明显。

> 现在还是人来的不多，来的游客也是到山顶的观景台拍拍照片就走了，我们下一步想怎么能扩大"万里长江第一湾"的知名度，把旅游这块做起来，经济效益提升一下。（CRSB，20200318）

（5）公共服务。叶青村现建有村级组织活动场所面积600平方米，其中办公设施占地面积300平方米，建有村级卫生室1所。由于该村牧民分布分散距离较远，集中在村委办公地的活动场地使用率不高。其他如金融等公共服务设施未见。

（6）乡风文明。叶青村在美丽乡村建设中基础设施建设有效改善，村规民约在内的宣教管理规范有序开展。作为传统藏族村，这里民风淳朴、热情好客，全村社会风气良好。由于村民收入来源稳定，村民物质生活有效保障后的精神生活丰富，卫星电视、网络等配备到位。

（三）玉树州美丽乡村建设成效与困难

基于玉树州美丽乡村总体建设情况及重点调研村调研所得，该州美丽乡村建设成效与困难如下。

1. 玉树州美丽乡村建设成效

首先，分工明确，统筹管理。玉树州成立了以州政府主管州长为组长，建设、发改、国土、扶贫、农牧等部门为成员的玉树州推进高原美丽乡村工作领导小组。各地结合自身实际，制定建设实施方案，做到了任务明确、职责明确、分工明确。为确保美丽乡村建设项目的有效实施形成了有效的管理保障机制。

其次，人居环境极大改善。玉树州美丽乡村建设以农村住房建设为重点，认真研究工作中存在的实际问题，配合做好群众的动员和宣传工作，让广大村民参与到高原美丽乡村建设中来，切实改善了农牧民住房安全、饮水安全、出行方便等基本生活条件，村庄人居环境明显改善。

最后，强化督促检查，打牢工作基础。玉树州各市县以美丽乡村创建为平台，推动集体经济发展壮大，集中力量办群众个人办不了但群众急需要办的大事、实事。以"抓项目、增后劲、促发展"为抓手，保障了建设村建设效果。

2. 玉树州美丽乡村建设困难

首先，建设成效受限。玉树各市县针对高原美丽乡村建设工作开展了一些工作，但是从工作的深度上来看，美丽乡村建设形式简单，行之有效的手段措施少。导致美丽乡村建设成效有限，长期建设效果保障不足。

其次，结对帮扶效果不理想。美丽乡村建设中各地与结对共建单位信息不畅，沟通对接不够，结对共建协议签订率相对较低，对工作重视程度不高，帮扶对接力度不够，无法从人力、财力上保证结对工作的顺利进行，从而影响到各项目的落实和有序推进。

再次，建设资金效用低。由于玉树州地处偏远，自然条件极其恶劣，加之所有建设材料需从省会西宁购置，运距远、运费高、路况差、人工工资高、材料成品损坏率高，导致建设成本大幅提高，直接影响了美丽乡村建设资金效用。

最后，由于受玉树州地方财力的限制，个别县对高原美丽乡村建设项目资金自筹难度相当大，既定的项目计划无法全面实施，不能充分发挥其应有的效益。

五、果洛州美丽乡村建设现状

（一）果洛州美丽乡村总体建设情况

果洛州辖玛沁县、班玛县、甘德县、达日县、久治县、玛多县6县。其中玛沁县下辖2镇6乡，35个村委会；班玛县下辖1镇8乡，32个村委会；甘德县下辖1镇6乡，36个村委会；达日县下辖1镇9乡，33个村委会；久治县下辖1镇5乡，22个村委会；玛多县下辖2镇2乡，30个村委会。

2014年至2020年果洛州共建设高原美丽乡村80个，果洛州6县美丽乡村分年度建设数量及具体建设村如表3-14、表3-15所示。其中甘德县、达日县、久治县累计美丽乡村建设数量最多。

表3-14　2014—2020年果洛州美丽乡村建设数量及分布

	玛沁县	甘德县	达日县	班玛县	久治县	玛多县
2014	2	2	2	2	2	2
2015	2	3	3	3	3	2
2016	2	2	2	2	2	2
2017	2	2	2	2	2	2
2018	1	2	2	1	2	2
2019	2	2	2	1	2	1
2020	1	1	1	2	2	1
合计	12	14	14	13	15	12

数据来源：根据2014—2020年果洛州美丽乡村建设信息整理。

（二）果洛州美丽乡村建设村个案调研现状

为了解并评价果洛州美丽乡村建设情况，项目组于2019年11月赴甘德县及2020年3月赴玛沁县进行了美丽乡村建设相关调研。

果洛州作为全国深度贫困地区和农牧区欠发达地区，是全国30个少数民族自治州中海拔最高、经济总量最小、财政收入最少、人均收入最低、经济社会发展最为滞后的自治州。

玛沁县地处青海省东南部，位于国家"三江源"生态保护核心区，因境内著名的阿尼玛卿雪山而得名，是果洛州的政治、经济、文化中心，也是黄河上游的重要生态屏障。甘德县距果洛州府所在地83千米，位于全州中心，乡村发展基础条件都具典型代表性。同时，2021年中共玛沁县委员会、中共甘德县委员会也被评为全国脱贫攻坚先进集体。故果洛州调研以玛沁县、甘德县为重点深入调研了2个美丽乡村。重点调研村一：下大武乡年扎村，该村为2019年果洛州玛沁县美丽乡村建设村。在2021年2月25日的全国脱贫攻坚总结表彰大会上，中共玛沁县委员会被授予全国脱贫攻坚先进集体，下大武乡年扎村

表3-15 2014—2020果洛州美丽乡村建设名单

县名	2014年	2015年	2016年	2017年	2018年	2019年	2020年
玛沁县	下大武乡尼青村 当洛乡加布村	优云乡优曲村 东倾沟乡东柯河村	大武乡哈隆村 当洛乡查雀干玛村	雪山乡阴柯河村 拉加镇思柔钦村	优云乡阳桑村	大武乡格多村 下大武乡年扎村	拉加镇寨什托村
班玛县	灯塔乡忠智村 赛来塘镇班前河村	江日堂乡阿什羌村 钦乡赤沟村 多贡麻乡多贡麻村	达卡乡董仲村 吉卡乡当垴村	马可河乡则达村 亚尔堂乡王柔村	灯塔乡要什道村	灯塔乡可培村	灯塔乡格日则村 江日堂乡多日麻村
甘德县	下藏科乡江千村 下贡麻乡俄尔金村	下贡麻乡龙恩新村 柯曲镇东吾村 青珍乡青珍休麻村	岗龙乡岗龙村 江千乡隆吉村	柯曲镇目日村 青珍乡典哲村	上贡麻乡旺日乎村 下藏科乡旦库村	下贡麻乡索合青村 上贡麻乡隆亚村	江千乡恰曲纳村
达日县	窝赛乡康巴村 建设乡侧日哇村	满掌乡查干村 上红科乡哈青村 下红科乡达玻村	德昂乡康恰村 吉迈镇龙才村	桑日麻乡红旗村 特合土乡扣庄村	莫坝乡莫尔软村 特合土乡夏曲村	德昂乡莫日合村 上红科乡特根村	桑日麻乡东风村
久治县	门堂乡门堂村 索平日麻乡索平日麻村	白玉乡白玉村 哇尔依乡满格村 智青松多镇宁友村	索呼日麻乡章达村 哇赛乡富强村	门堂乡果囊村 白玉乡隆格村	哇尔依乡扎依村 索平日麻乡尖木村	哇塞乡折安村 智青松多镇隆合村	白玉乡移民新村 索平日麻乡移民新村
玛多县	扎陵湖乡河源新村 玛查理乡玛查里新村	玛查理镇野牛沟村 扎陵湖乡卓让村	黄河乡塘格玛村 黄河乡江旁村	花石峡镇日谢村 花石峡镇吉迈村	扎陵湖乡涌村 扎陵湖乡塔泽村	扎陵湖乡勒那村	玛查理镇利木青村

数据来源：根据2014—2020果洛州美丽乡村建设信息整理。

第一书记扎西闹吾荣获"全国脱贫攻坚先进个人"称号。因此，该村美丽乡村建设兼具脱贫攻坚范本典型性。重点调研村二：下臧科乡江千村，该村为2014年果洛州甘德县美丽乡村建设村。截至2018年赴该村调研，美丽乡村建设已推进5年，该村建设情况在甘德县具有典型性。

1. 玛沁县年扎村美丽乡村建设情况

玛沁全县土地总面积为1.34万平方千米，平均海拔4100米，下辖6乡2镇，35个行政村，97个牧业合作社。2018年末，境内民族以藏族为主体，另有汉族、回族、撒拉族、土族、蒙古族等。总人口57 070人，其中，藏族人口47 298人，占总人口的82.87%；农牧业人口33 055人，占总人口的57.92%。2019年完成地区生产总值14.62亿元，同比增长7.7%；固定资产投资9.08亿元，同比增长88.38%；全社会消费品零售总额1.17亿元，同比增长6.3%；全体居民人均可支配收入达2.24万元，同比增长8.4%；农村人均可支配收入达1.22万元，同比增长10.4%。

下大武乡年扎村为贫困村，位于玛沁县西北部，距县城153千米，下辖2个牧业生产合作社，全村平均海拔4 300米。全村草场面积34.5万亩，共有174户542人（其中，2018年34户122人通过易地扶贫搬迁项目，移居至乡政府驻地"德吉滩新村"以及大武镇区"久美家园"易地扶贫搬迁小区）。精准识别出建档立卡贫困户102户352人，非建档立卡户72户190人。全村共有低保兜底户20户39人，特困供养户5户5人，残疾人23人。于2019年底实现102户352名建档立卡户全部脱贫。

（1）村庄规划。年扎村现有村民村居分三部分，一是大武镇区"久美家园"易地扶贫搬迁小区，二是乡政府驻地"德吉滩新村"内，三是原村区域内牧民分散居住。因此，村庄规划评价以第二类乡政府驻地"德吉滩新村"内村居为主。由于属易地扶贫搬迁村，该村整村建设全部进行了统一规划设计，村居风格鲜明统一，藏居特色明显，村落布局整体结构规整，基础设施配套较完善。

（2）村庄建设。乡政府驻地已通大电网、实现通信网络全覆盖以及修通乡村公路（砂石路），牧户家中已实现家用太阳能全覆盖。包括分散居住牧户在内已全部实现自来水或机井饮水。该村投资40多万元，建成建筑面积200平方米的年扎村村级办公用房。2015年，县环保水务部门为年扎村修建了面积为30.87平方米的环保公厕1座。在"乡村振兴"试验示范点建设项目中，由玛沁县农牧水利和科技局为年扎村投资420万元新建1 296.66平方米的村级综合服务用房1栋。投资530万元在乡政府驻地易地搬迁（德吉滩新村）修建广场、文化墙。全村有1所村级文化站，于2014年修建，砖木结构，面积为160平方米。图书、龙头琴、曼陀铃等藏民族特色乐器配备完整。

（3）生态环境。下大武乡位于玛沁县西北部，整体气候条件较差。年扎村以畜牧业为主要发展产业。无工业类企业，村民现居三处的大气、水体、土壤等环境质量较好。除散居牧民外，易地扶贫搬迁安置地两处均有完备的垃圾处理设施，但污水处理设施尚不完备。年扎村在"十化党建"引领下，充分发挥村级专项工作组作用，积极开展脱贫攻坚政策宣讲、环境卫生清理整治工作和家庭卫生评比活动，使牧民群众养成了良好的个人卫生习惯，提高了环保意识。同时，充分发挥村级"红旗"广播站的宣传作用，每天安排专人定时播放广播，深入宣传生态环境保护的各项方针政策，扩大宣传范围，不断提高牧民群众的环保意识，自觉培养良好的环保和卫生习惯。

> 以前村里有卫生特别差的人家，现在村里成立的环境保护组和卫生评估组每周都给各家打分，打分太低排名靠后面子上也过不去啊，所以现在环境卫生包括家里的卫生比以前好太多了，大家也都自觉了。（DRLM，20200321）

（4）经济发展。年扎村积极协调州、县相关部门落实了年扎村白藏羊产业化养殖基地建设项目。自2014年项目实施以来，该村把发展生态畜牧业作为调整产业结构发展，促进牧民增产、增收的重要手段。经过近几年的不懈努力，政府搭台、合作社牵头、贫困户抱团入社的模式使合作社发展已初具规模，成为带动当地牧民群众脱贫致富的朝阳产业。截至2019年底，入股牧民户均分红达7 428元。同时，由果洛州统一实施，将100万元的项目资金投入到大武乡格多村"光伏电站"项目中进一步加强了村集体经济建设。另外，年扎村 80 人到户产业资金 51.2 万元，已入股年扎村莫拉自托养殖业扶贫专业合作社，均以 10% 的比例进行分红。

（5）公共服务。年扎村现有党员活动室 5 间，2010 年修建，砖木结构，面积为 80 平方米，处乡政府附近，办公用品配备齐全，建立健全了村级各项规章制度。健全和完善了 1 个村级卫生室和文化活动室，村文化活动室内文化设施用品配备较齐全，村级卫生室配备了 1 名村医，最大程度方便了贫困牧民群众就医。

（6）乡风文明。年扎村完善并落实了《乡村两级联席会议制度》《党务村务公开制度》《村民监督委员会管理制度》等各项工作制度。村牧民群众能歌善舞，村民们自发成立了村级文艺演出队，在藏历新年、"三八"妇女节、"五一"劳动节等重要节庆时期，开展文艺演出。同时，在原有的党建网格化管理的基础上，将村容村貌按照村民居住区域、草场承包范围分片区划定责任片区，督促牧民群众负责对责任片区开展人居环境卫生治理活动。通过充分发挥村"两委"班子、团支部、妇联的工作职能，组织党员干部、青年团员、妇女群众开展农村人居环境清理整治活动，对村级活动场所、村容村貌、村民庭院及个人卫生开展评比表彰活动，引导牧民群众树立卫生、健康、文明的生活方式。大力推进"五星级文明户""五好文明家庭"等群众性精神文明创建和民族团结进步创建活动，营造邻里和睦、民族团结、和谐稳定的乡村社会环境。

2. 甘德县江千村美丽乡村建设情况

甘德县地处青海省东南部，果洛州腹地。东邻甘肃省玛曲县，南濒黄河与达日、久治县西部相连，北部与玛沁县毗邻。全县总面积 7 046.2 平方千米，平均海拔 4 300 米，全年无绝对无霜期。甘德县下辖 6 乡 1 镇，36 个行政村、4 个移民区。全县总人口 11 881 户 38 752 人，其中牧业人口 9 128 户 32 938 人，有藏、汉、回、土等民族，藏族占全县总人口的 98%，可利用草场面积 881.93 万亩，是纯牧业县。甘德县既是深度贫困县也是国家扶贫重点县。

下藏科乡位于甘德县境东部，东与甘肃省毗邻，距县府驻地 120 千米。人口 5 459 人（2017 年），以藏族为主，占总人口的 99.9%。面积 710 平方千米。

辖丹库、江千、洞索、科赛4个牧委会。1962年由甘肃省玛曲县划入甘德县，并设下藏科乡，1969年成立下藏科公社，1984年改设下藏科乡。全乡产业以畜牧业为主，养殖藏系绵羊、牦牛等，并产冬虫夏草、大黄、贝母等名贵药材。

江千村位于下藏科乡西北部，距乡镇府10千米，地势西北高东南低，为高山山地地貌，平均海拔3 850米，东柯曲河和花久高速贯穿。该村为纯藏族牧业村，可利用草场面积34.74万亩。截至2018年底，全村在册人口390户1 310人，建档立卡贫困户95户485人，其中低保52户247人，五保户7户7人，残疾17人，孤儿7人。牲畜总数8 069头。近年来，全村村民收入主要靠畜牧、虫草、药材(4月初青芄、5~7月虫草、7~8月贝母)等。该村为2014年青海省高原美丽乡村建设村庄，2018年已整村脱贫。

(1) 村庄规划。江千村在甘德县乡村中属交通条件较优越的乡村，全村位于县、乡公路与柯曲河之间。2014年该村美丽乡村建设开始，建设前期主要投入完善了村内道路硬化、亮化、文化广场等建设项目。为了提高美丽乡村建设实效，由甘德县政府牵头，对村庄拆迁新建进行了重新规划。村民旧居拆迁后在原址统一规划新建富有藏居特色的住宅。村庄规划保留了原村发展风貌与村居布局，整村发展规划符合美丽乡村建设规划要求。

> 我们一开始的拆迁难度相当大，老百姓不理解为啥要拆迁，各种抵触，后来也是做了大量工作，挨家挨户做工作……现在好了，拆迁新建后全村整体美观了不少，特色也鲜明了，最重要的是全村的马路经济发展很明显，你看像沿街的这几家，光是出租铺面每年就很可观。(CWY, 20191118)

(2) 村庄建设。从2018年实地调研情况来看，江千村住房风格统一，有鲜明的藏区特色和民族特色。为配合美丽乡村建设，全村已拆迁自建楼房20户，拆迁沿街彩钢房30间；美丽乡村建设项目配套设施饮水、排污项目覆盖乡驻地共5.3千米正在实施建设中，村庄临近的滨河路排污项目也已完成。拆迁新建后的江千村，整体村貌美观，无乱搭建现象。电线、通信用杆排列较整齐，无私拉乱拨电线电缆现象。全村无危房，无三类、四类和五类桥梁道路。

（3）生态环境。江千村无工业类产业。全村经济发展以畜牧业为主，故全村大气、水体、土壤等环境质量较好。全村有完备的垃圾管理、污水排水处理设施。环境卫生岗 5 人对全村绿化养护、垃圾收运处理等进行专职管理，村宗教场所也有专人负责管理。

（4）经济发展。江千村村集体经济发展过程中，合作社启动资金 20 万元，其中 10 万元用于购置合作社办公设施。村集体资金 50 万元用于入股光伏电站。2018 年产业到户资金第一批 124 万，第二批 51.84 万元，用于购置饲草料基地设备（拖拉机、播种机）尚未分红。青海省交通厅拨付少数民族发展资金 50 万元，用于购置饲草料基地设备。上海援建 500 万元用于购置奶牛 500 头，建设饲草料基地 1 000 千亩，购置奶罐车、储草棚、畜棚等。

2018 年 11 月调研时，该村集体经济有两个：一是生态畜牧业专业合作社（2018 年运营），包含饲草料基地、奶牛养殖基地（2018 年出栏仔畜 100 头，每头 1 500 元，共计 15 万元）；二是扶贫经济专业合作社，包含在州府购买的商铺（2017 年产业到户资金 124.16 万元，194 人，人均 6 400 元；整村推进资金 100 万元，省公路局拨付 50 万元；合作社启动资金 20 万元，其中 10 万元配套产业到户资金，以上资金共计 284.16 万元，捆绑使用购置州 8 套 16 间铺面房），2016 年分红 21.85 万元，2017 年分红 32.01 万元，2018 年 15.8 万，2019 年因公租房的大量推出，租金收入大幅下降。

（5）公共服务。全村现配有党员活动室 1 套 9 间，村医务室 1 套 3 间，村文化活动室 1 套 3 间。村医 1 人。民事调解委员会 3 人，纪律监督委员会 3 人。有村兽医 5 人。村民日常生活所需公共服务均能在本村实现。

（6）乡风文明。江千村交通条件较优越，全村自盖临街铺面较多。为配合美丽乡村建设，全村拆迁建楼房、沿街彩钢房等过程中，乡政府及村委做了大量说服调节工作。截至调研时，全村整体建设工作已按规划顺利推进。由于全村经济结构较好，收入较高，村民住有所居、劳有产业，全村整体发展蓬勃，村民精神状态饱满，社会风气积极向上。

（三）果洛州美丽乡村建设成效与困难

1. 果洛州美丽乡村建设成效

首先，建设程序更严格规范。果洛州高原美丽乡村建设项目及农牧民危旧房改造项目的实施，从立项、审查、规划、初设及批复、设计、招投标等一系列建设程序均按照规范执行。特别是项目招投标方面，严格按照招标投标法的规定进行公开招标，确保了建筑市场的有序管理。

其次，工程质量监管更规范。对建设、勘察、设计、施工、监理等参建各方质量责任主体进行了严格的监督审查。认真严格执行施工许可、质量安全监督、施工图设计文件审查、竣工验收及备案等管理制度。采取定期不定期检查的方式，随时对工程使用的建筑材料、构配件、设备进行复验和建筑工程质量监督检查。

最后，项目整合效果明显。果洛州以高原美丽乡村建设和厕所革命为契机，提升乡镇建设水平，发挥乡镇带动功能，逐步推进各村庄建设，并积极整合各类涉农涉牧资金，加大美丽乡村项目整合力度，督促指导各县加强与结对帮扶单位的联系，争取帮扶资金，各类措施收效明显。

2. 果洛州美丽乡村建设困难

首先，美丽乡村建设工程监督检查力度不够。除州质监站外，全州六县均未设立质检部门。州质监站人员编制少、工作半径大、点多面广，对全州六县的项目监管存在着一定的困难。

其次，高原美丽乡村建设资金投入不足。美丽乡村建设资金的来源渠道主要是各级财政投入、共建单位的支持、项目落实等方面，但果洛州由于基础设施条件差，美丽乡村按规划建设项目多、投资大，各级财政投入有限，项目整合难度大，州级补助资金按时落实到位也存有困难。

再次，美丽乡村建设后期管理弱。高原美丽乡村建设虽然有效整合了其他项目及资金，但是重建设、轻管理的现象普遍存在，由于缺乏有效的责任监督机制和规范化管理机制，影响了各类建设设施综合效益的发挥。

最后，结对共建帮扶力度不强。省、州共建单位大多数能按照要求积极争取协调项目，落实共建资金，从各方面给予支持。但也有部分共建单位对美丽乡村建设帮扶工作重视不够，积极性不高，结对共建效果不理想，帮建项目和资金落实不够，甚至有个别单位在各县主动联系后不闻不问，影响了项目建设。

六、黄南州美丽乡村建设现状

（一）黄南州美丽乡村总体建设情况

黄南州辖同仁市、尖扎县、泽库县，代管河南蒙古族自治县。其中同仁市下辖11个乡镇，72个村民委员会；尖扎县下辖9个乡镇，86个村民委员会；泽库县下辖7个乡镇，64个村民委员会；河南县下辖6个乡镇，39个村民委员会。

2014年至2020年黄南州共建设高原美丽乡村150个，黄南州4县美丽乡村分年度建设数量及具体建设村如表3-16、表3-17所示。其中尖扎县累计美丽乡村建设数量最多。

表3-16　2014—2020年黄南州美丽乡村建设数量及分布

	同仁市	尖扎县	河南县	泽库县
2014	5	6	4	6
2015	6	7	4	7
2016	5	8	4	3
2017	6	6	4	4
2018	6	6	4	5
2019	7	7	4	4
2020	7	7	4	4
合计	42	47	28	33

数据来源：根据2014—2020年黄南州美丽乡村建设信息整理。

（二）黄南州美丽乡村建设村个案调研现状

为了解并评价黄南州美丽乡村建设情况，项目组于2019年7月赴同仁市及尖扎县进行了美丽乡村建设相关调研。

由于同仁市及尖扎县乡镇数量及村委会数量排黄南州前两位，同时两县乡村的民俗文化旅游发展基础较好、特色鲜明，故黄南州调研以同仁市、尖扎县

表3-17 2014—2020年黄南州美丽乡村建设名单

县名	2014年	2015年	2016年	2017年	2018年	2019年	2020年
同仁市	隆务镇加查玛村 曲库乎乡瓜什则毛村 扎毛乡扎毛村 保安镇东干木村 年都乎乡录合项村	隆务镇隆务村 保安镇尕沙对村 多哇乡直跃村 扎毛乡立仓村 加吾什则乡协治村 瓜什则乡赛庆村	隆务镇双朋西村 黄乃亥乡吉仓村 加吾乡直吾村 隆务镇措玉村	年都乎乡曲玛村 加吾乡傲毛村 曲库乎乡多哇村 牙浪乡依力村 双朋西乡环主村 黄乃亥乡日秀麻村	隆务镇加毛村 加吾乡东维村 瓜什则乡郭进村 多哇乡交德村 曲库乎乡木合沙村 黄乃亥乡羊智沟村	保安镇石哈龙村 保安镇浪加村 多哇镇日那村 多哇乡交隆务村 扎毛乡木什村 兰采乡和日村	保安镇群吾村 保安镇卡加村 年都乎乡夏卜浪村 瓜什则乡阿日村 保安镇银扎木村 曲库乎乡古德村 曲库乎乡江龙农业村
尖扎县	措周乡措干口村 坎布拉镇完吉合村 马克唐镇科沙唐村 昂拉乡措加村 康杨镇加依村 能科日社区哈藏村 麦秀镇秀德村	坎布拉镇古日羊麻村 马克唐镇马克唐村 康杨镇西公拉村 坎布拉镇上李家村 马克唐镇勒见村 昂拉乡牙那东村	马克唐镇回民村 尖扎滩乡五星村 加吾乡贾加村 当顺乡拉德村 康杨镇上庄村 尖扎滩乡幸福村 尖扎滩乡岗毛村 尖扎滩乡洛哇村	康杨镇麻索堂村 康杨镇宗子拉村 加吾乡安中村 尖扎滩乡来玉村 马克唐镇上娘毛村 坎布拉镇拉群村	贾加乡南当村 当顺乡香干村 康阳镇寺门村 多家办事处浪洛科村 马克唐镇俄什加村 措周乡俄什加村	康扬镇东门村 当顺乡果果村 马克唐镇李加沙村 能科乡石乃亥支村 尖扎滩乡如什其村 昂拉乡古浪堤村 当顺乡古浪堤村	坎布拉镇尕布村 康杨镇浪上村 马克唐镇要美村 措周乡石乃亥支村 措周乡措香村 当顺乡古什当村 多加办事处满岗村
泽库县	宁秀乡赛龙村 泽曲镇夏德日村 王加乡叶金红旗村 西卜沙乡当村 恰科日社区角平村 麦秀镇秀哈藏村	泽曲镇东科日村 泽曲镇巴日则村 麦秀镇赛龙村 宁秀乡红城村 麦秀镇多隆村 多禾茂乡隆村 和日镇唐德村	多禾茂乡美村 和日镇司公海村 麦秀镇贡青村	和日镇尕叶合村 泽曲乡什则村 王家乡红旗村 宁秀乡热旭日村	和日镇夏拉村 麦秀镇乡福群村 宁秀乡秀布村 和日镇尕龙村 西卜沙乡团结村	恰科日社区措日更村 恰科日社区而尕村 宁秀乡智秀日村 恰科日社区智合龙村	麦秀镇龙藏村 和日镇叶贡村 王家乡旗龙村 多禾茂乡格土平村
河南县	优干宁镇叶玛村 柯生乡次汉苏木村 赛尔龙乡尕克村 多松乡夏日达生村	优干宁镇秀甲村 赛尔龙乡赛尔龙村 宁木特乡梧桐村 柯生乡毛曲村	优干宁镇参美村 托叶玛乡曲海村 宁木特乡作毛村 宁木特乡秀群村	柯生乡柯生村 赛尔龙乡泽庆村 优干宁镇多特村 优干宁镇阿木平村	优干宁镇智后茂村 托叶玛乡文群村 赛尔龙乡尖克村 宁木特乡夏拉村	优干宁镇荷恒村 宁木特乡尕苏木村 多松乡多松村 托叶玛乡曲龙村	优干宁镇南旗村 优干宁镇德日隆村 宁木特乡苏青村 柯生乡尖克村

数据来源：根据2014—2020年黄南美丽乡村建设信息整理。

为主重点深入调研 2 个美丽乡村。重点调研村一：2014 年高原美丽乡村建设村同仁市隆务镇加查玛村。选该村做重点调研的原因是：该村是黄南州第一批美丽乡村建设项目村，2014 年美丽乡村建设项目完成后，截止到 2018 年底乡村建设经过了 4 年的巩固发展期；同时，发展区位上具备优势，该村与同仁市热贡艺术代表"唐卡村——吾屯村"距离 5 千米，村经济发展深受吾屯村影响，集体经济及产业发展受吾屯村带动明显。重点调研村二：尖扎县昂拉乡德吉村。2018 年被中华人民共和国农业农村部评为"中国美丽休闲乡村"，2020 年7 月文化和旅游部、国家发展改革委确定该村入选第二批全国乡村旅游重点村名录乡村名单。

1. 同仁市加查玛村美丽乡村建设情况

同仁藏语称"热贡"，意为梦想成真的金色谷地，位于川甘青三省交界地带，隆务河谷之间，依山傍水得城，属青藏高原和黄土高原交错板块，总面积3 275 平方千米，是一个以农为主、农牧结合的小块农业区。总人口 10 万人，其中藏族占 73%。同仁是继国家级闽南文化、徽州文化后，国务院批准的第三个热贡文化生态保护试验区，也是青海省唯一的国家级历史文化名城。同仁多民族聚集、多宗教并存，文化底蕴深厚，热贡艺术和藏戏被列入世界非物质文化遗产代表作名录，热贡六月会、土族於菟、雕版印刷等 5 项被列入国家级非物质文化遗产项目。

加查玛村是同仁市独具特色的藏式传统村落，村民信仰藏传佛教。该村位于同仁市北部，距离镇政府所在地 1 千米，下设 2 个社，2 社之间距离 1 千米，区域交通便利，基础设施条件较好，村级活动场所位于和日加社。该村为非贫困村。全村辖 6 个村民组 297 户，1 375 人。精准扶贫户 28 户 91 人，其中，低保兜底户 8 户 14 人（属性调整 3 户 11 人）。全村参加合作医疗的共 1 075 人，养老保险 669 人。截至 2019 年 8 月 31 日，全村劳动力就业转移 709 人（次）。

全村现有草场面积 506 亩，耕地面积 397.5 亩，主要种植农作物有小麦、洋芋、油菜、玉米。全村总面积 24 平方千米，其中草场面积 506 亩，耕地面积 397.5 亩。近年来，由于城市化建设的加快，加查玛村征用占地较多，村内人多地少。项目组在2017年9月及2019年9月两次赴该村深入调研，总结调研信息该村美丽乡村建设表现如下。

（1）村庄规划。加查玛村整村紧靠省道203线。在2014年美丽乡村建设项目开展前，借助优越的交通条件以及吾屯村文化产业发展带动，全村在村庄建设、产业培育、经济发展等方面已经有了长期发展积累。在美丽乡村建设过程中，村庄规划在原村发展风貌与村居布局基础上进行，整村发展规划符合政策、技术规范与标准，与同仁市发展规划相衔接。村级规划结合农户调研、综合村民意见后制定，经过村民代表会讨论同意后报同仁市政府审批后公布实施。

（2）村庄建设。从实地调研情况来看，加查玛村住房风格统一，有鲜明的乡村特色和民族特色。村庄整体风貌较美观，乱搭建、空心化现象不明显，电线、通信用杆排列较整齐，无私拉乱拨电线电缆现象。全村无危房，无三类、四类和五类桥梁道路。乡村基础生活设施及农业生产设施完整，有较完整的相关配套设施。全村家家有冲水厕所。村主干道路面（水泥）硬化率100%，但因2016年管网改造，路面开挖后修补不完整。目前，村内防灾重点是雨季排洪。广播、电视通信、邮政等设施完备，信号清晰通畅。饮用水安全覆盖率100%，供电保证率高。主干道"雪亮工程"全覆盖，全村摄像头全覆盖。照明路灯全部使用节能灯具，2017年又对前期建设后老化损坏的路灯进行了更换。2014年美丽乡村建设期结束后建设成果巩固提升不足。

（3）生态环境。加查玛村产业发展以唐卡绘画为主，无工业类产业。故全村大气、土壤等环境质量较好。2013年该村进行过玉米薄膜试种，但因种植效果不佳，此后再无使用。因农作物种植较少，秸秆以自然腐化和用作生活燃料为主，综合利用率高。全村有完备的垃圾管理、污水处理设施，28户贫困户中，14人选聘为公益性岗位人员，其中：草原管护岗11名，林业管护岗1名，环境卫生岗2名。对全村绿化养护、垃圾收运处理等进行专职管理，村宗教场所也有专人负责管理。

（4）经济发展。加查玛村特色主导产业为唐卡绘画制作，产业特色明显。围绕主导产业的产销模式较成熟。在入户调研中发现，村民从事唐卡制作人均月收入在4 000元以上。截至2019年9月，全村已成立18家主销唐卡的有限公司。2018年落实的40万元村集体产业扶持资金，建成装机容量为58千瓦特的屋顶光伏项目1处，实现了村集体经济"破零"，目前待分红。2019年非贫困村60万元集体产业发展项目由同仁市统一部署。相关收入能满足村务和自身发展需要。但目前该村除主导产业外，休闲旅游、电子商务等发展不明显，建有村级电商站点一处，配有相关设施，由专人负责站点运营。能有效支撑产业发展的社会化服务队伍欠缺。全村无种养大户、家庭农场、农民专业合作社等新型经营主体。

（5）公共服务。村内有标准的村级卫生室1处，标准的村级综合服务中心1处，配备完整消防器材的村微型消防站1处。村级阵地建设基本达标合格，村内党员活动室，面积达260平方米，建有村务公开栏、政策宣传栏。本村建有幼儿园1所，入托费800元/学期。建有1所村小学。学前一年毛入学率100%，九年义务教育目标人群覆盖率100%。村内建有较完整的文化活动场所和文体活动设施，维护良好。但因村民经济收入以画唐卡、制作堆绣为主，业余闲暇时间少，所以村民文体活动较多集中在六月会、过年、供饭[①]时节。活动形式有民族歌舞、拔河比赛、郭庄、跳绳等。

（6）乡风文明。加查玛村民风淳朴，村民热情好客，调研中村民对美丽乡村建设及精准脱贫以来乡村的变化评价积极。全村村规民约落实到位，邻里关系和睦。由于大多留村劳动力从事唐卡绘画制作，故村内无赌博等现象。乡村习俗等传承较好。

2.尖扎县德吉村美丽乡村建设情况

尖扎县位于黄南藏族自治州北部，全县总面积1714平方千米，全县总人口6.2万人，现有耕地7万余亩，可利用草场189万亩，森林134.11万亩。境内海拔1 960～4 614米之间，黄河沿岸土地肥沃、气候温和，灌溉条件优越，素有百里万亩"果蔬之乡"美称。黄河纵贯尖扎南北，境内流程96千米，建有"一大两中三小"6座水电站，水电站建设形成60平方千米库区水域资源，被

---

① 供饭，当地寺院佛教活动。

评为国家级黄河走廊水利风景区，2007年被国家体育总局授予"中国民族射箭运动之乡"。境内坎布拉是国家地质公园、国家森林公园、国家4A级景区，集原始森林、丹霞地貌、水利风景、宗教文化等自然、人文景观于一体。还有昂拉千户府，作为安多藏区保留完整的贵族庄园，被人们称赞为"安多藏式建筑的一颗明珠"。

昂拉乡河东德吉村作为尖扎县易地扶贫搬迁代表性项目于2016年9月实施运营，2018年德吉村旅游总收入达215万元，2019年"五一"小长假共接待游客2.2万人次，景区旅游收入约110万元，成功入选"中国美丽休闲乡村"，被评为"全省易地扶贫搬迁安置示范点"和"AAA级景区"，该村现已成为生态环境优美、特色鲜明、风格独特的生态景观村落。

（1）村庄规划。为实现2020年如期脱贫摘帽目标，彻底解决"一方水土养不起一方人"的问题，按照"山上问题，山下解决"的思路，尖扎县将易地扶贫搬迁作为打赢脱贫攻坚战的重要举措，于2016年9月在昂拉乡河东德吉村实施了易地搬迁项目，对县内浅脑山区生存条件恶劣、基础设施严重滞后的7个乡镇30个村农牧户251户946人（建档立卡贫困户226户893人，同步搬迁非建档户25户53人）进行了集中搬迁安置。投资7 771.42万元（易地扶贫搬迁专项资金4 569.62万元，行业资金2 331.07万元，县级财政配套582.23万元，群众自筹288.5万元），修建安置房251套，建筑面积17 899.2平方米，2017年11月实现入住。

从实地调研情况来看，该村整体规划完全符合相关法规政策与技术规范标准要求。村庄规划建设要素全面，在村居设计与装饰风格等方面充分听取尊重村民意见，并向村民耐心宣讲规划意图和内容，积极动员搬迁农牧户按期集中搬迁入住。

（2）村庄建设。德吉村村庄建设严格按规划执行，住房为统一的传统藏族民居风格，全部为四四方方的互为倚重的小庄廊，有突出的藏族传统乡村特色。村庄整体美观，村民外出务工少，全村从事旅游业，无空心化现象。电线、通信设施排列整齐，公共通信信号清晰通畅。有健全的住房、路、桥、水、电、通信等运行管理维护制度，管护资金来源稳定。人行道全部采用具有透水性能的传统材料修施，污水管网、挡土墙由天津市重点对口支援项目实施完成，其中污水管网投入380万，挡土墙投入120万。村内照明路灯全部使用太阳能路灯，村居全部统一设计施工，内部装饰为藏族传统民居木质风格，家家装有水厕。

（3）生态环境。德吉村是在昂拉乡黄河河东的河滩地上规划建设的，这里大气、土壤环境、水体水质优良。该村规划主导产业为乡村旅游，村域内无工业、耕地、家畜养殖，不存在相关污染源。在尖扎县的大力支持下，该村结合生态管护、旅游开发、藏区基层社会治理、产业扶持等层面积极开发就业岗位，直接解决就业达352人。其中，安排生态公益性岗位181名、旅游服务人员22名、村警2名、水管员2名、环卫员15名、保安10名、光伏管理员15人以及其他岗位7名，全面负责德吉村整体管理服务工作。全村目前垃圾收处、污水处理、村容维护管理制度完备，管理效果良好。

（4）经济发展。为实现"搬得出、稳得住、能致富"的目标，德吉村依托黄河水利风景、气候、海拔、区位等优势，积极创新探索易地扶贫搬迁与美丽乡村、乡村振兴战略相结合、与新能源利用相结合、与发挥资源优势相结合、与发挥区位优势相结合、与文化旅游业相结合的新路子，培育了以乡村旅游为龙头，特色农业、文化、光伏等一、二、三产业深度融合的"多业共生、多轮驱动"扶贫特色产业。首先，积极融入民俗文化、射箭文化、黄河文化、农耕文化等元素，规划建设了独具藏族民居住风格的搬迁住宅，实施了休闲广场、码头、自驾游营地、露天沙滩、婚纱摄影基地、花海、农耕体验、农家乐、小吃广场等旅游后续产业项目，并通过招商引资的方式，引进中青建设集团对德吉村进行市场化景区运营。其次，因地制宜引导和扶持村民创办农业合作社。通过土地流转租赁土地230亩，分别利用40亩土地创办苗木合作社、利用160亩土地创办藏茶种植合作社、利用30亩土地建设农事体验园，既壮大了村级集体经济，又极大地增加了群众收入。再次，通过华能集团对口援建，支持帮扶德吉村251户易地搬迁贫困户发展户用光伏扶贫项目，采用"自发自用、余电上网"模式，每户屋顶光伏装机84千瓦，每年可实现4 200元以上稳定收入，

251户共计可收入100万元/年，可安置10~15名贫困人口就业，有力助推德吉村实现精准脱贫。最后，安排公益性岗位就业之外，引导农牧户开设农家乐30家，对60名搬迁农牧户开展烹饪培训，让搬迁群众亲身参与乡村旅游的开发，并引导38户群众经营土烧馍、酸奶、糌粑、酿皮等特色餐饮产业。

> 没搬迁前，我们做梦都不敢想现在的生活……现在我们不出村就有工作，就把钱挣了。去年家里这几口人全上阵做餐饮，忙不过来了，今年我找了个厨师，专门炒菜，我们也能稍微轻松点。(LM，20190725)

（5）公共服务。德吉村村委现有社区派驻工作人员9人，能提供整村完整全面的标准化村级管理服务。村内建有公共停车场，县城—德吉村已通公交车，村主干道、人群密集区全部实现监控布置。全村零售网店分布合理，能满足村民及外来游客日常消费需求。村内现有幼儿园1处（调研时可入托30人），有标准的村级卫生室1处，标准的村级综合服务中心1处，建有村务公开栏，政策宣传栏。学前一年毛入学率10%，九年义务教育目标人群覆盖率100%。村内建有较完整的文化活动场所和文体活动设施，维护良好。德吉村通过发展乡村旅游塑造的乡村旅游品牌现已对乡村发展产生明显带动效应，尤其是2018年"中国美丽休闲乡村"挂牌后，村级经济发展增幅明显。

（6）乡风文明。德吉村有完整的精神文明、社会主义核心价值观、村规民约等在内的宣教实施计划。宣教形式充分考虑了村民的文化水平与闲暇时间，合理安排实施。德吉村通过生态管护、旅游开发、产业扶持等带动的岗位开发，直接解决就业352人，带领村民实现了共同富裕。德吉村也因此获得了"中国少数民族特色村寨""全国生态文化村""中国最美休闲乡村""全国森林乡村""全国乡村旅游重点村"等国家级荣誉称号。德吉村虽由尖扎县7个乡镇30个村搬迁而成，经由收入带动，全村发展活力十足，村民精神风貌积极向上。

（三）黄南州美丽乡村建设成效与困难

基于黄南州美丽乡村总体建设情况及重点调研村调研所得，该州美丽乡村建设成效与困难如下。

1. 黄南州美丽乡村建设成效

首先，乡村公共基础设施建设得到完善。以2018年为例，对建设村主要道路和河道两边及荒山荒坡安排资金进行绿化，对地质灾害地段进行治理，建设公共厕所18个、住户卫生厕所421个。同时，各建设村修建村级文化体育休闲广场20个，投资250万元配备了相应的文体设施，12个村实施了电网升级改造；完成道路硬化68千米，道路硬化率达到80%；安装太阳能路灯1 391盏，农牧区基础设施和公共服务设施得到了提升。

其次，村容村貌得到改善。仅2018年，全州地方财政共投入资金3400多万元，共出动23 015人次，动用机械3 316台，共清运各类垃圾1 600吨、拆除简易房352间、整治残墙断壁约20 000米、清理河道1.6千米、绿化种植20 000余株、道路修补7 000米。4县乡镇于每月26日组织村民集中对村庄内河道、沟渠进行清淤，收集清运垃圾。各村根据实际安排卫生保洁员2~5名，年均落实保洁员报酬资金70余万元。同仁市、尖扎县每村安排了垃圾收集点，配备了垃圾清运车。河南、泽库两县根据牧户居住分散的情况确定了定点垃圾填埋场，定期进行清运填埋，河南县成立了摩托车环卫队，对公路沿线的环境卫生进行清理检查。

再次，农牧民居有所安的问题得到解决。以"最危险房屋 最困难群众"的原则，鼓励、引导、帮助有条件的农危改户改造和新建危旧房，提升居住品质。通过危旧房改造项目，农牧民群众居住环境得到了极大的提升，按照功能完善、节能保暖的标准鼓励农牧民对住房进行提升改造，大力推广人畜分离及节能环保新民居建设，新建房屋有独立的卫生间、厨房和自来水，并配建了太阳能暖房、暖廊和热水器，采用了外墙保温、电暖炕等节能技术，进一步提升居住品质。

最后，后续产业得到发展。各县结合建设村的实际，充分发挥地域优势、自然优势、产业优势激活村庄内在活力，积极组建各类农牧业合作社、藏家乐、砂石料场、育苗基地、蔬菜大棚等。购买商业铺面，发展牛羊育肥、乳制品加工、民族手工业制作、藏毯编织等后续产业，积极进行劳务输出，培育后续产业发展，增加了农牧民群众的收入。同时，同仁市依托传统村落等优势发展旅游，各建设村通过开展村集体"破零"工程，村庄发展能力不断增强，取得了显著成效。

2. 黄南州美丽乡村建设的困难

首先，农村基层设施建设的历史欠账仍然较多。由于村集体经济薄弱，受农村发展现状的影响，村民自主投资投劳建设家园的积极性偏低，导致农村基础设施建设投入严重不足，基层管理、配套服务跟不上。

其次，全州高原美丽乡村建设进度不平衡，地区与地区、村庄与村庄之间推进工作有差距，甚至存在美丽乡村建设示范村发展落后于非美丽乡村及贫困村的情况。

最后，结对共建帮扶力度不强。部分共建单位对美丽乡村建设帮扶工作重视不够，积极性不高，与共建村对接协调不积极，结对共建效果不理想，帮建项目和资金落实不够。

第四章 青海省六州美丽乡村问卷分析

为了调查青海省六州美丽乡村建设的实际效果，准确掌握青海省六州美丽乡村建设现状与村民评价，项目组在2018—2020年间赴六州，以22个美丽乡村建设村为调研个案对象展开调研。调研期间，一是在样本所在州、县、乡、村进行访谈；二是在样本村进行了问卷发放。调研问卷分为"青海省美丽乡村建设问题调查问卷""美丽乡村建设满意度调查问卷"，主要用于完成对美丽乡村建设项目评价及村民满意度的调查。本章基于问卷一进行分析。

实地调研在具体抽样过程中坚持随机抽样、分层抽样与判断抽样相结合，以随机抽样为统计推论基础，以判断抽样减少调研可能出现的系统性偏差，重点关注美丽乡村建设的薄弱环节和盲区、死角。同时，按行政村、村民小组、农牧民个人进行分层抽样，综合考虑抽样单位的交通区位条件、地形地貌、贫困程度、经济发展水平等因素抽取样本。2018年2—5月进行了2次调查问卷预调研，问卷正式发放时间为2018年8月—2020年12月。问卷实际发放过程中，选取了2014—2019年间列入青海省住建厅高原美丽乡村建设项目的22个美丽乡村建设村进行实地发放，调研村如表4-1，实现了青海省六州问卷调查全覆盖。为缩小调研误差，实际问卷893份，有效问卷共计860份。

表4-1 问卷发放信息

所属州	村名	调研时间	问卷数（份）
海西州	德令哈市柯鲁柯镇希望村	2019.10	58
	德令哈市柯鲁柯镇平原村	2019.10	32
	格尔木市大格勒乡新庄村	2019.10	45
	诺木洪农场宗加镇农场一社区	2019.10	33
	诺木洪农场宗加镇农场一社区	2019.10	33

所属州	村名	调研时间	问卷数（份）
海南州	贵德县尕让乡阿言麦村	2020.11	45
	贵南县沙沟乡拉扎村	2020.11	30
海北州	门源县麻莲乡瓜拉村	2020.11	40
	门源县仙米乡龙浪村	2020.11	56
	祁连县扎麻什乡郭米村	2020.11	50
玉树州	囊谦县白扎乡东帕村	2018.08	34
	玉树市巴塘乡相古村	2018.08	40
	称多县拉布乡拉斯通村	2018.08	45
	治多县立新乡叶青村	2020.03	28
果洛州	甘德县下藏科乡江千村	2019.11	45
	甘德县下贡麻乡俄尔金村	2019.11	37
	玛沁县雪山乡阴柯河村	2020.03	43
	玛沁县下大武乡年扎村	2020.03	30
黄南州	同仁市隆务镇加查玛村	2019.07	48
	同仁市隆务镇上吾屯村	2019.07	36
	同仁市隆务镇下吾屯村	2019.07	40
	尖扎县昂拉乡德吉村	2019.07	45
			893

以下将从问卷的信效度、频率分析及相关性分析几个方面进行说明。

第一节　美丽乡村建设调查问卷信效度分析

一、乡村建设项目与精准扶贫现状问卷信效度分析

结果分析：对乡村建设项目与精准扶贫现状问卷53项题目做的信度分析结果显示，Alpha（α系数）α=0.961，大于0.9，说明该问卷信度很好。

表4-2　可靠性统计量

Cronbach's Alpha	项数
0.961	53

表4-3　ANOVA 以及 Tukey 的非可加性检验

			平方和	自由度	均方	F	显著性
人员之间			9 097.927	859	10.591		
人员内部	项之间		8 073.807	52	155.266	374.681	0.000
	残差	非可加性	628.631a	1	628.631	1 570.285	0.000
		平衡	17 881.524	44 667	0.400		
		总计	18 510.155	44 668	0.414		
	总计		26 583.962	44 720	0.594		
总计			35 681.890	45 579	0.783		

注：总均值＝4.14；要实现可加性＝－1.586，必须增加观测次数的 Tukey 幂估计。

二、精准扶贫现状问卷信度

结果分析：进一步，对精准扶贫现状问卷31项题目做的信度分析结果表4-5显示，Alpha（α系数）α＝0.919，大于0.9，说明该问卷信度很好。

表4-4　可靠性统计量

Cronbach's Alpha	项数
0.919	31

表4-5　ANOVA 以及 Tukey 的非可加性检验

			平方和	自由度	均方	F	显著性
人员之间			4 657.632	859	5.422		
人员内部	项之间		5 179.596	30	172.653	390.890	0.000
	残差	非可加性	308.445a	1	308.445	717.748	0.000
		平衡	11 073.959	25 769	0.430		
		总计	11 382.404	25 770	0.442		
	总计		16 562.000	25 800	0.642		
总计			21 219.632	26 659	0.796		

注：总均值＝4.14；要实现可加性＝－1.418，必须增加观测次数的 Tukey 幂估计。

三、乡村建设项目问卷信度分析

结果分析：进一步，对乡村建设项目现状问卷22项题目做的信度分析结果显示，Alpha（α系数）$\alpha=0.941$，大于0.9，说明该问卷信度很好。

表4-6 可靠性统计量

Cronbach's Alpha	项数
0.941	22

表4-7 ANOVA以及Tukey的非可加性检验

			平方和	自由度	均方	F	显著性
人员之间			5 163.368	859	6.011		
人员内部		项之间	2 894.139	21	137.816	388.164	0.000
	残差	非可加性	364.515a	1	364.515	1 088.566	0.000
		平衡	6 040.164	18 038	0.335		
		总计	6 404.679	18 039	0.355		
	总计		9 298.818	18 060	0.515		
总计			14 462.186	18 919	0.764		

注：总均值=4.14；要实现可加性=−1.812，必须增加观测次数的Tukey幂估计。

四、乡村建设项目与精准扶贫现状效度分析

1. KMO和Bartlett的检验

结果分析：表4-8为乡村建设项目与精准扶贫现状的KMO检验，KMO检验统计量，表明变量间的偏相关是否足够强。巴特利特球形检验则用于可判断相关矩阵是否是单位矩阵。巴特利特球形检验，可以看出它的P值是0.000，也就是说拒绝原假设，即变量之间具有较强的相关性。同时，KMO检验统计量为0.946，说明各个变量间信息的重叠度尚可，应当有可能很好得出较为满意的因子分析模型。

表4-8 KMO和Bartlett的检验

取样足够度的Kaiser-Meyer-Olkin度量		0.946
Bartlett的球形度检验	近似卡方	31 388.499
	自由度	1 378
	显著性	0.000

2.解释的总方差

结果分析：可以看出18个因子总共提取的信息量累计为78.286%，代表18个因子提取出总共53个分析项78.286%的信息量，大于0.5（50%），说明该指标较好。20.219表明的是第一个主成分的特征值是20.219，它携带了20.219个原始变量的信息。第一个主成分的方差占所有主成分方差的38.149%，前18个主成分的累计贡献率达到了78.286%，因此使用前18个主成分足以描述精准扶贫现状。

碎石图用于显示各因子的重要程度，它的横轴为因子的序号，纵轴表示特征值的大小，它将因子按特征值从大到小依次排列。考虑到主成分的累计贡献率的问题，提取了前18个因子。由主成分分析成分矩阵可见，这18个因子是有效的。

在主成分分析中，按列的方向将其解释为各主成分的系数。

在因子分析中，按行的方向进行解释，反映的是各因子在各个变量上的载荷，即各因子对各变量的影响度。

表4-9　解释总方差

成分	初始特征值			提取平方和载入		
	合计	方差的 %	累积 %	合计	方差的 %	累积 %
1	20.219	38.149	38.149	20.219	38.149	38.149
2	2.996	5.652	43.802	2.996	5.652	43.802
3	2.109	3.979	47.781	2.109	3.979	47.781
4	2.064	3.894	51.675	2.064	3.894	51.675
5	1.736	3.275	54.95	1.736	3.275	54.95
6	1.513	2.855	57.804	1.513	2.855	57.804
7	1.302	2.457	60.261	1.302	2.457	60.261
8	1.176	2.219	62.481	1.176	2.219	62.481
9	1.122	2.118	64.598	1.122	2.118	64.598
10	1.053	1.987	66.585	1.053	1.987	66.585
11	0.951	1.795	68.38	0.951	1.795	68.38

续表

成分	初始特征值			提取平方和载入		
	合计	方差的 %	累积 %	合计	方差的 %	累积 %
12	0.857	1.617	69.997	0.857	1.617	69.997
13	0.839	1.583	71.58	0.839	1.583	71.58
14	0.788	1.487	73.067	0.788	1.487	73.067
15	0.748	1.412	74.479	0.748	1.412	74.479
16	0.696	1.314	75.792	0.696	1.314	75.792
17	0.68	1.283	77.076	0.68	1.283	77.076
18	0.641	1.21	78.286	0.641	1.21	78.286

注：考虑到研究报告篇幅受限，部分数据省略；提取方法为主成分分析。

第二节　美丽乡村建设满意度问卷信效度分析

一、美丽乡村建设满意度问卷信度分析

结果分析：对美丽乡村建设满意度问卷20项题目做的信度分析结果表4-10显示，Alpha（α系数）$\alpha = 0.898$，处于$0.8 \sim 0.9$，说明该问卷信度很好。

表4-10　可靠性统计量

Cronbach's Alpha	基于标准化项的 Cronbach's Alpha	项数
0.898	0.899	20

整体问卷信度分析如下：

表4-11　可靠性统计量

Cronbach's Alpha	基于标准化项的 Cronbach's Alpha	项数
0.925	0.936	53

Cronbach's Alpha越接近于1，说明信度越高。

项与项之间相关性的差异，越小说明各项之间相互独立，各项互不影响。

表4-12 汇总统计

	均值	最小值	最大值	极差	最大值/最小值	方差	项数
项与项之间	0.217	−0.338	0.623	0.962	−1.842	0.015	53

表4-13 ANOVA 以及 Tukey 的非可加性检验

			平方和	自由度	均方	F	显著性
人员之间			5 163.368	859	6.011		
人员内部	项之间		2 894.139	21	137.816	388.164	0.000
	残差	非可加性	364.515a	1	364.515	1 088.566	0.000
		平衡	6 040.164	18 038	0.335		
		总计	6 404.679	18 039	0.355		
	合计		9 298.818	18 060	0.515		
总计			14 462.186	18 919	0.764		

注：总均值 = 4.14；要实现可加性 = −1.812，必须增加观测次数的 Tukey 幂估计。

总均值 = 4.33，项之间的方差检验 F = 329.044，P 为 0，说明通过 F 检验，项之间存在显著差异。综上所述，问卷的信度很好。

表4-14 ANOVA

		平方和	自由度	均方	F	显著性
Between People		3 119.320	617	5.056		
人员内部	项之间	6 522.334	52	125.430	329.044	0.000
	残差	12 230.232	32 084	0.381		
	总计	18 752.566	32 136	0.584		
总计		21 871.886	32 753	0.668		

二、美丽乡村满意度问卷的效度分析

1. KMO 和 Bartlett 的检验

结果分析：KMO 检验统计量表明变量间的偏相关是否足够强。巴特利特球形检验则用于可判断相关矩阵是否是单位矩阵。巴特利特球形检验，可以看出它的 P 值是 0.000，也就是说拒绝原假设，即变量之间具有较强的相关性。

同时 KMO 检验统计量为 0.934，说明各个变量间信息的重叠度尚可，应当有可能很好得出较为满意的因子分析模型。

表4-15 KMO 和 Bartlett 的检验

取样足够度的 Kaiser-Meyer-Olkin 度量		0.934
Bartlett 的球形度检验	近似卡方	9 096.378
	自由度	190
	显著性	0.000

碎石图用于显示各因子的重要程度，它的横轴为因子的序号，纵轴表示特征值的大小，它将因子按特征值从大到小依次排列。考虑到主成分的累计贡献率的问题，分析中提取了前 8 个因子。

2. 解释的总方差

结果分析：可以看出 8 个因子总共提取的信息量累计为 77.366%，代表 8 个因子提取出总共 20 个分析项 77.366% 的信息量，大于 0.5（50%），说明该指标较好。

表4-16 解释的总方差

成分	初始特征值			提取平方和载入			旋转平方和载入		
	合计	方差的 %	累积 %	合计	方差的 %	累积 %	合计	方差的 %	累积 %
1	8.800	43.999	43.999	8.800	43.999	43.999	4.640	23.200	23.200
2	1.352	6.762	50.761	1.352	6.762	50.761	2.111	10.553	33.753
3	1.308	6.540	57.300	1.308	6.540	57.300	1.881	9.403	43.156
4	1.102	5.512	62.813	1.102	5.512	62.813	1.538	7.692	50.848
5	0.839	4.197	67.010	0.839	4.197	67.010	1.437	7.184	58.032
6	0.730	3.648	70.658	0.730	3.648	70.658	1.362	6.811	64.842
7	0.688	3.440	74.098	0.688	3.440	74.098	1.266	6.329	71.171
8	0.654	3.268	77.366	0.654	3.268	77.366	1.239	6.194	77.366
9	0.584	2.922	80.287						
10	0.525	2.624	82.912						
11	0.497	2.483	85.395						

成分	初始特征值			提取平方和载入			旋转平方和载入		
	合计	方差的 %	累积 %	合计	方差的 %	累积 %	合计	方差的 %	累积 %
12	0.453	2.266	87.661						
13	0.406	2.031	89.691						
14	0.376	1.881	91.572						
15	0.341	1.706	93.278						
16	0.315	1.573	94.851						
17	0.291	1.455	96.306						
18	0.275	1.376	97.681						
19	0.246	1.228	98.909						
20	0.218	1.091	100.000						

注：提取方法为主成分分析。

从旋转后的载荷结果中可以看到，各个因子分布合理，第一个公因子在便民服务中心服务、幼儿园及九年义务教育、村庄规划、村庄农业发展服务、村庄的基础设施建设、乡风文明、村庄的社会治安、村委工作、村庄开展的文体活动、村庄的公共卫生、村庄的环境状况、本村农业产业发展程度等反映美丽乡村建设满意度上有较大的载荷。

第三节　调查问卷描述性统计分析

一、基本信息统计分析

调查样本的性别比例为：男性样本个数为376，占比43.72%；女性样本为484，占比56.28%。女性样本占比高于男性样本。

调查样本的年龄分布方面，"40~49岁"样本量最多，样本个数为332，占比38.60%；其次是"50~59岁"，样本数为284，占比33.02%；样本数最少的年龄段是"20~29岁"，样本数为56，占比仅为6.51%。

调查样本的民族分布方面，总样本中共包含6个不同民族，占比最大的民族是藏族，样本数量为315，占比36.63%；最少的两个民族是蒙古族、撒拉族数量，分别占比0.58%、0.12%。

调查样本的文化程度方面，文盲和小学学历样本数量较多，文化程度为文盲的样本数量为426，占比为49.53%，小学学历的样本个数和占比分别为298和34.65%；其次是初中学历，样本数为81，占比9.42%；扫盲班样本数为49，占比5.70%；高中或中专学历样本数为5，占比0.58%；大专及以上学历样本数最少，仅为1份，占比0.12%。

调查样本的家庭（户籍）人口数方面，5人及以上人口数的家庭样本最多，数量为414，占比48.14%；其次是家庭人口数为4人的样本，数量为205，占比23.84%。

调查样本的家庭类型方面，五保户家庭样本最少，数量为30份，占比3.49%；低保户家庭样本数量为64，占比7.44%；建档立卡贫困户家庭样本数量为127，占比14.77%；一般贫困户家庭样本数量为279，占比32.44%；除此之外，其他家庭类型的样本数量最多，为360份，占比41.86%。

表4-17　基本信息统计1

变量	选项	有效百分比	均值	标准差
性别	男	43.72%	1.56	0.496
	女	56.28%		
年龄	20 岁以下	6.86%	4.15	1.282
	20～29 岁	6.51%		
	30～39 岁	4.77%		
	40～49 岁	38.60%		
	50～59 岁	33.02%		
	60 岁及以上	10.24%		
民族	汉族	31.28%	2.15	1.037
	藏族	36.63%		
	回族	19.19%		

续表

变量	选项	有效百分比	均值	标准差
民族	土族	12.21%	2.15	1.037
	撒拉族	0.12%		
	蒙古族	0.58%		
文化程度	文盲	49.53%	2.06	1.135
	扫盲班	5.70%		
	小学学历	34.65%		
	初中学历	9.42%		
	高中或中专学历	0.58%		
	大专及以上学历	0.12%		
家庭（户籍）人口数	1 人	6.40%	4.02	1.201
	2 人	5.58%		
	3 人	16.05%		
	4 人	23.84%		
	5 人及以上	48.14%		
家庭类型	一般贫困户	32.44%	3.08	1.776
	建档立卡贫困户	14.77%		
	低保户	7.44%		
	五保户	3.49%		
	其他	41.76%		

调查样本的家庭收入来源方面，以种植业和工资收入为收入来源的家庭样本数量最多，分别为618和294；其次是畜牧业、个体私营经营、其他和制作手工艺品。

调查样本中，导致贫困或致富困难的最主要原因是缺资金，其次分别是缺技术、缺水、缺土地、其他、交通条件落后、因学、缺劳力和因病因残等原因。

表4-18 基本信息统计2

变量	子指标	描述赋值	均值	标准差
家庭收入来源	畜牧业		0.28	0.448
	种植业		0.72	0.45
	个体、私营经营		0.12	0.326
	工资收入		0.34	0.475
	制作手工艺品		0.03	0.171
	其他		0.04	0.198
导致贫困或致富困难的主要原因	因学	是 =1 否 =0	0.05	0.216
	因病因残		0.03	0.174
	因灾		0.00	0.048
	缺技术		0.14	0.351
	缺资金		0.39	0.488
	缺劳力		0.05	0.208
	缺土地		0.10	0.294
	缺水		0.10	0.299
	交通条件落后		0.06	0.243
	自身发展动力不足		0.02	0.147
	其他		0.08	0.264

二、精准扶贫政策实施情况统计分析

调查样本中，对于精准扶贫的知晓渠道方面，"村委会宣传"是最主要的渠道，其次分别是"亲戚朋友口口相传""电视、广播、网络等新闻媒体宣传""其他"和"政府公示文件"。

调查样本中，对于参加过的精准扶贫项目方面，选"其他"选项比例最多，样本数量是318份，其次分别是"整村推进""易地搬迁""就业培训""牲畜养殖""特色经济作物种植""医疗救助""电商扶贫试点""道路硬化""人畜饮水安全"和"村级扶贫互助社建设"；除此之外，"没有参加过"的样本数量为175份。整体来看，调查样本对于精准扶贫政策的了解程度较高。

表4-19　精准扶贫政策实施情况分析1

变量	子指标	描述赋值	均值	标准差
知晓渠道	政府公示文件		0.12	0.33
	村委会宣传		0.80	0.40
	亲戚朋友口口相传		0.21	0.41
	电视、广播、网络等新闻媒体宣传		0.16	0.37
	其他		0.13	0.33
参加过的精准扶贫项目	整村推进		0.24	0.43
	就业培训		0.21	0.41
	牲畜养殖		0.20	0.40
	特色经济作物种植		0.12	0.33
	旅游服务业扶持		0.02	0.15
	易地搬迁		0.23	0.42
	道路硬化	是=1	0.03	0.16
	医疗救助	否=0	0.05	0.23
	社会兜底		0.01	0.10
	人畜饮水安全		0.03	0.16
	村级扶贫互助社建设		0.02	0.14
	电商扶贫试点		0.05	0.21
	其他		0.37	0.48
	没有参加过		0.20	0.40
脱贫需求	改善住房条件		0.32	0.47
	提升工作能力与技能		0.17	0.37
	减轻子女读书压力		0.18	0.38
	更好的就医条件与政策		0.12	0.33
	国家兜底扶持		0.02	0.15
	有稳定工作		0.27	0.44
	其他		0.03	0.18

调查样本的脱贫需求方面，"改善住房条件"的样本是最多的，数量为228；其次分别为"有稳定工作""减轻子女读书压力""提升工作能力与技能""更好的就医条件与政策""其他"以及"国家兜底扶持"。

调查样本中，对精准扶贫政策的关注情况方面，"一般关注"的样本最多，数量为548份，占比63.72%；"基本不关注"的样本最少，数量仅为29，占比3.37%。整体来看，调查样本对于精准扶贫政策比较关注。

调查样本中，对精准扶贫政策的了解情况方面，"非常了解"的样本最多，数量为257份，占比29.88%；其次分别是"比较了解"的样本数量240，占比27.91%；"一般了解"的样本数为198，占比23.02%；"不太了解"的样本数为89，占比10.35%；"基本不了解"的样本最少，数量仅为76，占比8.84%。

表4-20 精准扶贫政策实施情况分析2

变量	描述赋值	均值	标准差
对精准扶贫政策的关注情况	基本不关注	2.96	0.86
	不太关注		
	一般关注		
	比较关注		
	非常关注		
对精准扶贫政策的了解情况	基本不了解	3.61	1.23
	不太了解		
	一般了解		
	比较了解		
	非常了解		
参与精准扶贫政策实施的积极性如何	不太积极	3.97	0.93
	一般积极		
	比较积极		
	非常积极		

调查样本中，对于参与精准扶贫政策实施的积极性方面，"非常积极"的样本最多，数量为310份，占比36.05%；其次分别是"比较积极"的样本，数量为260，占比30.23%；"一般积极"的样本数量为244，占比28.37%；"不太积极"的样本最少，数量为46份，占比仅为5.36%。整体来看，调查样本参与精准扶贫政策实施的积极性较高。

三、精准扶贫与乡村建设项目现状统计分析

（一）精准扶贫现状满意度分析

在教育扶贫维度满意度上，除了对"师范生公费教育"的满意程度在4以下，其余都在4.1以上。说明目前六州经过教育扶贫，基础教育投入收效明显。

在健康扶贫维度满意度上，各项满意度均在4.2以上，总体来说满意度很高。说明精准扶贫及脱贫攻坚后，六州医疗卫生投入加大，医疗救助体系不断完善。

在就业扶贫维度满意度上，除了对"企业就业推荐"的满意程度在4以下，其余各问题满意度均在4.1以上，说明精准扶贫期间的就业扶贫政策成效明显，下一阶段要在延续前期就业政策的基础上，继续加大六州就业技能培训，提供更多就业岗位。

在产业扶贫维度满意度上，除了对"政府牲畜养殖补助"的满意程度为3.95，其余各问题满意度均在4以上。说明今后需严格按牲畜养殖补助标准对牲畜养殖农民进行补贴，同时还可建立民主小组，借助社会力量加强对政府这一政策落实情况的监督，以提高农牧民收入。

关于生态扶贫维度满意度上，从表中可以看到各个问题满意度均在4以上。说明精准扶贫战略的实施为六州自然生态环境及乡村生态起到重要的保护作用。

关于乡村建设项目现状，在乡村建设项目投入、项目实施过程和项目产出过程这几个维度上，各问题的满意度均在4以上，可以看出目前乡村建设总体满意度较高。

表4-21　精准扶贫满意度

项目／满意度		均值	标准差
教育扶贫	政府学前教育资助	4.18	0.702
	"两免一补"	4.13	0.76
	国家助学贷款	4.21	0.703
	九年义务教育	4.40	0.68
	国家助学金	4.30	0.672
	师范生公费教育	3.93	0.783
健康扶贫	新农合医疗优惠	4.35	0.682
	门诊统筹报销	4.23	0.769
	农村医保政策	4.39	0.672
	大病医疗保险	4.42	0.748
	慢性病医疗救助	4.37	0.615
	建档立卡农村贫困人口"先诊疗后付费"和"一站式结算"	4.40	0.636
就业扶贫	农村公益专岗	4.34	0.779
	政府职业技能培训	4.25	0.786
	企业就业推荐	3.99	0.924
	贫困户自主创业，可申请小额担保贷款	4.14	0.79
	家人通过政府扶持获得稳定的本地就业机会	4.29	0.843
	因获得就业机会，家庭增收	4.29	0.83
产业扶贫	种植业补助	4.37	1.552
	产业扶贫项目实施	4.00	0.806
	政府牲畜养殖补助	3.95	0.877
	电商扶贫／建立贫困县村农村电子商务服务站点	4.08	0.809
	加大发展乡村旅游业或其他一、二、三产业现状	4.14	0.931
	村合作社经营	4.17	0.797
生态扶贫	退耕退牧还林还草补助政策	4.15	0.803
	聘用贫困户当生态护林员政策	4.43	0.637
	目前生态乡村建设程度	4.28	0.78
	重点公益林补偿政策	4.15	0.774
	青海三江源生态保护现状	4.17	0.909
	青海沙化土地禁封保护区建设工程	4.13	1.89

（二）美丽乡村建设村民满意度分析

美丽乡村建设村民满意度详见表4-22。

表4-22　描述性统计——美丽乡村建设村民满意度

变量	子指标	描述赋值	均值	标准差
村庄规划	村庄规划是否经过村民代表会议讨论、规划制定过程是否征求过你们的意见、规划图是否在村里公示等		3.98	0.826
乡风文明	生活习惯、生活方式、年轻人是否孝敬老人等		4.09	0.781
村委工作	村公共事务是否告诉过大家，对村干部调节群众纠纷等是否满意		4.09	0.806
美丽乡村建设总体	建设整体感受		2.08	0.756
村庄建设	基础设施及建设		4.05	0.778
	饮用水		4.10	0.713
	用电		4.22	0.572
	广电、通信信号	很不满意=1 不满意=2 基本满意=3 满意=4 非常满意=5	4.00	0.815
	农业水利设施		4.06	0.745
生态环境	公共卫生维护		4.04	0.768
	环境状况		3.87	0.802
经济发展	收入状况		3.67	0.864
	农产品质量		3.89	0.804
	农业产业发展		3.78	0.812
公共服务	医疗医保服务		3.85	0.799
	幼儿园及义务教育		4.07	0.690
	文体活动开展		3.97	0.724
	社会治安		4.12	0.704
	便民服务中心服务		4.02	0.824
	农业发展服务		3.98	0.793

村庄规划方面，满意度均值为3.98，总体满意度有待提高。

村庄建设方面，各项满意度均在4及以上，总体均值在4.1左右。

生态环境方面，环境状况满意度为3.87，今后仍需加强对环境综合治理工作的整改，继续加大如道路、上下水管网、垃圾处理等投入，改善环境总体质量。

在经济发展方面，总体满意度均值在 3.78 左右，表明现阶段乡村产业发展依然薄弱，村民收入来源及收入结构较单一，产业发展动力依然不足。

在公共服务方面，农民对"医疗医保服务""文化活动开展"以及"农业发展服务"满意度均在 4 以下，而这一维度总体满意度均值在 4 左右，满意度还有待提高。

在乡风文明和村委工作的满意度上，总体满意度均值均为 4.09。

乡村建设总体满意度均值在 2.08 左右，可以看出满意度偏低。

村民对美丽乡村建设项目投入、项目实施和项目产出等三方面的满意度评价如表 4-23。

表4-23 美丽乡村建设项目评价

项目 / 满意度		均值	标准差
乡村建设项目投入评价	乡村建设项目有明确的目标	4.21	0.743
	政府在乡村建设项目上做得十分细致	4.36	0.764
	政府在乡村建设项目上投入了大量的物力财力	4.10	0.729
	乡村建设项目建立了一事一议民主议事制度、村民大会、村民代表会	4.30	0.705
	乡村融资平台建设投入了大量的物力财力	4.14	0.819
	乡村建设项目投入透明化程度较高	4.10	0.752
乡村建设项目实施评价	村民能够按照民主议事程序广泛参与乡村建设	4.22	0.788
	在乡村建设过程中村委会和政府能严格按照规定使用资金	4.25	0.677
	在乡村建设过程中村委会和政府能严格按照程序规范操作	4.31	0.708
	在乡村建设过程中政府和村委会日常管理比较规范	4.25	0.805
	乡村建设项目建设过程管理能够按时、保质完工	4.26	0.671
	乡村环境综合治理规范	4.38	0.882
乡村建设项目产出评价	乡村建设取得了一定的社会效益	4.17	0.759
	乡村建设布局合理，能够因地制宜制定发展规划	4.22	0.737
	乡村建设的基础教育工作到位，奠定美丽乡村文化基础	4.25	0.835
	乡村建设整合了民族文化，能够突出涉藏地区鲜明文化特色	4.18	0.847
	乡村建设基础设施完善，能够注重乡村建设有形展示	4.13	0.853

项目 / 满意度		均值	标准差
乡村建设项目产出评价	乡村建设社区服务还有待加强，应抓好美丽乡村生活感受	4.23	0.832
	乡村文明治理状况得到了很大的改善	4.24	0.793
	乡村公共体育服务状况得到了很大的改善	4.12	0.822
乡建满意度	本村美丽乡村建设工作满意度总体分值	2.38	0.891

　　另外，关于"美丽乡村建设村民满意度"的调查结果中，男性样本对各项目的满意度均值普遍高于女性样本。对于各项目中满意度最高的问题，男性和女性样本对各项目间满意度的差异并不大，而满意度较低的情况也不一而同。"20岁以下"年龄段样本对各维度的满意度普遍较高，"20~29岁"年龄段样本满意度普遍较低。各年龄段样本间对不同维度的满意度差异较大。

第四节　精准扶贫与美丽乡村建设差异性分析

　　为了对问卷数据信息进行更清晰的分析提炼，以下将从性别与年龄两个角度对精准扶贫与美丽乡村建设进行差异性分析。

一、按性别对精准扶贫与美丽乡村建设差异性分析

　　按性别对本次调查问卷数据进行分析，总样本中男性样本的数量为376人，女性为484人，共收集有效问卷860份。

（一）精准扶贫差异性分析

　　1.教育扶贫。有关教育扶贫满意度调查中，男性样本满意度的均值为4.18，女性为4.2。教育扶贫的6个细分问题中，满意度最低的是"师范生公费教育"，分别为3.88和3.96。满意度最高的是"九年义务教育"，分别为4.39和4.42。

表4-24 描述性统计——教育扶贫

满意度/性别		男			女		
子指标	描述赋值	频率	百分比	均值	频率	百分比	均值
政府学前教育资助		1	0.27%	4.15	1	0.21%	4.21
		3	0.80%		4	0.83%	
		55	14.63%		60	12.40%	
		198	52.66%		248	51.24%	
		119	31.65%		171	35.33%	
"两免一补"		1	0.27%	4.09	1	0.21%	4.15
		3	0.80%		3	0.62%	
		73	19.41%		97	20.04%	
		182	48.40%		202	41.74%	
		117	31.12%		181	37.40%	
国家助学贷款	完全不满意=1 不满意=2 一般不满意=3 比较满意=4 完全满意=5	1	0.27%	4.26	0	0.00%	4.17
		1	0.27%		8	1.65%	
		43	11.44%		64	13.22%	
		184	48.94%		248	51.24%	
		147	39.10%		164	33.88%	
九年义务教育		2	0.53%	4.39	0	0.00%	4.42
		1	0.27%		3	0.62%	
		31	8.24%		40	8.26%	
		157	41.76%		194	40.08%	
		185	49.20%		247	51.03%	
国家助学金		1	0.27%	4.31	1	0.21%	4.29
		1	0.27%		8	1.65%	
		37	9.84%		127	26.24%	
		180	47.87%		221	45.66%	
		157	41.76%		127	26.24%	
师范生公费教育		1	0.27%	3.88	0	0.00%	3.96
		7	1.86%		2	0.41%	
		114	30.32%		50	10.33%	
		168	44.68%		180	37.19%	
		86	22.87%		252	52.07%	

2.健康扶贫。健康扶贫中，男性样本的满意度为4.295，女性为4.412。男性样本中对"大病医疗保险"的满意度最高，均值为4.39。满意度最低的是"门诊统筹报销"，均值为4.17。女性群体中，对"大病医疗保险""慢性病医疗救助"和"建档立卡农村贫困人口'先诊疗后付费'和'一站式结算'"3项政策的满意度最高，均为4.44，对"门诊统筹报销政策"的满意度相比较低，为4.27。

表4-25　描述性统计——健康扶贫

满意度/性别		男			女		
子指标	描述赋值	频率	百分比	均值	频率	百分比	均值
新农合医疗优惠		0	0.00%	4.27	1	0.21%	4.41
		2	0.53%		2	0.41%	
		40	10.64%		68	14.05%	
		187	49.73%		205	42.36%	
		147	39.10%		208	42.98%	
门诊统筹报销		0	0.00%	4.17	1	0.21%	4.27
		12	3.19%		2	0.41%	
		62	16.49%		68	14.05%	
	完全不满意=1	152	40.43%		205	42.36%	
	不满意=2	150	39.89%		208	42.98%	
农村医保政策	一般不满意=3	0	0.00%	4.3	1	0.21%	4.47
	比较满意=4	4	1.06%		1	0.21%	
	完全满意=5	46	12.23%		24	4.96%	
		161	42.82%		201	41.53%	
		165	43.88%		257	53.10%	
大病医疗保险		0	0.00%	4.39	1	0.21%	4.44
		2	0.53%		2	0.41%	
		56	14.89%		62	12.81%	
		111	29.52%		138	28.51%	
		207	55.05%		281	58.06%	

续表

满意度/性别		男			女		
子指标	描述赋值	频率	百分比	均值	频率	百分比	均值
慢性病医疗救助		0	0.00%		1	0.21%	
		2	0.53%		1	0.21%	
		30	7.98%	4.28	17	3.51%	4.44
	完全不满意=1	204	54.26%		229	47.31%	
	不满意=2	140	37.23%		236	48.76%	
建档立卡农村贫困人口"先诊疗后付费"和"一站式结算"	一般不满意=3 比较满意=4 完全满意=5	0	0.00%		0	0.00%	
		2	0.53%		2	0.41%	
		26	6.91%	4.36	32	6.61%	4.44
		182	48.40%		203	41.94%	
		166	44.15%		247	51.03%	

3. 就业扶贫。就业扶贫中,男性样本的满意度为4.175,女性样本为4.247。其中,男性样本对"农村公益专岗"和"家人通过政府扶持获得稳定的本地就业机会"的满意度最高,为4.28,对"企业就业推荐"的满意度最低,为3.93。女性样本中,对"农村公益专岗"的满意度最高为4.39,对"企业就业推荐"的满意度最低。

表4-26 描述性统计——就业扶贫

满意度/性别		男			女		
子指标	描述赋值	频率	百分比	均值	频率	百分比	均值
农村公益专岗		0	0.00%		0	0.00%	
		9	2.39%		4	0.83%	
		59	15.69%	4.28	66	13.64%	4.39
	完全不满意=1	126	33.51%		152	31.40%	
	不满意=2	182	48.40%		262	54.13%	
政府职业技能培训	一般不满意=3 比较满意=4 完全满意=5	0	0.00%		0	0.00%	
		10	2.66%		5	1.03%	
		71	18.88%	4.20	69	14.26%	4.29
		129	34.31%		191	39.46%	
		166	44.15%		219	45.25%	

满意度 / 性别		男			女		
子指标	描述赋值	频率	百分比	均值	频率	百分比	均值
企业就业推荐		1	0.27%	3.93	3	0.62%	4.03
		28	7.45%		18	3.72%	
		92	24.47%		118	24.38%	
		129	34.31%		167	34.50%	
		126	33.51%		178	36.78%	
贫困户自主创业，可申请小额担保贷款		2	0.53%	4.09	3	0.62%	4.17
		9	2.39%		0	0.00%	
	完全不满意 =1	66	17.55%		94	19.42%	
	不满意 =2	174	46.28%		203	41.94%	
	一般不满意 =3	125	33.24%		184	38.02%	
家人通过政府扶持获得稳定的本地就业机会	比较满意 =4 完全满意 =5	0	0.00%	4.28	0	0.00%	4.29
		28	7.45%		24	4.96%	
		22	5.85%		39	8.06%	
		142	37.77%		193	39.88%	
		184	48.94%		228	47.11%	
因获得就业机会，家庭增收		3	0.80%	4.27	0	0.00%	4.31
		19	5.05%		16	3.31%	
		37	9.84%		105	21.69%	
		131	34.84%		208	42.98%	
		186	49.47%		155	32.02%	

4. 产业扶贫。产业扶贫中，男性样本的满意度为 4.072，女性样本为 4.142。其中，男性和女性样本对"种植业补助"的满意度均最高，分别为 4.34 和 4.31，满意度最低的是"政府牲畜养殖补助"，分别为 3.9 和 4。

表4-27 描述性统计——产业扶贫

满意度/性别		男			女		
子指标	描述赋值	频率	百分比	均值	频率	百分比	均值
种植业补助		0	0.00%	4.34	0	0.00%	4.31
		4	1.06%		16	3.31%	
		54	14.36%		40	8.26%	
		128	34.04%		204	42.15%	
		190	50.53%		224	46.28%	
产业扶贫项目实施		0	0.00%	3.95	0	0.00%	4.04
		5	1.33%		16	3.31%	
		111	29.52%		105	21.69%	
		157	41.76%		208	42.98%	
		103	27.39%		155	32.02%	
政府牲畜养殖补助	完全不满意=1 不满意=2 一般不满意=3 比较满意=4 完全满意=5	3	0.80%	3.9	1	0.21%	4
		28	7.45%		28	5.79%	
		71	18.88%		88	18.18%	
		176	46.81%		221	45.66%	
		98	26.06%		146	30.17%	
电商扶贫/建立贫困县村农村电子商务服务站点		4	1.06%	4.01	4	0.83%	4.13
		3	0.80%		8	1.65%	
		90	23.94%		78	16.12%	
		166	44.15%		223	46.07%	
		113	30.05%		171	35.33%	
加大发展乡村旅游业或其他一、二、三产业现状		4	1.06%	4.12	4	0.83%	4.15
		27	7.18%		21	4.34%	
		49	13.03%		80	16.53%	
		137	36.44%		171	35.33%	
		159	42.29%		208	42.98%	
村合作社经营		0	0.00%	4.11	0	0.00%	4.22
		13	3.46%		7	1.45%	
		68	18.09%		84	17.36%	
		160	42.55%		190	39.26%	
		135	35.90%		203	41.94%	

5. 生态扶贫。生态扶贫中，男性样本的满意度均值为 4.214，女性样本为 4.394。其中，男性和女性样本均对"聘用贫困户生态护林员的政策"的满意度最高，分别为 4.44 和 4.43，对"青海沙化土地禁封保护区建设工程"的满意度最低，分别为 4.06 和 4.09。

表4-28　描述性统计——生态扶贫

满意度 / 性别		男			女		
子指标	描述赋值	频率	百分比	均值	频率	百分比	均值
退耕退牧还林还草补助政策		0	0.00%		0	0.00%	
		13	3.46%		9	1.86%	
		68	18.09%	4.13	87	17.98%	4.17
		151	40.16%		201	41.53%	
		144	38.30%		187	38.64%	
聘用贫困户当生态护林员政策		0	0.00%		0	0.00%	
		1	0.27%		1	0.21%	
		31	8.24%	4.44	32	6.61%	4.43
		146	38.83%		210	43.39%	
		198	52.66%		241	49.79%	
生态乡村建设程度	完全不满意 =1 不满意 =2 一般不满意 =3 比较满意 =4 完全满意 =5	5	1.33%		4	0.83%	
		2	0.53%		15	3.10%	
		37	9.84%	4.29	32	6.61%	4.28
		168	44.68%		222	45.87%	
		164	43.62%		211	43.60%	
重点公益林补偿政策		3	0.80%		1	0.21%	
		3	0.80%		4	0.83%	
		69	18.35%	4.11	88	18.18%	4.18
		174	46.28%		205	42.36%	
		127	33.78%		186	38.43%	
青海三江源生态保护现状		0	0.00%		0	0.00%	
		17	4.52%		34	7.02%	
		58	15.43%	4.17	82	16.94%	4.18
		146	38.83%		132	27.27%	
		155	41.22%		236	48.76%	

满意度 / 性别		男			女		
子指标	描述赋值	频率	百分比	均值	频率	百分比	均值
青海沙化土地禁封保护区建设工程	完全不满意=1	0	0.00%	4.06	0	0.00%	4.09
	不满意=2	1	0.27%		4	0.83%	
	一般不满意=3	113	30.05%		132	27.27%	
	比较满意=4	125	33.24%		164	33.88%	
	完全满意=5	137	36.44%		184	38.02%	

（二）美丽乡村建设差异性分析

1. 乡村建设项目投入。在考察乡村建设项目投入的 6 个问题中，男性样本满意度的均值为 4.18，女性样本为 4.21。其中，男性和女性样本均对"政府在乡村建设项目上做得十分细致"的满意度最高，分别为 4.33、4.38。男性样本对"政府在乡村建设项目上投入了大量的物力财力"的满意度最低，为 4.05，女性样本对"乡村建设项目投入透明化程度较高"的满意度最低，为 4.08。

表4-29　描述性统计——乡村建设项目投入

满意度 / 性别		男			女		
子指标	描述赋值	频率	百分比	均值	频率	百分比	均值
乡村建设项目有明确的目标	完全不满意=1 不满意=2 一般不满意=3 比较满意=4 完全满意=5	2	0.50%	4.14	0	0.00%	4.26
		6	1.60%		7	1.40%	
		59	15.70%		56	11.60%	
		178	47.30%		227	46.90%	
		131	34.80%		194	40.10%	
政府在乡村建设项目上做得十分细致		2	0.50%	4.33	3	0.60%	4.38
		5	1.30%		17	3.50%	
		33	8.80%		23	4.80%	
		164	43.60%		191	39.50%	
		172	45.70%		250	51.70%	

满意度 / 性别		男			女		
子指标	描述赋值	频率	百分比	均值	频率	百分比	均值
政府在乡村建设项目上投入了大量的物力财力		4	1.10%	4.05	1	0.20%	4.13
		7	1.90%		19	3.90%	
		48	12.80%		35	7.20%	
		223	59.30%		291	60.10%	
		94	25.00%		138	28.50%	
乡村建设项目建立了一事一议民主议事制度、村民大会、村民代表会		1	0.30%	4.32	0	0.00%	4.28
		7	1.90%		9	1.90%	
	完全不满意 =1	21	5.60%		49	10.10%	
	不满意 =2	189	50.30%		224	46.30%	
	一般不满意 =3	158	42.00%		202	41.70%	
乡村融资平台建设投入了大量的物力财力	比较满意 =4 完全满意 =5	5	1.30%	4.15	1	0.20%	4.13
		1	0.30%		19	3.90%	
		71	18.90%		35	7.20%	
		153	40.70%		291	60.10%	
		146	38.80%		138	28.50%	
乡村建设项目投入透明化程度较高		4	1.10%	4.13	5	1.00%	4.08
		5	1.30%		3	0.60%	
		56	14.90%		69	14.30%	
		185	49.20%		276	57.00%	
		126	33.50%		131	27.10%	

　　2. 乡村建设项目实施。在考察乡村建设项目实施的 6 个问题中，男性样本满意度的均值为 4.258，女性样本为 4.293。其中，男性和女性样本均对"乡村环境综合治理规范"的满意度最高，同为 4.38。男性样本对"村民能够按照民主议事程序广泛参与乡村建设"和"在乡村建设过程中政府和村委会日常管理比较规范"的满意度最低，为 4.16，女性样本对"乡村建设项目建设过程管理能够按时、保质完工"的满意度最低，为 4.24。

表4-30 描述性统计——乡村建设项目实施

满意度 / 性别		男			女		
子指标	描述赋值	频率	百分比	均值	频率	百分比	均值
村民能够按照民主议事程序广泛参与乡村建设		0	0.00%	4.16	0	0.00%	4.26
		16	4.26%		24	4.96%	
		40	10.64%		33	6.82%	
		186	49.47%		219	45.25%	
		134	35.64%		208	42.98%	
在乡村建设过程中村委会和政府能严格按照规定使用资金		0	0.00%	4.21	0	0.00%	4.28
		7	1.86%		8	1.65%	
		31	8.24%		38	7.85%	
		213	56.65%		251	51.86%	
		125	33.24%		187	38.64%	
在乡村建设过程中村委会和政府能严格按照程序规范操作		0	0.00%	4.35	0	0.00%	4.27
		7	1.86%		9	1.86%	
	完全不满意 =1	22	5.85%		54	11.16%	
	不满意 =2	179	47.61%		218	45.04%	
	一般不满意 =3	168	44.68%		203	41.94%	
在乡村建设过程中政府和村委会日常管理比较规范	比较满意 =4 完全满意 =5	3	0.80%	4.16	1	0.21%	4.33
		6	1.60%		8	1.65%	
		72	19.15%		59	12.19%	
		143	38.03%		179	36.98%	
		152	40.43%		237	48.97%	
乡村建设项目建设过程管理能够按时、保质完工		1	0.27%	4.28	0	0.00%	4.24
		5	1.33%		8	1.65%	
		26	6.91%		40	8.26%	
		199	52.93%		264	54.55%	
		145	38.56%		172	35.54%	
乡村环境综合治理规范		6	1.60%	4.38	7	1.45%	4.38
		18	4.79%		17	3.51%	
		22	5.85%		28	5.79%	
		112	29.79%		166	34.30%	
		218	57.98%		266	54.96%	

3. 乡村建设项目产出。在考察乡村建设项目产出的8个问题中，男性样本的满意度均值为4.194，女性样本为4.208。其中，男性样本对"乡村公共体育服务状况得到了很大的改善"的满意度最高，为4.36；对"乡村建设取得了一定的社会效益"满意度最低，为4.14。女性样本对"乡村文明治理状况得到了很大的改善"的满意度最高，为4.26；对"乡村建设基础设施完善，能够注重乡村建设有形展示"满意度最低，为4.10。

表4-31 描述性统计——乡村建设项目产出

满意度/性别		男			女		
子指标	描述赋值	频率	百分比	均值	频率	百分比	均值
乡村建设取得了一定的社会效益		0	0.00%	4.14	1	0.20%	4.19
		7	1.90%		8	1.70%	
		56	14.90%		81	16.70%	
		191	50.80%		204	42.10%	
		122	32.40%		190	39.30%	
乡村建设布局合理，能够因地制宜制定发展规划	完全不满意=1 不满意=2 一般不满意=3 比较满意=4 完全满意=5	4	1.10%	4.20	5	1.00%	4.23
		4	1.10%		5	1.00%	
		43	11.40%		37	7.60%	
		188	50.00%		264	54.50%	
		137	36.40%		173	35.70%	
乡村建设的基础教育工作到位，奠定美丽乡村文化基础		4	1.10%	4.25	7	1.40%	4.24
		11	2.90%		18	3.70%	
		35	9.30%		32	6.60%	
		164	43.60%		220	45.50%	
		162	43.10%		207	42.80%	
乡村建设整合了民族文化，能够突出涉藏地区鲜明文化特色		5	1.30%	4.17	5	1.00%	4.19
		8	2.10%		8	1.70%	
		46	12.20%		89	18.40%	
		175	46.50%		168	34.70%	
		142	37.80%		214	44.20%	

满意度 / 性别		男			女		
子指标	描述赋值	频率	百分比	均值	频率	百分比	均值
乡村建设基础设施完善，能够注重乡村建设有形展示		3	0.80%	4.16	7	1.40%	4.10
		13	3.50%		19	3.90%	
		41	10.90%		67	13.80%	
		181	48.10%		215	44.40%	
		138	36.70%		176	36.40%	
乡村建设社区服务还有待加强，应抓好美丽乡村生活感受	完全不满意 =1 不满意 =2 一般不满意 =3 比较满意 =4 完全满意 =5	5	1.30%	4.23	3	0.60%	4.22
		2	0.50%		11	2.30%	
		71	18.90%		64	13.20%	
		120	31.90%		203	41.90%	
		178	47.30%		203	41.90%	
乡村文明治理状况得到了很大的改善		2	0.50%	4.22	4	0.80%	4.26
		7	1.90%		18	3.70%	
		46	12.20%		34	7.00%	
		173	46.00%		220	45.50%	
		148	39.40%		208	43.00%	
乡村公共体育服务状况得到了很大的改善		1	0.30%	4.36	4	0.80%	4.24
		5	1.30%		16	3.30%	
		33	8.80%		27	5.60%	
		156	41.50%		252	52.10%	
		181	48.10%		185	38.20%	

二、按年龄对精准扶贫与美丽乡村建设差异性分析

按年龄对本次调查问卷数据进行分析，总样本中"20岁以下"的样本个数为59，"20~29岁"的样本个数为56，"30~39岁"的样本个数为41，"40~49岁"的样本个数为332，"50~59岁"为284，"60岁及以上"为88，共收集有效问卷860份。

（一）按年龄对精准扶贫差异性分析

教育扶贫满意度的调查中，"20岁以下"样本满意度的均值为4.297，"30~

39 岁"的样本满意度的均值为 3.827，"30～39 岁"样本满意度的均值为 3.718，"40～49 岁"样本满意度的均值为 4.305，"50～59 岁"样本满意度的均值为 4.292，"60 岁及以上"样本满意度的均值为 3.84。其中，各年龄段均对"九年义务教育"的满意度最高，分别为 4.44、4.57、4.32、4.41、4.39 和 4.33；"30～39 岁"样本对"两免一补"的满意度最低，为 3.22，其他各年龄段均对"师范生公费教育"的满意度最低，分别为 4.07、3.23、4.44、4.35 和 4.05。总体来看，"40～49 岁"和"50～59 岁"样本的满意度较高，"30～39 岁"样本满意度较低（见表 4-32）。

健康扶贫满意度的调查中，各年龄阶段样本满意度的均值分别为 4.485、4.022、4.188、4.442、4.422、4.045。"健康扶贫"细分的 6 个问题中，各年龄段间满意度的差异较大。总的来说，健康扶贫满意度的调查中，"20 岁以下"样本的满意度较高，"60 岁及以上"样本满意度较低（见表 4-33）。

就业扶贫满意度的调查中，各年龄阶段样本满意度的均值分别为 4.36、3.475、3.813、4.353、4.38、3.728。"就业扶贫"细分的 6 个问题中，各年龄段间满意度的差异较大，但对"企业就业推荐"的满意度均普遍较低。总的来说，就业扶贫满意度的调查中，"20 岁以下"和"50～59 岁"样本的满意度较高，"20～29 岁"样本满意度较低（见表 4-34）。

产业扶贫满意度的调查中，各年龄阶段样本满意度的均值分别为 4.213、3.247、3.68、4.27、4.3、3.59。"产业扶贫"细分的 6 个问题中，各年龄段间满意度的差异较大。总的来说，就业扶贫满意度的调查中，"50～59 岁"样本的满意度最高，"20～29 岁"样本满意度最低，分别为 4.3 和 3.247（见表 4-35）。

生态扶贫满意度的调查中，各年龄阶段样本满意度的均值分别为 4.312、3.323、3.663、4.37、4.412、3.725。总的来说，"50～59 岁"样本的满意度最高，"20～29 岁"样本满意度最低，分别为 4.412 和 3.323（见表 4-36）。

在"对本村美丽乡村建设项目总体满意度"的调查中，各年龄阶段的满意度均值分别为 1.69、2.82、1.59、1.76、1.76、2.11。总体满意度最高的年龄段样本为"30～39 岁"，满意度最低的年龄段样本为"20～29 岁"。

表4-32 描述性统计——教育扶贫 年龄分析

满意度/年龄		20岁以下			20~29岁			30~39岁			40~49岁			50~59岁			60岁及以上		
子指标	描述赋值	频率	百分比	均值	频率	百分比	均值	频率	百分比	均值	频率	百分比	均值	频率	百分比	均值	频率	百分比	均值
政府学前教育资助	完全不满意=1	0	0.00%		0	0.00%		0	0.00%		0	0.00%		0	0.00%		1	1.14%	
	不满意=2	1	1.69%		0	0.00%		0	0.00%		2	0.60%		2	0.70%		2	2.27%	
	一般不满意=3	3	5.08%	4.29	18	32.14%	3.80	13	32.50%	3.80	30	9.04%	4.27	25	8.80%	4.30	26	29.55%	3.83
	比较满意=4	33	55.93%		31	55.36%		19	47.50%		178	53.61%		144	50.70%		41	46.59%	
	完全满意=5	22	37.29%		7	12.50%		8	20.00%		122	36.75%		113	39.79%		18	20.45%	
"两免一补"	完全不满意=1	0	0.00%		0	0.00%		1	2.50%		0	0.00%		0	0.00%		1	1.14%	
	不满意=2	2	3.39%		0	0.00%		1	2.50%		2	0.60%		0	0.00%		1	1.14%	
	一般不满意=3	5	8.47%	4.22	23	41.07%	3.61	29	72.50%	3.22	36	10.84%	4.28	34	11.97%	4.34	43	48.86%	3.56
	比较满意=4	30	50.85%		32	57.14%		8	20.00%		161	48.49%		119	41.90%		34	38.64%	
	完全满意=5	22	37.29%		1	1.79%		2	5.00%		133	40.06%		131	46.13%		9	10.23%	
国家助学贷款	完全不满意=1	0	0.00%		0	0.00%		0	0.00%		0	0.00%		0	0.00%		1	1.14%	
	不满意=2	1	1.69%		0	0.00%		1	2.50%		5	1.51%		1	0.35%		1	1.14%	
	一般不满意=3	7	11.86%	4.42	20	35.71%	3.77	8	20.00%	3.85	27	8.13%	4.28	25	8.80%	4.30	20	22.73%	3.99
	比较满意=4	17	28.81%		29	51.79%		28	70.00%		171	51.51%		145	51.06%		42	47.73%	
	完全满意=5	34	57.63%		7	12.50%		4	10.00%		129	38.86%		113	39.79%		24	27.27%	

子指标	描述赋值	20岁以下 频率	20岁以下 百分比	20岁以下 均值	20~29岁 频率	20~29岁 百分比	20~29岁 均值	30~39岁 频率	30~39岁 百分比	30~39岁 均值	40~49岁 频率	40~49岁 百分比	40~49岁 均值	50~59岁 频率	50~59岁 百分比	50~59岁 均值	60岁及以上 频率	60岁及以上 百分比	60岁及以上 均值
九年义务教育	完全不满意=1	0	0.00%		0	0.00%		0	0.00%		0	0.00%		0	0.00%		2	2.27%	
	不满意=2	1	1.69%		0	0.00%		1	2.50%		0	0.00%		1	0.35%		1	1.14%	
	一般不满意=3	5	8.47%	4.44	2	3.57%	4.57	7	17.50%	4.32	25	7.53%	4.41	20	7.04%	4.39	12	13.64%	4.33
	比较满意=4	20	33.90%		20	35.71%		11	27.50%		147	44.28%		129	45.42%		24	27.27%	
	完全满意=5	33	55.93%		34	60.71%		22	55.00%		160	48.19%		134	47.18%		49	55.68%	
国家助学金	完全不满意=1	0	0.00%		0	0.00%		0	0.00%		0	0.00%		0	0.00%		1	1.14%	
	不满意=2	1	1.69%		0	0.00%		1	2.50%		2	0.60%		0	0.00%		1	1.14%	
	一般不满意=3	2	3.39%	4.34	14	25.00%	3.89	7	17.50%	3.85	14	4.22%	4.44	26	9.15%	4.35	20	22.73%	4.05
	比较满意=4	32	54.24%		34	60.71%		30	75.00%		153	46.08%		132	46.48%		37	42.05%	
	完全满意=5	24	40.68%		8	14.29%		3	7.50%		163	49.10%		126	44.37%		29	32.95%	
师范生公费教育	完全不满意=1	0	0.00%		0	0.00%		1	2.50%		0	0.00%		0	0.00%		1	1.14%	
	不满意=2	2	3.39%		2	3.57%		0	0.00%		5	1.51%		2	0.70%		4	4.55%	
	一般不满意=3	14	23.73%	4.07	40	71.43%	3.23	28	70.00%	3.27	47	14.16%	4.15	53	18.66%	4.07	59	67.05%	3.28
	比较满意=4	21	35.59%		13	23.21%		11	27.50%		174	52.41%		153	53.87%		17	19.32%	
	完全满意=5	22	37.29%		1	1.79%		1	2.50%		106	31.93%		76	26.76%		7	7.95%	

表4-33 描述性统计——健康扶贫 年龄分析

满意度/年龄 子指标	描述赋值	20岁以下			20~29岁			30~39岁			40~49岁			50~59岁			60岁及以上		
		频率	百分比	均值	频率	百分比	均值	频率	百分比	均值	频率	百分比	均值	频率	百分比	均值	频率	百分比	均值
新农合医疗优惠	完全不满意=1	0	0.00%	4.64	0	0.00%	3.95	0	0.00%	3.98	0	0.00%	4.48	0	0.00%	4.42	0	0.00%	4.36
	不满意=2	1	1.69%		0	0.00%		1	2.44%		0	0.00%		1	0.35%		1	1.14%	
	一般不满意=3	2	3.39%		17	30.36%		16	39.02%		30	9.04%		37	13.03%		19	21.59%	
	比较满意=4	14	23.73%		25	44.64%		7	17.07%		112	33.73%		88	30.99%		15	17.05%	
	完全满意=5	42	71.19%		14	25.00%		17	41.46%		190	57.23%		158	55.63%		53	60.23%	
门诊统筹报销	完全不满意=1	0	0.00%	4.07	0	0.00%	3.68	0	0.00%	3.90	0	0.00%	4.40	0	0.00%	4.33	0	0.00%	3.89
	不满意=2	1	1.69%		8	14.29%		0	0.00%		1	0.30%		2	0.70%		2	2.27%	
	一般不满意=3	17	28.81%		13	23.21%		9	21.95%		32	9.64%		34	11.97%		25	28.41%	
	比较满意=4	18	30.51%		24	42.86%		23	56.10%		133	40.06%		117	41.20%		42	47.73%	
	完全满意=5	23	38.98%		11	19.64%		8	19.51%		166	50.00%		131	46.13%		19	21.59%	
农村医保政策	完全不满意=1	0	0.00%	4.54	0	0.00%	3.98	0	0.00%	4.37	0	0.00%	4.49	0	0.00%	4.47	0	0.00%	3.94
	不满意=2	1	1.69%		0	0.00%		0	0.00%		0	0.00%		2	0.70%		2	2.27%	
	一般不满意=3	2	3.39%		15	26.79%		5	12.20%		8	2.41%		14	4.93%		26	29.55%	
	比较满意=4	20	33.90%		27	48.21%		12	29.27%		152	45.78%		116	40.85%		35	39.77%	
	完全满意=5	36	61.02%		14	25.00%		23	56.10%		172	51.81%		152	53.52%		25	28.41%	

142

满意度/年龄		20岁以下			20~29岁			30~39岁			40~49岁			50~59岁			60岁及以上		
子指标	描述赋值	频率	百分比	均值	频率	百分比	均值	频率	百分比	均值	频率	百分比	均值	频率	百分比	均值	频率	百分比	均值
大病医疗保险	完全不满意=1	0	0.00%	4.61	0	0.00%	4.05	1	2.44%	4.22	0	0.00%	4.48	0	0.00%	4.42	0	0.00%	4.36
	不满意=2	1	1.69%		0	0.00%		1	2.44%		0	0.00%		1	0.35%		1	1.14%	
	一般满意=3	1	1.69%		21	37.50%		10	24.39%		30	9.04%		37	13.03%		19	21.59%	
	比较满意=4	18	30.51%		11	19.64%		5	12.20%		112	33.73%		88	30.99%		15	17.05%	
	完全满意=5	39	66.10%		24	42.86%		24	58.54%		190	57.23%		158	55.63%		53	60.23%	
慢性病医疗救助	完全不满意=1	0	0.00%	4.47	0	0.00%	4.29	0	0.00%	4.56	0	0.00%	4.40	0	0.00%	4.38	0	0.00%	4.13
	不满意=2	1	1.69%		0	0.00%		0	0.00%		1	0.30%		0	0.00%		1	1.14%	
	一般满意=3	2	3.39%		2	3.57%		3	7.32%		9	2.71%		15	5.28%		16	18.18%	
	比较满意=4	24	40.68%		36	64.29%		8	19.51%		178	53.61%		145	51.06%		42	47.73%	
	完全满意=5	32	54.24%		18	32.14%		29	70.73%		144	43.37%		124	43.66%		29	32.95%	
建档立卡农村贫困人口"先诊疗后付费"和"一站式结算"	完全不满意=1	0	0.00%	4.58	0	0.00%	4.18	0	0.00%	4.10	0	0.00%	4.48	0	0.00%	4.48	0	0.00%	4.03
	不满意=2	0	0.00%		0	0.00%		2	4.88%		0	0.00%		1	0.35%		1	1.14%	
	一般满意=3	0	0.00%		0	0.00%		7	17.07%		11	3.31%		17	5.99%		14	15.91%	
	比较满意=4	25	42.37%		25	44.64%		17	41.46%		151	45.48%		110	38.73%		54	61.36%	
	完全满意=5	34	57.63%		34	60.71%		15	36.59%		170	51.20%		156	54.93%		19	21.59%	

143

表4-34 描述性统计——就业扶贫 年龄分析

满意度/年龄		20岁以下			20~29岁			30~39岁			40~49岁			50~59岁			60岁及以上		
子指标	描述赋值	频率	百分比	均值	频率	百分比	均值	频率	百分比	均值	频率	百分比	均值	频率	百分比	均值	频率	百分比	均值
农村公益专岗	完全不满意=1	0	0.00%	4.41	0	0.00%	3.86	0	0.00%	3.85	0	0.00%	4.48	0	0.00%	4.52	0	0.00%	3.73
	不满意=2	0	0.00%		2	3.57%		1	2.44%		2	0.60%		0	0.00%		8	9.09%	
	一般=3	4	6.78%		22	39.29%		17	41.46%		29	8.73%		28	9.86%		25	28.41%	
	比较满意=4	27	45.76%		14	25.00%		10	24.39%		108	32.53%		81	28.52%		38	43.18%	
	完全满意=5	28	47.46%		18	32.14%		13	31.71%		193	58.13%		175	61.62%		17	19.32%	
政府职业技能培训	完全不满意=1	0	0.00%	4.53	0	0.00%	3.63	0	0.00%	3.88	0	0.00%	4.35	0	0.00%	4.41	0	0.00%	3.75
	不满意=2	2	3.39%		2	3.57%		2	4.88%		2	0.60%		1	0.35%		8	9.09%	
	一般=3	5	8.47%		24	42.86%		9	21.95%		42	12.65%		31	10.92%		29	32.95%	
	比较满意=4	18	30.51%		23	41.07%		22	53.66%		127	38.25%		102	35.92%		28	31.82%	
	完全满意=5	36	61.02%		7	12.50%		8	19.51%		161	48.49%		150	52.82%		23	26.14%	
企业就业推荐	完全不满意=1	0	0.00%	4.27	0	0.00%	2.91	0	0.00%	3.22	1	0.30%	4.20	0	0.00%	4.20	1	1.14%	3.36
	不满意=2	2	3.39%		15	26.79%		4	9.76%		5	1.51%		8	2.82%		12	13.64%	
	一般=3	5	8.47%		31	55.36%		28	68.29%		56	16.87%		48	16.90%		42	47.73%	
	比较满意=4	27	45.76%		2	3.57%		5	12.20%		135	40.66%		107	37.68%		20	22.73%	
	完全满意=5	25	42.37%		6	10.71%		4	9.76%		135	40.66%		121	42.61%		13	14.77%	

满意度/年龄 子指标	描述赋值	20岁以下 频率	百分比	均值	20~29岁 频率	百分比	均值	30~39岁 频率	百分比	均值	40~49岁 频率	百分比	均值	50~59岁 频率	百分比	均值	60岁及以上 频率	百分比	均值
贫困户自主创业，可申请小额担保贷款	完全不满意=1	0	0.00%	4.10	1	1.79%	3.36	1	2.44%	3.78	2	0.60%	4.27	1	0.35%	4.34	1	1.14%	3.65
	不满意=2	0	0.00%		1	1.79%		1	2.44%		1	0.30%		1	0.35%		6	6.82%	
	一般不满意=3	11	18.64%		35	62.50%		35	85.37%		45	13.55%		32	11.27%		27	30.68%	
	比较满意=4	31	52.54%		15	26.79%		15	36.59%		141	42.47%		117	41.20%		43	48.86%	
	完全满意=5	17	28.81%		4	7.14%		4	9.76%		143	43.07%		133	46.83%		11	12.50%	
家人通过政府扶持获得稳定的本地就业机会	完全不满意=1	0	0.00%	4.31	0	0.00%	3.59	0	0.00%	4.2	0	0.00%	4.45	0	0.00%	4.35	0	0.00%	3.94
	不满意=2	2	3.39%		16	28.57%		1	2.44%		9	2.71%		11	3.87%		13	14.77%	
	一般不满意=3	4	6.78%		8	14.29%		9	21.95%		15	4.52%		12	4.23%		13	14.77%	
	比较满意=4	27	45.76%		15	26.79%		12	29.27%		126	37.95%		127	44.72%		28	31.82%	
	完全满意=5	26	44.07%		17	30.36%		19	46.34%		182	54.82%		134	47.18%		34	38.64%	
因获得就业机会，家庭增收	完全不满意=1	0	0.00%	4.54	1	1.79%	3.50	0	0.00%	3.95	1	0.30%	4.37	2	0.70%	4.46	0	0.00%	3.94
	不满意=2	0	0.00%		15	26.79%		1	2.44%		2	0.60%		0	0.00%		11	12.50%	
	一般不满意=3	6	10.17%		10	17.86%		14	34.15%		26	7.83%		25	8.80%		15	17.05%	
	比较满意=4	15	25.42%		15	26.79%		12	29.27%		146	43.98%		96	33.80%		30	34.09%	
	完全满意=5	38	64.41%		15	26.79%		14	34.15%		157	47.29%		161	56.69%		32	36.36%	

表4-35 描述性统计——产业扶贫 年龄分析

满意度/年龄		20岁以下			20~29岁			30~39岁			40~49岁			50~59岁			60岁及以上		
子指标	描述赋值	频率	百分比	均值	频率	百分比	均值	频率	百分比	均值	频率	百分比	均值	频率	百分比	均值	频率	百分比	均值
种植业补助	完全不满意=1	0	0.00%	4.58	0	0.00%	3.39	0	0.00%	4.17	0	0.00%	4.49	0	0.00%	4.44	0	0.00%	3.82
	不满意=2	0	0.00%		10	17.86%		1	2.44%		1	0.30%		3	1.06%		5	5.68%	
	一般不满意=3	3	5.08%		23	41.07%		5	12.20%		20	6.02%		13	4.58%		30	34.09%	
	比较满意=4	19	32.20%		14	25.00%		21	51.22%		125	37.65%		124	43.66%		29	32.95%	
	完全满意=5	37	62.71%		9	16.07%		14	34.15%		186	56.02%		144	50.70%		24	27.27%	
产业扶贫项目实施	完全不满意=1	0	0.00%	3.97	0	0.00%	3.20	0	0.00%	3.37	0	0.00%	4.12	0	0.00%	4.27	0	0.00%	3.50
	不满意=2	0	0.00%		10	17.86%		2	4.88%		2	0.60%		1	0.35%		6	6.82%	
	一般不满意=3	20	33.90%		29	51.79%		25	60.98%		64	19.28%		29	10.21%		49	55.68%	
	比较满意=4	21	35.59%		13	23.21%		11	26.83%		159	47.89%		145	51.06%		16	18.18%	
	完全满意=5	18	30.51%		4	7.14%		3	7.32%		107	32.23%		109	38.38%		17	19.32%	
政府性畜禽养殖补助	完全不满意=1	0	0.00%	4.27	1	1.79%	2.91	0	0.00%	3.15	1	0.30%	4.19	2	0.70%	4.15	0	0.00%	3.25
	不满意=2	2	3.39%		22	39.29%		2	4.88%		6	1.81%		4	1.41%		20	22.73%	
	一般不满意=3	4	6.78%		21	37.50%		32	78.05%		35	10.54%		31	10.92%		36	40.91%	
	比较满意=4	29	49.15%		5	8.93%		6	14.63%		177	53.31%		158	55.63%		22	25.00%	
	完全满意=5	24	40.68%		7	12.50%		1	2.44%		113	34.04%		89	31.34%		10	11.36%	

满意度/年龄		20岁以下			20~29岁			30~39岁			40~49岁			50~59岁			60岁及以上		
子指标	描述赋值	频率	百分比	均值	频率	百分比	均值	频率	百分比	均值	频率	百分比	均值	频率	百分比	均值	频率	百分比	均值
电商扶贫/建立贫困县村农村电子商务服务站点	完全不满意=1	0	0.00%	4.19	3	5.36%	3.57	0	0.00%	3.90	2	0.60%	4.13	2	0.70%	4.23	1	1.14%	3.78
	不满意=2	2	3.39%		0	0.00%		1	2.44%		5	1.51%		0	0.00%		3	3.41%	
	一般不满意=3	13	22.03%		26	46.43%		8	19.51%		55	16.57%		33	11.62%		33	37.50%	
	比较满意=4	16	27.12%		16	28.57%		26	63.41%		157	47.29%		146	51.41%		28	31.82%	
	完全满意=5	28	47.46%		11	19.64%		6	14.63%		113	34.04%		103	36.27%		23	26.14%	
加大发展乡村旅游业或其他一、二、三产业现状	完全不满意=1	0	0.00%	4.32	3	5.36%	3.00	0	0.00%	3.51	2	0.60%	4.33	2	0.70%	4.36	1	1.14%	3.61
	不满意=2	0	0.00%		21	37.50%		3	7.32%		2	0.60%		2	0.70%		20	22.73%	
	一般不满意=3	9	15.25%		15	26.79%		24	58.54%		38	11.45%		25	8.80%		18	20.45%	
	比较满意=4	22	37.29%		7	12.50%		4	9.76%		134	40.36%		119	41.90%		22	25.00%	
	完全满意=5	28	47.46%		10	17.86%		10	24.39%		156	46.99%		136	47.89%		27	30.68%	
村合作社经营	完全不满意=1	0	0.00%	3.95	0	0.00%	3.41	0	0.00%	3.98	0	0.00%	4.36	0	0.00%	4.35	0	0.00%	3.60
	不满意=2	0	0.00%		3	5.36%		2	4.88%		3	0.90%		2	0.70%		10	11.36%	
	一般不满意=3	23	38.98%		33	58.93%		11	26.83%		30	9.04%		26	9.15%		29	32.95%	
	比较满意=4	16	27.12%		14	25.00%		14	34.15%		145	43.67%		126	44.37%		35	39.77%	
	完全满意=5	20	33.90%		6	10.71%		14	34.15%		154	46.39%		130	45.77%		14	15.91%	

表4-36 描述性统计——生态扶贫 年龄分析

子指标	描述赋值	20岁以下			20~29岁			30~39岁			40~49岁			50~59岁			60岁及以上		
满意度/年龄		频率	百分比	均值	频率	百分比	均值	频率	百分比	均值	频率	百分比	均值	频率	百分比	均值	频率	百分比	均值
退耕退牧还林还草补助政策	完全不满意=1	0	0.00%	4.17	0	0.00%	3.30	0	0.00%	3.59	0	0.00%	4.32	0	0.00%	4.39	0	0.00%	3.57
	不满意=2	1	1.69%		4	7.14%		3	7.32%		5	1.51%		2	0.70%		7	7.95%	
	一般满意=3	10	16.95%		32	57.14%		17	41.46%		39	11.75%		17	5.99%		40	45.45%	
	比较满意=4	26	44.07%		19	33.93%		15	36.59%		134	40.36%		133	46.83%		25	28.41%	
	完全满意=5	22	37.29%		1	1.79%		6	14.63%		154	46.39%		132	46.48%		16	18.18%	
聘用贫困户当生态护林员政策	完全不满意=1	0	0.00%	4.58	0	0.00%	3.80	0	0.00%	4.56	0	0.00%	4.5	0	0.00%	4.51	0	0.00%	4.17
	不满意=2	0	0.00%		0	0.00%		0	0.00%		0	0.00%		2	0.70%		0	0.00%	
	一般满意=3	0	0.00%		24	42.86%		4	9.76%		4	1.20%		7	2.46%		24	27.27%	
	比较满意=4	25	42.37%		19	33.93%		10	24.39%		158	47.59%		119	41.90%		25	28.41%	
	完全满意=5	34	57.63%		13	23.21%		27	65.85%		170	51.20%		156	54.93%		39	44.32%	
目前生态乡村建设程度	完全不满意=1	0	0.00%	4.36	3	5.36%	3.34	0	0.00%	4.20	2	0.60%	4.42	2	0.70%	4.43	2	2.27%	3.90
	不满意=2	0	0.00%		8	14.29%		2	4.88%		1	0.30%		1	0.35%		5	5.68%	
	一般满意=3	3	5.08%		19	33.93%		7	17.07%		10	3.01%		8	2.82%		22	25.00%	
	比较满意=4	32	54.24%		19	33.93%		13	31.71%		161	48.49%		135	47.54%		30	34.09%	
	完全满意=5	24	40.68%		7	12.50%		19	46.34%		158	47.59%		138	48.59%		29	32.95%	

满意度/年龄		20岁以下			20~29岁			30~39岁			40~49岁			50~59岁			60岁及以上		
子指标	描述赋值	频率	百分比	均值	频率	百分比	均值	频率	百分比	均值	频率	百分比	均值	频率	百分比	均值	频率	百分比	均值
重点公益林补偿政策	完全不满意=1	0	0.00%	4.37	1	1.79%	3.34	0	0.00%	3.46	1	0.30%	4.32	2	0.70%	4.33	0	0.00%	3.64
	不满意=2	0	0.00%		2	3.57%		1	2.44%		1	0.30%		0	0.00%		3	3.41%	
	一般不满意=3	12	20.34%		33	58.93%		21	51.22%		32	9.64%		17	5.99%		42	47.73%	
	比较满意=4	13	22.03%		17	30.36%		18	43.90%		156	46.99%		148	52.11%		27	30.68%	
	完全满意=5	34	57.63%		3	5.36%		1	2.44%		142	42.77%		117	41.20%		16	18.18%	
青海三江源生态保护现状	完全不满意=1	0	0.00%	4.27	0	0.00%	3.09	0	0.00%	3.12	0	0.00%	4.36	0	0.00%	4.46	0	0.00%	3.63
	不满意=2	4	6.78%		15	26.79%		8	19.51%		7	2.11%		6	2.11%		11	12.50%	
	一般不满意=3	6	10.17%		21	37.50%		21	51.22%		39	11.75%		28	9.86%		25	28.41%	
	比较满意=4	19	32.20%		20	35.71%		11	26.83%		112	33.73%		78	27.46%		38	43.18%	
	完全满意=5	30	50.85%		0	0.00%		1	2.44%		174	52.41%		172	60.56%		14	15.91%	
青海沙化土地荒封保护建设工程	完全不满意=1	0	0.00%	4.12	0	0.00%	3.07	0	0.00%	3.05	0	0.00%	4.30	0	0.00%	4.35	0	0.00%	3.44
	不满意=2	0	0.00%		2	3.57%		2	4.88%		0	0.00%		0	0.00%		1	1.14%	
	一般不满意=3	15	25.42%		48	85.71%		36	87.80%		49	14.76%		39	13.73%		58	65.91%	
	比较满意=4	22	37.29%		6	10.71%		2	4.88%		133	40.06%		108	38.03%		18	20.45%	
	完全满意=5	22	37.29%		0	0.00%		1	2.44%		150	45.18%		137	48.24%		11	12.50%	

综上，有关"精准扶贫现状"的满意度调查结果中，"20岁以下"和"50~59岁"年龄段样本对各维度的满意度普遍较高，"20~29岁"年龄段样本满意度普遍较低。各年龄段样本间对不同维度的满意度差异较大。

（二）按年龄对美丽乡村建设差异性分析

（1）乡村建设项目投入。在考察乡村建设项目投入的方面，各年龄阶段样本满意度的均值分别为4.323、3.457、3.862、4.34、4.357、3.725。总的来说，"20岁以下"、"40~49岁"和"50~59岁"样本的满意度最高，"20~29岁"样本满意度最低（见表4-37）。

（2）乡村建设项目实施。在考察乡村建设项目实施的6个问题中，各年龄阶段样本满意度的均值分别为4.46、3.503、3.88、4.38、4.42、3.762。总的来说，"20岁以下"和"50~59岁"样本的满意度最高，"20~29岁"和"60岁及以上"样本满意度较低（见表4-38）。

（3）乡村建设项目产出。在考察乡村建设项目产出的9个问题中，各年龄阶段样本满意度的均值分别为4.39、3.299、3.713、4.379、4.382、3.647。总的来说，"20岁以下"和"50~59岁"样本的满意度最高，"20~29岁"和"60岁及以上"样本满意度较低（见表4-39）。

"对本村美丽乡村建设工作满意度总体分值"的调查中，各年龄阶段的满意度均值分别为2.37、2.82、1.68、2.45、2.39、2.13。总体满意度最高的年龄段样本为"30~39岁"，满意度最低的年龄段样本为"20~29岁"。

总的来说，"乡村建设项目现状"满意度的调查结果中，"20岁以下"和"50~59岁"年龄段样本对各维度的满意度普遍较高，"20~29岁"年龄段样本满意度普遍较低。各年龄段样本间对不同维度的满意度差异较大。

美丽乡村建设村民满意度评价中村庄规划、乡风文明、村委工作、村庄建设、生态环境、经济发展、公共服务等在前文进行了均值分析，以下不另做差异性分析。

表4-37 描述性统计——乡村建设项目投入 年龄分析

满意度/年龄 子指标	描述赋值	20岁以下			20~29岁			30~39岁			40~49岁			50~59岁			60岁及以上		
		频率	百分比	均值	频率	百分比	均值	频率	百分比	均值	频率	百分比	均值	频率	百分比	均值	频率	百分比	均值
乡村建设项目有明确的目标	完全不满意=1	0	0.00%	4.29	0	0.00%	3.45	0	0.00%	3.80	1	0.30%	4.34	0	0.00%	4.41	1	1.14%	3.66
	不满意=2	0	0.00%		4	7.14%		1	2.44%		3	0.90%		3	1.06%		2	2.27%	
	一般不满意=3	5	8.47%		28	50.00%		12	29.27%		18	5.42%		15	5.28%		37	42.05%	
	比较满意=4	32	54.24%		19	33.93%		22	53.66%		170	51.20%		128	45.07%		34	38.64%	
	完全满意=5	22	37.29%		5	8.93%		6	14.63%		140	42.17%		138	48.59%		14	15.91%	
政府在乡村建设项目上做得十分细致	完全不满意=1	0	0.00%	4.51	2	3.57%	3.45	0	0.00%	4.49	1	0.30%	4.45	0	0.00%	4.51	2	2.27%	3.93
	不满意=2	0	0.00%		9	16.07%		3	7.32%		2	0.60%		3	1.06%		5	5.68%	
	一般不满意=3	1	1.69%		20	35.71%		3	7.32%		9	2.71%		5	1.76%		18	20.45%	
	比较满意=4	27	45.76%		12	21.43%		6	14.63%		156	46.99%		119	41.90%		35	39.77%	
	完全满意=5	31	52.54%		13	23.21%		29	70.73%		164	49.40%		157	55.28%		28	31.82%	
政府在乡村建设项目上投入了大量的物力财力	完全不满意=1	0	0.00%	4.39	1	1.79%	3.43	0	0.00%	3.95	1	0.30%	4.22	2	0.70%	4.16	1	1.14%	3.72
	不满意=2	0	0.00%		10	17.86%		3	7.32%		2	0.60%		3	1.06%		8	9.09%	
	一般不满意=3	3	5.08%		15	26.79%		2	4.88%		21	6.33%		22	7.75%		20	22.73%	
	比较满意=4	30	50.85%		24	42.86%		30	73.17%		207	62.35%		178	62.68%		45	51.14%	
	完全满意=5	26	44.07%		6	10.71%		6	14.63%		101	30.42%		79	27.82%		14	15.91%	

满意度/年龄		20岁以下			20~29岁			30~39岁			40~49岁			50~59岁			60岁及以上		
子指标	描述赋值	频率	百分比	均值	频率	百分比	均值	频率	百分比	均值	频率	百分比	均值	频率	百分比	均值	频率	百分比	均值
乡村建设项目建立了一事一议民主议事制度、村民大会,村民代表会	完全不满意=1	0	0.00%		0	0.00%		0	0.00%		0	0.00%		0	0.00%		1	1.14%	
	不满意=2	1	1.69%		4	7.14%		2	4.88%		3	0.90%		4	1.41%		2	2.27%	
	一般不满意=3	3	5.08%	4.39	9	16.07%	3.89	12	29.27%	4.00	16	4.82%	4.43	8	2.82%	4.38	22	25.00%	3.85
	比较满意=4	27	45.76%		32	57.14%		11	26.83%		147	44.28%		149	52.46%		47	53.41%	
	完全满意=5	28	47.46%		11	19.64%		16	39.02%		166	50.00%		123	43.31%		16	18.18%	
乡村融资平台建设投入了大量的物力财力	完全不满意=1	0	0.00%		3	5.36%		1	2.44%		2	0.60%		2	0.70%		2	2.27%	
	不满意=2	0	0.00%		1	1.79%		1	2.44%		1	0.30%		1	0.35%		0	0.00%	
	一般不满意=3	5	8.47%	4.31	31	55.36%	3.29	24	58.54%	3.39	30	9.04%	4.31	29	10.21%	4.37	45	51.14%	3.58
	比较满意=4	31	52.54%		19	33.93%		11	26.83%		159	47.89%		111	39.08%		27	30.68%	
	完全满意=5	23	38.98%		2	3.57%		4	9.76%		140	42.17%		141	49.65%		14	15.91%	
乡村建设项目投入透明化程度较高	完全不满意=1	0	0.00%		2	3.57%		2	4.88%		2	0.60%		3	1.06%		0	0.00%	
	不满意=2	0	0.00%		2	3.57%		0	0.00%		2	0.60%		0	0.00%		4	4.55%	
	一般不满意=3	6	10.17%	4.05	35	62.50%	3.23	14	34.15%	3.54	16	4.82%	4.29	17	5.99%	4.31	37	42.05%	3.61
	比较满意=4	44	74.58%		15	26.79%		24	58.54%		191	57.53%		151	53.17%		36	40.91%	
	完全满意=5	9	15.25%		2	3.57%		1	2.44%		121	36.45%		113	39.79%		11	12.50%	

表4-38 描述性统计——乡村建设项目实施 年龄分析

满意度/年龄 子指标	描述赋值	20岁以下 频率	百分比	均值	20~29岁 频率	百分比	均值	30~39岁 频率	百分比	均值	40~49岁 频率	百分比	均值	50~59岁 频率	百分比	均值	60岁及以上 频率	百分比	均值
村民能够按照民主议事程序广泛参与乡村建设	完全不满意=1	0	0.00%	4.53	0	0.00%	3.54	0	0.00%	3.88	0	0.00%	4.37	0	0.00%	4.36	0	0.00%	3.65
	不满意=2	0	0.00%		10	17.86%		6	14.63%		5	1.51%		9	3.17%		10	11.36%	
	一般满意=3	3	5.08%		17	30.36%		4	9.76%		14	4.22%		10	3.52%		25	28.41%	
	比较满意=4	22	37.29%		23	41.07%		20	48.78%		167	50.30%		134	47.18%		39	44.32%	
	完全满意=5	34	57.63%		6	10.71%		11	26.83%		146	43.98%		131	46.13%		14	15.91%	
在乡村建设过程中村委会和政府能严格按照规定使用资金	完全不满意=1	0	0.00%	4.42	0	0.00%	3.59	0	0.00%	3.93	0	0.00%	4.39	0	0.00%	4.39	0	0.00%	3.69
	不满意=2	0	0.00%		4	7.14%		2	4.88%		3	0.90%		3	1.06%		3	3.41%	
	一般满意=3	3	5.08%		16	28.57%		3	7.32%		6	1.81%		11	3.87%		30	34.09%	
	比较满意=4	28	47.46%		35	62.50%		32	78.05%		182	54.82%		141	49.65%		46	52.27%	
	完全满意=5	28	47.46%		1	1.79%		4	9.76%		141	42.47%		129	45.42%		9	10.23%	
在乡村建设过程中村委会和政府能严格按照程序规范操作	完全不满意=1	0	0.00%	4.47	0	0.00%	3.64	0	0.00%	3.73	0	0.00%	4.39	0	0.00%	4.45	0	0.00%	4.08
	不满意=2	0	0.00%		4	7.14%		2	4.88%		4	1.20%		3	1.06%		3	3.41%	
	一般满意=3	6	10.17%		15	26.79%		12	29.27%		16	4.82%		14	4.93%		13	14.77%	
	比较满意=4	19	32.20%		34	60.71%		22	53.66%		158	47.59%		118	41.55%		46	52.27%	
	完全满意=5	34	57.63%		3	5.36%		5	12.20%		154	46.39%		149	52.46%		26	29.55%	

满意度/年龄		20岁以下			20~29岁			30~39岁			40~49岁			50~59岁			60岁及以上		
子指标	描述赋值	频率	百分比	均值	频率	百分比	均值	频率	百分比	均值	频率	百分比	均值	频率	百分比	均值	频率	百分比	均值
在乡村建设过程中政府和村委会日常管理比较规范	完全不满意=1	0	0.00%	4.34	1	1.79%	3.41	0	0.00%	3.98	1	0.30%	4.47	2	0.70%	4.4	0	0.00%	3.58
	不满意=2	0	0.00%		3	5.36%		2	4.88%		3	0.90%		2	0.70%		4	4.55%	
	一般不满意=3	8	13.56%		29	51.79%		12	29.27%		19	5.72%		22	7.75%		41	46.59%	
	比较满意=4	23	38.98%		18	32.14%		12	29.27%		126	37.95%		112	39.44%		31	35.23%	
	完全满意=5	28	47.46%		5	8.93%		15	36.59%		183	55.12%		146	51.41%		12	13.64%	
乡村建设项目建设过程管理能够按时、保质竣工	完全不满意=1	0	0.00%	4.37	0	0.00%	3.77	0	0.00%	3.83	0	0.00%	4.41	0	0.00%	4.38	1	1.14%	3.73
	不满意=2	0	0.00%		4	7.14%		2	4.88%		3	0.90%		3	1.06%		1	1.14%	
	一般不满意=3	0	0.00%		15	26.79%		6	14.63%		6	1.81%		13	4.58%		26	29.55%	
	比较满意=4	37	62.71%		27	48.21%		30	73.17%		175	52.71%		141	49.65%		53	60.23%	
	完全满意=5	22	37.29%		10	17.86%		3	7.32%		148	44.58%		127	44.72%		7	7.95%	
乡村环境综合治理规范	完全不满意=1	0	0.00%	4.63	4	7.14%	3.16	1	2.44%	3.93	3	0.90%	4.6	3	1.06%	4.54	2	2.27%	3.84
	不满意=2	0	0.00%		18	32.14%		3	7.32%		0	0.00%		0	0.00%		14	15.91%	
	一般不满意=3	3	5.08%		8	14.29%		4	9.76%		11	3.31%		14	4.93%		10	11.36%	
	比较满意=4	16	27.12%		17	30.36%		23	56.10%		99	29.82%		91	32.04%		32	36.36%	
	完全满意=5	40	67.80%		9	16.07%		10	24.39%		219	65.96%		176	61.97%		30	34.09%	

表4-39 描述性统计——乡村建设项目产出 年龄分析

变量	满意度/年龄 子指标	描述赋值	20岁以下 频率	百分比	均值	20~29岁 频率	百分比	均值	30~39岁 频率	百分比	均值	40~49岁 频率	百分比	均值	50~59岁 频率	百分比	均值	60岁及以上 频率	百分比	均值
乡村建设项目产出	您觉得目前乡村建设取得了一定的社会效益	完全不满意=1	0	0.00%	4.34	0	0.00%	3.34	1	2.44%	3.44	1	0.30%	4.29	0	0.00%	4.41	0	0.00%	3.66
		不满意=2	0	0.00%		4	7.14%		1	2.44%		3	0.90%		4	1.41%		3	3.41%	
		一般不满意=3	8	13.56%		30	53.57%		20	48.78%		32	9.64%		14	4.93%		33	37.50%	
		比较满意=4	23	38.98%		21	37.50%		17	41.46%		164	49.40%		127	44.72%		43	48.86%	
		完全满意=5	28	47.46%		1	1.79%		2	4.88%		133	40.06%		139	48.94%		9	10.23%	
	您觉得乡村建设布局合理、能够因地制宜地制定发展规划	完全不满意=1	0	0.00%	4.36	3	5.36%	3.38	1	2.44%	3.85	2	0.60%	4.4	2	0.70%	4.36	1	1.14%	3.68
		不满意=2	0	0.00%		1	1.79%		1	2.44%		2	0.60%		2	0.70%		3	3.41%	
		一般不满意=3	3	5.08%		27	48.21%		4	9.76%		10	3.01%		8	2.82%		28	31.82%	
		比较满意=4	32	54.24%		22	39.29%		32	78.05%		166	50.00%		153	53.87%		47	53.41%	
		完全满意=5	24	40.68%		3	5.36%		3	7.32%		152	45.78%		119	41.90%		9	10.23%	
	您觉得乡村建设的基础教育工作到位，奠定美丽乡村文化基础	完全不满意=1	0	0.00%	4.39	4	7.14%	3.27	2	4.88%	3.76	2	0.60%	4.43	3	1.06%	4.48	0	0.00%	3.57
		不满意=2	0	0.00%		12	21.43%		2	4.88%		0	0.00%		0	0.00%		15	17.05%	
		一般不满意=3	5	8.47%		12	21.43%		3	7.32%		19	5.72%		10	3.52%		18	20.45%	
		比较满意=4	26	44.07%		21	37.50%		31	75.61%		144	43.37%		117	41.20%		45	51.14%	
		完全满意=5	28	47.46%		7	12.50%		3	7.32%		167	50.30%		154	54.23%		10	11.36%	

155

变量	满意度/年龄 子指标	描述赋值	20岁以下 频率	百分比	均值	20~29岁 频率	百分比	均值	30~39岁 频率	百分比	均值	40~49岁 频率	百分比	均值	50~59岁 频率	百分比	均值	60岁及以上 频率	百分比	均值
乡村建设项目产出	您觉得乡村建设整合了民族文化，能够突出藏区鲜明文化特色	完全不满意=1	0	0.00%	4.32	3	5.36%	3.16	0	0.00%	3.78	3	0.90%	4.40	3	1.06%	4.32	1	1.14%	3.69
		不满意=2	0	0.00%		5	8.93%		2	4.88%		1	0.30%		0	0.00%		8	9.09%	
		一般=3	8	13.56%		32	57.14%		10	24.39%		28	8.43%		37	13.03%		20	22.73%	
		比较满意=4	24	40.68%		12	21.43%		24	58.54%		129	38.86%		107	37.68%		47	53.41%	
		完全满意=5	27	45.76%		4	7.14%		5	12.20%		171	51.51%		137	48.24%		12	13.64%	
	您觉得乡村建设基础设施完善，能够注重乡村建设有形项目产出展示	完全不满意=1	0	0.00%	4.27	3	5.36%	3.04	2	4.88%	3.66	2	0.60%	4.29	1	0.35%	4.36	2	2.27%	3.60
		不满意=2	0	0.00%		13	23.21%		2	4.88%		1	0.30%		2	0.70%		14	15.91%	
		一般=3	8	13.56%		28	50.00%		12	29.27%		29	8.73%		16	5.63%		15	17.05%	
		比较满意=4	27	45.76%		3	5.36%		17	41.46%		166	50.00%		140	49.30%		43	48.86%	
		完全满意=5	24	40.68%		9	16.07%		8	19.51%		134	40.36%		125	44.01%		14	15.91%	
	您觉得乡村社区建设服务还有待加强，应抓好美丽乡村生活感受	完全不满意=1	0	0.00%	4.32	1	1.79%	3.34	1	2.44%	3.61	2	0.60%	4.47	3	1.06%	4.41	1	1.14%	3.52
		不满意=2	0	0.00%		3	5.36%		2	4.88%		2	0.60%		0	0.00%		6	6.82%	
		一般=3	3	5.08%		32	57.14%		12	29.27%		25	7.53%		24	8.45%		39	44.32%	
		比较满意=4	34	57.63%		16	28.57%		23	56.10%		112	33.73%		108	38.03%		30	34.09%	
		完全满意=5	22	37.29%		4	7.14%		3	7.32%		191	57.53%		149	52.46%		12	13.64%	

变量	满意度/年龄（子指标）	描述赋值	20岁以下 频率	百分比	均值	20~29岁 频率	百分比	均值	30~39岁 频率	百分比	均值	40~49岁 频率	百分比	均值	50~59岁 频率	百分比	均值	60岁及以上 频率	百分比	均值
	您觉得目前乡村文明治理状况得到了很大的改善	完全不满意=1	0	0.00%	4.68	1	1.79%	3.43	2	4.88%	3.90	1	0.30%	4.37	1	0.35%	4.37	1	1.14%	3.74
		不满意=2	0	0.00%		10	17.86%		1	2.44%		4	1.20%		4	1.41%		6	6.82%	
		一般不满意=3	2	3.39%		20	35.71%		6	14.63%		18	5.42%		10	3.52%		24	27.27%	
		比较满意=4	15	25.42%		14	25.00%		22	53.66%		158	47.59%		143	50.35%		41	46.59%	
		完全满意=5	42	71.19%		11	19.64%		10	24.39%		151	45.48%		126	44.37%		16	18.18%	
	您觉得目前乡村公共体育服务状况得到了很大的改善	完全不满意=1	0	0.00%	4.41	1	1.79%	3.23	1	2.44%	3.44	2	0.60%	4.33	3	1.06%	4.33	0	0.00%	3.39
		不满意=2	1	1.69%		2	3.57%		2	4.88%		0	0.00%		0	0.00%		6	6.82%	
		一般不满意=3	6	10.17%		39	69.64%		18	43.90%		25	7.53%		30	10.56%		51	57.95%	
		比较满意=4	20	33.90%		11	19.64%		18	43.90%		166	50.00%		118	41.55%		22	25.00%	
		完全满意=5	32	54.24%		3	5.36%		2	4.88%		139	41.87%		133	46.83%		9	10.23%	
	您觉得目前乡村经济发展能够很好地促进美丽乡村建设	完全不满意=1	0	0.00%	4.42	1	1.79%	3.50	2	4.88%	3.98	1	0.30%	4.43	1	0.35%	4.40	0	0.00%	3.97
		不满意=2	0	0.00%		8	14.29%		1	2.44%		2	0.60%		4	1.41%		6	6.82%	
		一般不满意=3	1	1.69%		22	39.29%		2	4.88%		11	3.31%		9	3.17%		15	17.05%	
		比较满意=4	32	54.24%		12	21.43%		27	65.85%		157	47.29%		137	48.24%		43	48.86%	
		完全满意=5	26	44.07%		13	23.21%		9	21.95%		161	48.49%		133	46.83%		24	27.27%	

第五章　青海省六州地区美丽乡村评价

第一节　基本原理

美国著名运筹学家匹兹堡大学萨蒂（T. L. Saaty）教授于20世纪70年代提出AHP层次分析法，这是一种多目标决策的分析方法，其基本原理是根据问题性质和所要达到的总目标，将其分解为不同组成因素，按因素间相互影响及隶属关系，按不同层次聚合，形成一个多层次分析结构模型。层次分析法结合使用了定量分析与定性分析，在AHP赋值的基础上，运用模糊综合评判方法进行双权数模糊综合评价，合理地给出每个决策方案的每个标准的权数，利用权数求出各方案的优劣次序。通过AHP法可有效区分各因素重要程度，同时借助模糊数学理论可综合考虑相关因素对青海省六州重点调研个案村美丽乡村建设进行准确评价。

第二节　指标体系

本研究在对精准扶贫及乡村建设绩效影响因素和美丽乡村建设影响因素进行系统分析与合理综合的基础上，构建多级综合指标体系，针对精准扶贫及美丽乡村建设绩效设计的评估体系共3层，即目标层、准则层（8项指标）、指标层（51项指标）（图5-1）；针对美丽乡村建设满意度影响因素设计的评估体系共3层，即目标层、准则层（7项指标）、指标层（19项指标）（图5-2），该评价指标体系的建立是青海省美丽乡村建设评价的基础。

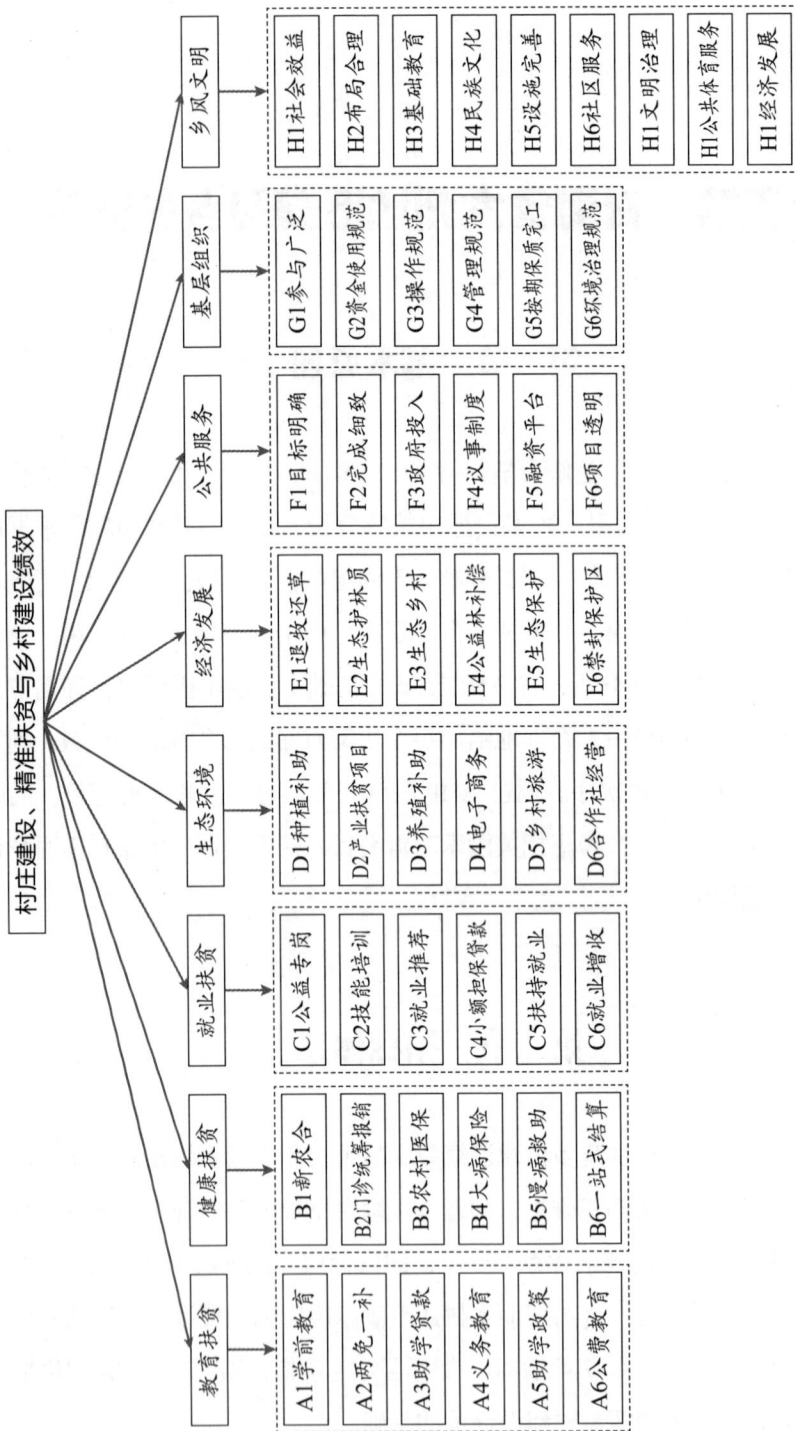

图5-1 精准扶贫及乡村建设绩效评估框架图

村庄建设、精准扶贫与乡村建设绩效

教育扶贫
- A1学前教育
- A2两免一补
- A3助学贷款
- A4义务教育
- A5助学政策
- A6公费教育

健康扶贫
- B1新农合
- B2门诊统筹报销
- B3农村医保
- B4大病保险
- B5慢病救助
- B6一站式结算

就业扶贫
- C1公益专岗
- C2技能培训
- C3就业推荐
- C4小额担保贷款
- C5扶持就业
- C6就业增收

生态环境
- D1种植补助
- D2产业扶贫项目
- D3养殖补助
- D4电子商务
- D5乡村旅游
- D6合作社经营

经济发展
- E1退收坡还草
- E2生态护林员
- E3生态乡村
- E4公益林补偿
- E5生态保护
- E6禁封保护区

公共服务
- F1目标明确
- F2完成细致
- F3政府投入
- F4议事制度
- F5融资平台
- F6项目透明

基层组织
- G1参与广泛
- G2资金使用规范
- G3操作规范
- G4管理规范
- G5按期保质完工
- G6环境治理规范

乡风文明
- H1社会效益
- H2布局合理
- H3基础教育
- H4民族文化
- H5设施完善
- H6社区服务
- H1文明治理
- H1公共体育服务
- H1经济发展

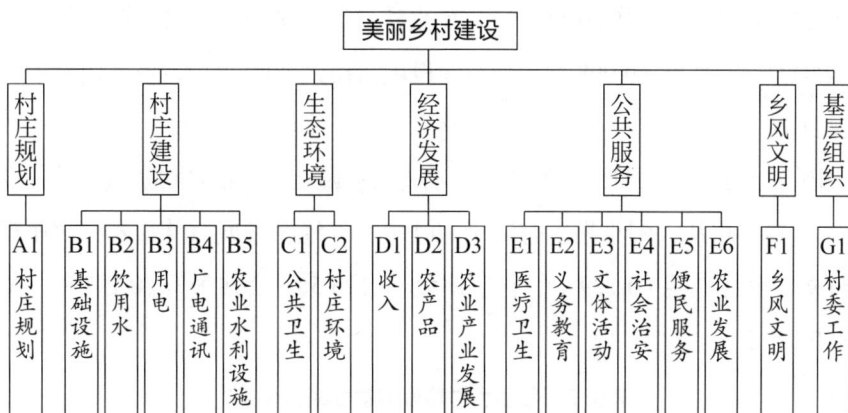

图5-2　美丽乡村建设评估框架图

第三节　指标权重的确定

在评价指标体系确定后，本研究采用 AHP 法评价指标因子的权重，采用专家调查法（德尔菲法）进行权重值调查。由于青海涉藏地区六州重点调研个案村所有调查数据已被整理成里克特量表数值，不同指标之间无须再进行标准化，评价过程所缺少的合理权重，经专家打分通过 AHP 得出权重，项目组邀请青海省住建厅村镇处，青海省扶贫局，青海省发改委，青海省农业农村厅，青海涉藏地区六州重点调研村所在县扶贫局及住建局，高校民族文化、乡村发展等相关专家 37 人，并向其发出调查问卷。回收答卷后，通过计算机处理进行层次单排序和层次总排序，得到各因素权重值（保留四位）（见表 5-1）。经一致性检验，CR ≤ 0.1，判断矩阵具有满意的一致性。

表5-1　精准扶贫与美丽乡村建设绩效赋值权重

变量	教育扶贫	健康扶贫	就业扶贫	产业扶贫	生态扶贫	乡村建设项目投入	乡村建设项目实施过程	乡村建设项目产出
权重	0.202 1	0.175 1	0.107 2	0.098 7	0.151 5	0.095 8	0.066 8	0.102 8

通过表 5-1 可以得到以下结论：影响青海涉藏地区乡村精准扶贫与乡村绩效评价的准则层因子，其权重从大到小依次是教育扶贫（0.202 1）、健康扶

贫（0.175 1）、生态扶贫（0.151 5）、就业扶贫（0.107 2）、乡村建设项目产出（0.102 8）、产业扶贫（0.098 7）、乡村建设项目投入（0.095 8）、乡村建设项目实施过程（0.066 8）。

通过表5-2可以得到以下结论：影响青海涉藏地区美丽乡村建设评价的准则层因子，其权重从大到小是生态环境（0.199 7）、经济发展（0.192 8）、村庄规划（0.141 9）、乡风文明（0.129 4）、村庄建设（0.125 5）、公共服务（0.107 3）、基层组织（0.103 3）。

表5-2　美丽乡村建设满意度赋值权重

变量	村庄规划	村庄建设	生态环境	经济发展	公共服务	乡风文明	基层组织
权重	0.141 9	0.125 5	0.199 7	0.192 8	0.107 3	0.129 4	0.103 3

第四节　评价过程与结果分析

一、评价过程

根据得到的各准则层权重和指标层权重，设 w_i 为第 i 项准则的权重值，x_{ij} 为第 i 项准则中第 j 个指标，w_{ij} 为第 i 项准则中第 j 个指标的权重，n 为第 i 项准则的指标数量，以此计算第 i 项准则的得分 r_i，利用如下表达式：

$$r_i = \sum_{j=1}^{N} \left(x_{ij} \times w_{ij} \right)$$

根据各项准则的得分和权重值，设 N 为准则的总数，可得出该份问卷的总分值 R：

$$R = \sum_{i=1}^{N} \left(r_i \times W_i \right)$$

通过对精准扶贫及乡村建设绩效，美丽乡村建设满意度问卷的合理分析，利用 AHP 层次法分别对 12 个重点调研个案村进行打分，得出 2 份问卷赋予权重的科学得分，再将 2 套问卷评分结果分别赋予 50% 权重加以综合，得出 12 个重点调研个案村的综合得分。根据各村综合得分得出评价排名如表5-3所示。

表5-3　重点调研个案村 AHP 分析排名

村名	问卷一评分	问卷二评分	加总	总排名
祁连县扎麻什乡郭米村	4.56	4.55	9.11	1
尖扎县昂拉乡德吉村	4.52	4.54	9.06	2
贵德县尕让乡阿言麦村	4.51	4.48	8.99	3
甘德县下藏科乡江千村	4.56	3.96	8.52	4
门源县麻莲乡瓜拉村	4.48	3.88	8.36	5
德令哈市柯鲁柯镇希望村	4.48	3.85	8.34	6
洛多县立新乡叶青村	4.48	3.84	8.33	7
格尔木市大格勒乡新庄村	4.54	3.69	8.23	8
玛沁县下大武乡年扎村	4.54	3.65	8.20	9
贵南县沙沟乡拉扎村	4.03	4.13	8.16	10
囊谦县白扎乡东帕村	3.60	3.62	7.23	11
同仁市隆务镇加查玛村	3.43	3.58	7.01	12

由综合得分情况表可以看出，祁连县扎麻什乡郭米村一套评分4.56，二套评分4.55，加总评分9.11，位列第1；尖扎县昂拉乡德吉村一套评分4.52，二套评分4.54，加总评分9.06，位列第2；贵德县尕让乡阿言麦村一套评分4.51，二套评分4.48，加总评分8.99，位列第3；甘德县下藏科乡江千村一套评分4.56，二套评分3.96，加总评分8.52，位列第4；门源县麻莲乡瓜拉村一套评分4.48，二套评分3.88，加总评分8.36，位列第5；德令哈市柯鲁柯镇希望村一套评分4.48，二套评分3.85，加总评分8.34，位列第6；治多县立新乡叶青村一套评分4.48，二套评分3.84，加总评分8.33，位列第7；格尔木市大格勒乡新庄村一套评分4.54，二套评分3.69，加总得分8.23，位列第8；玛沁县下大武乡年扎村一套评分4.54，二套评分3.65，加总评分8.20，，位列第9；贵南县沙沟乡拉扎村一套评分4.03，二套评分4.13，加总得分8.16，，位列第10；囊谦县白扎乡东帕村一套评分3.60，二套评分3.62，加总评分7.23，位列第11；同仁市隆务镇加查玛村一套评分3.43，二套评分3.58，加总评分7.01，位列第12。

二、评价结果分析

通过评分比对最终以评分分布为依据，将12个评价乡村分为3类，分别分为一类乡村第1至第3；二类乡村第4至第10；三类乡村第11至第12。

（一）一类乡村——"双高型"乡村评价

1. 祁连县扎麻什乡郭米村

祁连县扎麻什乡郭米村是典型的"双高型"乡村，问卷一评分4.56，问卷二评分4.55，双项高分且均衡，以9.11总分位列第1。针对该村得分展开分析如下。

首先，注重教育投入，着眼就业现实问题。

表5-4　郭米村精准扶贫与美丽乡村建设绩效评分

变量	教育扶贫	健康扶贫	就业扶贫	产业扶贫	生态扶贫	乡村建设项目投入	乡村建设项目实施过程	乡村建设项目产出	加权得分总计
评分	0.92	0.45	0.91	0.45	0.46	0.46	0.46	0.45	4.56

问卷一得分反映出该村在教育扶贫和就业扶贫的关键问题上投入最多，更是该村扶贫投入及建设支出的最大特点。不论是美丽乡村建设，还是下一步乡村振兴发展要求，教育都是乡村发展的重要支撑。包含生态教育在内的教育水平提升，为乡村提振人才竞争优势创造基础，也为下一步乡村产业发展、文化创新、生态保护及乡村组织效率的提升提供建设保障。

郭米村在重视基础教育的同时，也致力于解决好乡村建设现实问题，将乡村发展规划与解决乡村发展的实际问题紧密结合，有效提升了乡村规划的可行性与实施效果。今天的郭米村每位村民都不同程度地参与了生态管理，通过对村庄的合理建设规划，增设了各类既有助于乡村发展又解决村民就业的公益性岗位，设岗帮扶，使得每位村民都通过从事生态产业或公益性岗位就业有了自己的稳定收入，并通过投身岗位积极贡献，聚力凝心建设自己的家乡，成就了一道美丽的风景线。

其次，坚持生态与经济共发展。

由表5-5所示郭米村问卷二得分情况可清晰得知，该村生态环境得分及经济发展得分很高，占据总分构成情况的大部分，说明该村注重生态环境建设的同时着力激发经济发展活力。据了解该村于2018年展开改革试点工作，该村大力深化祁连山国家公园青海片区"村两委+"试点工作，以村委会、村支部为依托，结合国家公园体制试点工作安排，深挖力促"村两委"在生态保护、组织动员、党员引领等方面的工作潜力。

表5-5　郭米村美丽乡村建设满意度评分

变量	村庄规划	村庄建设	生态环境	经济发展	公共服务	乡风文明	基层组织	加权得分总计
评分	0.64	0.57	0.92	0.88	0.47	0.60	0.47	4.55

全民参与生态保护已成为该村建设的常态。随着生态保护工作的深化，牧草增加，饲草收入提高，生态环境不断优化，旅游环境持续向好，郭米村逐渐建立并产生了富有潜力的乡村品牌效应，特色产品、特色名宿也为当地经济发展作出了贡献。由此可见，该村的美丽乡村品牌建设特点是将生态保护建设与经济建设并举、互为反馈，在巩固现有生态环境的条件下依托生态环境建设，产生经济发展效益。

2. 尖扎县昂拉乡德吉村

尖扎县昂拉乡德吉村是典型的"双高型"乡村，问卷一评分4.52，问卷二评分4.54，双项高分且均衡，以9.06总分位列第2。针对该村得分展开分析如下。

首先，加快教育水平提升，促进就业提升。

表5-6　德吉村精准扶贫与美丽乡村建设绩效评分

变量	教育扶贫	健康扶贫	就业扶贫	产业扶贫	生态扶贫	乡村建设项目投入	乡村建设项目实施过程	乡村建设项目产出	加权得分总计评分
评分	0.92	0.45	0.91	0.45	0.44	0.46	0.44	0.45	4.52

问卷一得分可以看出德吉村在教育、就业方面投入比重大，德吉村教育优先观念已清晰突出，这为该村美丽乡村建设和绿色循环经济发展提供良好的人才支持。同时在现有乡村旅游产品基础上，不断充实丰富特色乡村旅游产品项目。围绕生态管护、旅游开发、产业扶持，在各领域积极开发就业岗位，以满

足村民就业需求。

德吉村充分借力党的精准扶贫政策和自身旅游资源，打造了生态环境稳提升、旅游资源自发掘的美丽乡村建设路径。

其次，主抓生态建设，成就经济发展。

表5-7　德吉村美丽乡村建设满意度评分

变量	村庄规划	村庄建设	生态环境	经济发展	公共服务	乡风文明	基层组织	加权得分总计
评分	0.62	0.57	0.91	0.89	0.47	0.60	0.48	4.54

尖扎县昂拉乡德吉村属于"双高型"乡村，由问卷一得分构成情况可以看出德吉村注重生态环境建设与经济发展并行。该村实地调研中发现，德吉村现址原是黄河边的贫瘠滩涂地，通过精准扶贫易地搬迁对滩涂地进行了有效的生态环境建设规划及乡村发展规划。规划因地制宜，依托黄河水利资源优势，让滩涂荒坡变成了绿洲，并重点打造发展乡村旅游产业，吸引了周边大量游客。乡村旅游产业在带动本村产业快速发展的同时也进一步助推了德吉村文化、组织、人才等整体发展。今天的德吉村已初步探索出以生态优势推进生态建设并带动乡村产业发展的有效模式，全村已步入乡村良性发展循环。

3. 贵德县尕让乡阿言麦村

贵德县尕让乡阿言麦村是典型的"双高型"乡村，问卷一评分4.51，问卷二评分4.48，双项高分且均衡，以8.99总分位列第3。针对该村得分展开分析如下。

首先，上下齐心共创业，带动就业重教育。

表5-8　精准扶贫与美丽乡村建设绩效评分

变量	教育扶贫	健康扶贫	就业扶贫	产业扶贫	生态扶贫	乡村建设项目投入	乡村建设项目实施过程	乡村建设项目产出	加权得分总计
评分	0.88	0.45	0.91	0.44	0.46	0.45	0.46	0.46	4.51

由问卷一得分可以明显得出，阿言麦村重教育、重就业。在以"焜锅馍馍"为代表的特色产品创业背景下，县、乡、村干部与村民齐心协力，统一购买馍馍烧制模具，动员村民尤其是妇女劳动力，实现了村民居家就业，促进了"焜锅"产业的蓬勃发展，有效提升了全村整体就业扶贫效果。同时注重教育，

加大教育资源投入，提升教育帮扶力度，阿言麦村村民通过发展"焜锅馍馍"，深刻体会到"先进思路"与"知识素养"对于美丽乡村建设与乡村振兴发展的重要性，加大教育投入力度，也正是为了保证乡村的长期快速发展，该村已初步实现了教育提素质、素质拓思路、思路带发展的乡村发展循环机制。

其次，创新产业思路，做强特色产品。

表5-9　阿言麦村美丽乡村建设满意度评分

变量	村庄规划	村庄建设	生态环境	经济发展	公共服务	乡风文明	基层组织	加权得分总计
评分	0.64	0.56	0.90	0.85	0.46	0.59	0.48	4.48

贵德县尕让乡阿言麦村是典型的"思路创新"型乡村，该村通过生态改革，调整生产思路，改善生态环境，开垦荒地，转变种植思路，重点种植油菜籽，在土地环境得到改善的同时，农民土地种植收入更是翻了一番。同时，为打造阿言麦村特色产业，该村认真梳理资源存量、理清思路，大力发展原料与手工加工均本土化的原汁原味的"焜锅馍馍"产业，高标准、严要求把控馍馍质量，逐渐将"焜锅"产业做大做强，不仅凝练出自身乡村品牌特色优势，更是将本村的"走出去"落于实处，既扩大了市场，又增强了乡村经济发展水平与竞争力。

（二）二类分析——"失衡型"乡村评价

1.甘德县下藏科乡江千村

甘德县下藏科乡江千村是典型的"发展不平衡"乡村，问卷一评分4.56，问卷二评分3.96，问卷一评分优势显著，问卷二评分较低，以8.52总分位列第4。针对该村得分展开分析如下。

首先，扶贫效果显著，教育就业并行。

表5-10　江千村精准扶贫与美丽乡村建设绩效评分

变量	教育扶贫	健康扶贫	就业扶贫	产业扶贫	生态扶贫	乡村建设项目投入	乡村建设项目实施过程	乡村建设项目产出	加权得分总计
评分	0.92	0.45	0.91	0.45	0.46	0.46	0.46	0.45	4.56

问卷一得分上，甘德县下藏科乡江千村总体优势不明显，其余指标无突出项，整体发展活力较低，而通过问卷二得分情况可知，该村重视教育，教育扶

贫工作深入展开且效果较好，同时甘德县下藏科乡江千村重视就业，积极展开失业人群或无业人群设岗帮扶，取得了较好效果。

其次，注重生态经济，乡村均衡发展。

表5-11 江千村美丽乡村建设满意度评分

变量	村庄规划	村庄建设	生态环境	经济发展	公共服务	乡风文明	基层组织	加权得分总计
评分	0.56	0.52	0.77	0.74	0.42	0.53	0.42	3.96

通过问卷二得分可知该村较为突出的为生态发展和经济发展得分，但较于"双高型"乡村而言，优势较弱，且其余各项指标得分0.5左右，虽较为均衡，但无特色优势，显示出较低的发展活力。

2.门源县麻莲乡瓜拉村

门源县麻莲乡瓜拉村是典型的"侧重型"乡村，一套评分4.48，二套评分3.88，问卷一评分优势显著，问卷二评分较低，以总分8.36位列第5。针对该村得分展开分析如下。

首先，保证就业扶贫，促进教育发展。

表5-12 瓜拉村精准扶贫与美丽乡村建设绩效评分

变量	教育扶贫	健康扶贫	就业扶贫	产业扶贫	生态扶贫	乡村建设项目投入	乡村建设项目实施过程	乡村建设项目产出	加权得分总计
评分	0.88	0.45	0.91	0.44	0.46	0.44	0.45	0.45	4.48

门源县麻莲乡瓜拉村特色手工艺——农家手工布鞋一直是该村文化名片，通过布鞋销售与乡村特色产品品牌建设，吸引了妇女劳动力从事手工加工生产，这也有效提升了该村解决就业，提高就业扶贫的效果。

其次，重视村庄生态，带动有序发展。

表5-13 瓜拉村美丽乡村建设满意度评分

变量	村庄规划	村庄建设	生态环境	经济发展	公共服务	乡风文明	基层组织	加权得分总计
评分	0.57	0.50	0.79	0.67	0.41	0.52	0.42	3.88

由问卷二得分可以看出，门源县麻莲乡瓜拉村的生态环境分值为0.79，

属于较高分数，虽整体建设分数均衡，但无突出亮点。同时，该村经济发展0.67，与同批评价乡村相比优势不明显，因此该村整体发展协调，但缺乏发展活力。

3. 德令哈市柯鲁柯镇希望村、洛多县立新乡叶青村、格尔木市大格勒乡新庄村、玛沁县下达武乡年扎村

德令哈市柯鲁柯镇希望村、洛多县立新乡叶青村、格尔木市大格勒乡新庄村、玛沁县下达武乡年扎村是典型的"发展不平衡"乡村，由于这4个村评分相近，故进行统一分析。德令哈市柯鲁柯镇希望村问卷一评分4.48，问卷二评分3.85，问卷一评分优势显著，问卷二评分较低，以总分8.34位列第6。治多县立新乡叶青村问卷一评分4.48，问卷二评分3.84，以总分8.33位列第7。格尔木市大格勒乡新庄村问卷一评分4.54，问卷二评分3.69，以总分8.23位列第8。玛沁县下达武乡年扎村问卷一评分4.54，问卷二评分3.65，以总分8.20位列第9。

首先，重点领域扶贫，均衡发展建设。

表5-14　四村精准扶贫与美丽乡村建设绩效评分

村名	教育扶贫	健康扶贫	就业扶贫	产业扶贫	生态扶贫	乡村建设项目投入	乡村建设项目实施过程	乡村建设项目产出	加权得分总计
希望村	0.89	0.45	0.91	0.44	0.46	0.44	0.45	0.44	4.48
叶青村	0.88	0.45	0.91	0.44	0.46	0.44	0.45	0.45	4.48
新庄村	0.89	0.45	0.92	0.45	0.46	0.45	0.46	0.46	4.54
年扎村	0.89	0.45	0.92	0.45	0.46	0.45	0.46	0.46	4.54

根据问卷一评分，4个村发展相似度高，即教育扶贫与就业扶贫工作效果质量优，效果突出，群众反映良好，乡村建设类指标分数虽均衡但普遍较低，无特色或突出项目，对乡村整体的投入产出、环境打造以及产业布局未能起到明显带动影响，但这4个村通过加大教育扶贫，培养人才，提高村民的科学文化素养，为下一步乡村振兴建设打下基础，同时着眼于乡村现实就业问题，开发劳动力，设岗帮扶，使得村民有了稳定收入，从根本上解决了贫困劳动力就

业问题。

其次，整体评分均衡，生态经济突出。

表5-15　四村美丽乡村建设满意度评分

村名	村庄规划	村庄建设	生态环境	经济发展	公共服务	乡风文明	基层组织	加权得分总计
希望村	0.57	0.50	0.79	0.65	0.41	0.52	0.41	3.85
叶青村	0.57	0.50	0.78	0.66	0.40	0.52	0.41	3.84
新庄村	0.53	0.49	0.72	0.66	0.40	0.49	0.41	3.69
年扎村	0.51	0.49	0.71	0.66	0.40	0.48	0.40	3.65

由问卷二评分可以得出希望村、叶青村村庄规划、生态环境优于新庄村和年扎村，这也正是新庄村和年扎村在问卷一评分中低于前两者的主要原因，在村庄建设、经济发展、公共服务、基层组织层面四村相近，但对于四个村而言，虽然各项评分均衡，但都偏低，尤以基层组织和乡风文明为主，虽生态环境、经济发展两项指标得分较高，但同"双高"乡村相比，优势反成劣势，未能体现四个村发展的核心竞争力以及振兴路径，特色不鲜明，支柱产业不清晰。

4.贵南县沙沟乡拉扎村

贵南县沙沟乡拉扎村并非典型的"失衡型"乡村，问卷一评分4.03，问卷二评分4.13，问卷一评分显著偏低，但问卷二评分同位列4~9名乡村相比较高，以总分8.16位列第10，为特殊的"失衡型"乡村。针对该村得分展开分析如下。

表5-16　拉扎村精准扶贫与美丽乡村建设绩效评分

变量	教育扶贫	健康扶贫	就业扶贫	产业扶贫	生态扶贫	乡村建设项目投入	乡村建设项目实施过程	乡村建设项目产出	加权得分总计
评分	0.77	0.41	0.78	0.40	0.44	0.40	0.42	0.41	4.03

表5-17　拉扎村美丽乡村建设满意度评分

变量	村庄规划	村庄建设	生态环境	经济发展	公共服务	乡风文明	基层组织	加权得分总计
评分	0.59	0.52	0.84	0.74	0.45	0.54	0.45	4.13

该村最显著的特点在于村庄规划、生态环境分数较高，经济发展指标优势不明显，但第一书记，以党建为抓手，引领全村凝心聚力，提高村支部堡垒指数；第一书记以自身专业优势为依托，激发产业扶贫活力，提升村民幸福指数；以建设高原美丽乡村治理体系为目标，践行"两山"理念，提升生态文明指数；以健康教育为载体，助力精准扶贫，提高村民健康指数。

由于村民健康对于巩固扶贫成效、防止"因病致贫""因病返贫"意义重大，该村村民起居、饮食习惯、保健意识又不强，为解决此类问题拉扎村创建了"村级扶贫健康教育中心"与"拉扎村图书阅览中心"，为村民普及健康知识、开展慢性疾病诊治提供了便捷。同时，图书阅览中心开展各种致富、健康、教育讲座，又为寒暑假大学生志愿辅导培训班等提供多功能场地，达到扶贫"志智双扶"的目的。

（三）三类分析——"双低型"乡村评价

1. 囊谦县白扎乡东帕村

囊谦县白扎乡东帕村是典型的"双低型"乡村，问卷一评分 3.60，问卷二评分 3.62，以总分 7.23 位列第 11。针对该村得分展开分析如下。

首先，扶贫成效需加强提升巩固。

表5-18　东帕村精准扶贫与美丽乡村建设绩效评分

变量	教育扶贫	健康扶贫	就业扶贫	产业扶贫	生态扶贫	乡村建设项目投入	乡村建设项目实施过程	乡村建设项目产出	加权得分总计
评分	0.69	0.37	0.75	0.36	0.36	0.36	0.35	0.36	3.60

同其他乡村一样，教育扶贫及就业扶贫占据该村扶贫建设分值的重要部分，但教育扶贫得分仅为 0.69，说明教育扶贫力度不足，需加强；另外通过健康扶贫得分和问卷一中公共服务得分可知当地服务体系、生活健康观念、乡村幸福感整体不理想。对于该村而言，特色产品或乡村文化的产业化发展及产出能力弱，乡村总体建设思路及方向分散无特色优势，导致整体评分较低。考虑到东帕村调研时间为 2018 年，尚属脱贫攻坚期，评分较低也确受客观因素影响。

其次，乡村整体评分低下，生态环境建设能力较弱。

表5-19　东帕村美丽乡村建设满意度评分

变量	村庄规划	村庄建设	生态环境	经济发展	公共服务	乡风文明	基层组织	加权得分总计
评分	0.50	0.49	0.71	0.65	0.40	0.48	0.39	3.62

囊谦县白扎乡东帕村生态环境建设得分仅为0.71分，相较于其余乡村而言较低，同时经济建设分值仅有0.65分，说明该村生态环境与经济建设发展水平均较低，影响了乡村整体建设发展，同时公共服务和基层组织评分低，说明乡村的生活水平和群众生活满意度较低，这均影响了乡村发展内生动力。

2.同仁市隆务镇加查玛村

同仁市隆务镇加查玛村是典型的"双低型"乡村，问卷一评分3.43，问卷二评分3.58，以总分7.01位列第12。针对该村得分展开分析如下。

首先，经济环境较差，产业项目发展疲软。

表5-20　加查玛村精准扶贫与美丽乡村建设绩效评分

变量	教育扶贫	健康扶贫	就业扶贫	产业扶贫	生态扶贫	乡村建设项目投入	乡村建设项目实施过程	乡村建设项目产出	加权得分总计
评分	0.78	0.42	0.66	0.31	0.31	0.31	0.34	0.30	3.43

该村产业扶贫及生态扶贫得分较低，说明该村将生态环境与经济发展相统一的能力较弱，缺乏建设性思路。同时该村特色优势产业对乡村经济发展的带动作用发挥不够，产业发展规模小，未能形成乡村发展合力。

其次，乡村组织建设体系优，经济发展成为主要制约。

表5-21　加查玛村美丽乡村建设满意度评分

变量	村庄规划	村庄建设	生态环境	经济发展	公共服务	乡风文明	基层组织	加权得分总计
评分	0.33	0.78	0.75	0.34	0.37	0.36	0.65	3.58

问卷二得分可以看出，该村村庄规划得分仅为0.325，但村庄建设分值最高，达到0.778分，说明该村虽然对于整体布局、相关安排上有较多不足，但实际建设因地制宜，并没有受到规划制约，能合理安排村庄建设，并取得良好的建设效果。同时较之其余得分较低的乡村，同仁市隆务镇加查玛村的生态环

境建设得分 0.7475 相对居中，不算突出，但较之于其他 11 个乡村，经济发展指标却成了该村发展建设的主要制约，仅 0.34 分，说明该村产业发展水平不高，尤其与周边产业特色鲜明、发展势头强劲的村庄如上下吾屯村相比，加查玛村产业体系不完善，总体经济效益较低。

三、分析总结

（一）绿水青山就是金山银山

通过 12 个重点调研个案村 AHP 得分分析发现，得分较高的乡村均可以因地制宜，合理开发生态环境资源，推动生态建设，加强生态环境保护，依托特色生态环境，结合乡村特色文化，打造乡村特色名片，或以特色产品形成产业链带动整村经济发展；或以乡村特色旅游作为乡村主导产业，充分发挥靠山吃山、靠水吃水的生态优势，实现脱贫攻坚，共建美丽乡村。

（二）教育脱贫、就业脱贫均为各村的扶贫重点及扶贫特色

不论 12 个重点调研个案村 AHP 得分高低，教育脱贫、就业脱贫工作均为各村脱贫工作重点，说明各村重教育意识强，教育理念变化提升明显，各村均努力提高村民的科学文化素养，在提升美丽乡村建设硬实力的同时充分重视提升软实力，各村均把贯彻"一优两高"战略，拓展脱贫攻坚思路，创造生态经济发展方向作为重点。评分较高的乡村，拥有特色品牌和日趋成熟的产业链，就业脱贫工作效果明显突出，说明对于乡村整体而言，形成合力带动发展乡村整体产业经济、依托生态环境打造自身经济优势已成为脱贫致富及乡村发展的必由之路。

（三）基层组织体系不健全，公共服务及健康脱贫水平普遍较低

基层组织对于乡村建设而言十分重要，但 12 个重点调研个案村的基层组织评价均较低，无法充分高效完成乡村建设的支撑作用，说明各个乡村基层组织建设体系仍存在责任分工不明确、工作执行效率较低等现实问题。而对村民而言，打造美丽乡村，不仅仅是生态环境、经济建设方面，公共服务、健康水平的提升更是群众幸福感的重要表现，而通过 AHP 得分评价，12 个重点调研

个案村均存在公共服务及健康扶贫水平普遍较低的问题，说明乡村发展由经济发展导向转变为生态健康服务导向仍有距离，且需不断提高村民的科学文化素养，加快项目建设，扩大投入产出规模，加大力度建设富有青海特色的生态美丽乡村。

第六章　青海省美丽乡村建设现存问题

项目研究期内，研究团队对青海省六州进行了深入实地的调研，广泛收集整理了重点调研的县、乡镇、村各级领导干部访谈信息及调研村问卷信息。同时，结合整理了青海省住建厅对青海省美丽乡村建设各年度检查反馈信息，综合各层各面信息及问卷分析结论发现，在青海省六州美丽乡村建设中存在的共性问题及个性问题如下。

第一节　青海省六州美丽乡村建设现存共性问题

一、美丽乡村产业发展问题

产业发展及振兴作为美丽乡村及其提质升级后乡村振兴的核心与基础，其根本任务是要解决农牧民增产增收问题，让农牧民在健康有序的产业环境下富裕起来。从前期调研的青海省六州产业发展现状和政府相关统计信息来看，现阶段，青海省六州农牧业区主导产业以养殖、种植为主。如，前期调研的六州乡村的主导产业概括显示，村主导产业全部为牛羊养殖和种植，个别村在此基础上发展了乡村旅游、家政服务、特色种植及加工、劳务输出、石刻、藏饰加工等差异化产业项目，但这些特色产业在村经济发展结构中所占比重普遍不高。

从调研总体情况来看，传统种植与养殖外的其他产业，均存在发展规模小、产业带动效益不明显、产业技术难题多、人才稀缺、市场难对接、销售难保障等问题。而从种养殖产业发展现状来看，现阶段青海省六州仍以初级种养殖产品生产为主，存在着"重产品轻品牌、有规模无产业"以及缺乏龙头企业带动等普遍问题。

从青海省六州乡村产业发展的现实来看，种养殖产业尤其是畜牧业是目前产业振兴发展的重要选择方向。种养殖业是农业产业结构中受自然及市场因素影响较大的产业，其生产属性特征决定了目前青海省六州乡村产业结构模式的抗风险能力总体薄弱。

当前，青海省六州乡村过度依赖种养殖的单一产业结构模式是产业发展的共性问题。农牧产品同质化的先天特点，及其生产过程未能掌握关键生产技术、产品深加工程度低（如中药材加工多以简单的切片式初级加工为主等）、行业缺乏龙头企业带动、缺少有效的仓储物流及销售渠道等使得全省乡村农牧产业的抗风险能力非常弱。当遇到自然灾害、同类产品竞争及市场价格波动等情况时，损农伤农就颇为普遍。

与此同时，青海省乡村围绕主导产业的关联产业发展滞后，以种养业为依托的一体化及多元化产业发展格局尚未形成。各地农牧产品产业链的打造与完善工作任务依然艰巨。

二、美丽乡村人才建设问题

青海省全省乡村人口连续 5 年下降，且流向市镇人数逐年上升。在此背景下，全省乡村的人才储备数量与人才结构在美丽乡村建设及乡村振兴发展中更成为薄弱环节。

首先，实用性人才储备不足。乡村产业发展中急需具有一定专业知识和技术的人才，尤其是得到周围群众认可的专业型农村劳动者数量较少。除传统种养殖业可以依靠广大乡村劳动者积累的传统生产经验和技术指导生产之外，在现有主导产业基础上需要拓展的关联产业项目，以及各地区乡村振兴规划中提出的振兴发展产业项目，均面临着缺乏人才支撑和专业技术人员指导的困境。

其次，专业技术技能培训管理不力。全省乡村的专业技术人才的自有储备不足是客观现实。但同时，各级各类政府和相关帮扶部门组织的专业技术技能培训也存在着培训脱离群众需要和人力市场需要、技能培训含金量低、培训后的就业转化难等普遍问题。调研中，农牧民普遍反映参加的培训项目不够接地气、培训技术的就业及产业转化难、培训时间短、培训技能递进式增长不足等问题，甚至有些培训安排时间与农忙、务工忙相冲突，培训班培训效果需慎重评价。如调研中海北州78岁男性自述，"村里组织我参加了种植技能培训，但我都已经七八年都没种地了，我个人的地也已经转给姑娘去种了。"同村38岁男性NN精神二级残疾，参加了养殖培训，但无法从事技能生产。另有诸如雨露计划挖掘机培训班（培训期1个月），也不乏45岁以上女性学员，这些村民培训后均未从事所培训专业的就业工作，培训效果难以评价。

最后，人才与劳动力留乡返乡困难。出身乡村的各类人才外流、返乡困难已经成为全国美丽乡村建设及乡村振兴中的普遍问题。

表6-1　2019届中国高校毕业生意向返乡率省份排名

排名	省份	意向返乡率（%）	排名	省份	意向返乡率（%）
1	广东	84.06	17	天津	38.3
2	浙江	77.14	18	广西	36.64
3	江苏	74.06	19	新疆	32.94
4	北京	70.1	20	宁夏	32.68
5	山东	68.3	21	河南	31.86
6	福建	62.86	22	河北	31.26
7	上海	55.82	23	安徽	30.42
8	四川	55.42	24	海南	28.6
9	贵州	50.86	25	山西	25.9
10	湖北	49.28	26	青海	23.16
11	西藏	49.04	27	江西	22
12	陕西	47.96	28	吉林	20.36
13	辽宁	45.9	29	内蒙古	19.36
14	云南	41.34	30	甘肃	16.78
15	重庆	40.92	31	黑龙江	10.94
16	湖南	39.02			

资料来源：梧桐果.毕业生流失率近7成，"中原崛起"下，河南为何留不住大学生[EB/OL].（2019-09-27）[2023-03-03].https://www.wutongguo.com/report/166.html.

2016年青海省高考报名人数为4.46万人，按高考本科录取率40%估算，2019年毕业的青海籍本科生共计1.784万人，按2019年青海省毕业生意向返乡率23.16%计算（表6-1），当年回到青海原籍工作的本科生只有区区4 000多人，可见青海省全省人才流失问题异常严峻。

在此背景下，青海乡村的人才与劳动力流失问题愈加突出。在与调研村驻村第一书记、村党支部书记等乡村基层管理者的交流中发现，全省乡村人居环境相比城市落后，农村就业困难、收入有限、职业发展受限而激励措施薄弱，产业发展缓慢缺乏有效链接机制，乡村生活条件落后，住房医疗教育等基础设施相比城镇仍有差距和不完备之处，从事农牧业生产的社会认同度低等是人才及劳动力留乡、返乡难的客观原因。而主观上，对乡村缺乏归属感，认为在乡村工作生活不能实现自我价值也影响了人才及劳动力返乡。如调研中村第一书记集中反映，村两委组织中无大专生及以上人才，本村高学历青年不愿返乡工作；劳动力留村从事生产劳作、产业发展的几乎没有，外出务工增加收入的同时，也造成乡村劳动力流失、文化传承难等问题。

> 基层干部严重老龄化，村支书、书记均已60岁以上且不识汉字，基层干部工资低，村支书9 800元/年，队长7 000元/年。留不住人，下藏科乡寄宿制小学到2019年底无汉族老师，学生学习汉语无语言环境和交流条件。（CJD, 20191110）

而2019年果洛州农村常住居民人均可支配收入为9 143元，参照该数据，基层干部收入偏低为不争的事实。

三、美丽乡村文化建设问题

2016年青海省文化及相关产业实现增加值63.77亿元，比上年增长16.5%，占全省地区生产总值的2.48%，比上年提高0.21%。从数据来看，全省整体文化产业对GDP贡献微弱。而广大乡村的文化发展整体而言，难度更大、影响力更低。

青海省乡村由于区位与交通条件的特殊性，在乡村文化的传承发展中较少受到外来文化的影响，广大乡村乡风淳朴、乡民友善，农牧民的民主意识、法律意识伴随精准扶贫、精准脱贫及美丽乡村建设的开展逐步增强。但随着农田、牧场和村庄的流转变迁，农耕文化、放牧文化和传统村落日渐凋敝也是不争的事实，乡村固有的文化根基和载体正在逐渐动摇。农牧民的文化主体意识也在城镇化建设带来的文化洗礼中被冲淡。

从前期调研的实际情况汇总来看，一是青海省农牧民对古老乡土情结、宗族观念、民族文化等方面的认同度较高，对特征鲜明、体系清晰的乡村文化的保护传承意识较强，如传承时间久远的格萨尔王史诗、六月"花儿"、土族"纳顿"、撒拉尔"口弦"、塔尔寺酥油花、贵南藏族刺绣、青海"花儿"、河湟剪纸等；融入乡村生活风俗的社火、赛马节、青苗节等；兼具教育功能的果洛州班玛县红军沟"红船精神"（海拔3900米的班玛县是红军长征唯一经过青海的地方）等。二是对乡村文化的物质载体重视不够，保护不足。各地具有典型代表性的文物古迹、传统村落、民族村寨、传统建筑、农业遗迹等整体性保护欠佳，如在玉树州玉树市、称多县、囊谦县的调研中发现，藏族传统民居的保护亟待加强，藏族古村落、藏式古堡等大多因为乡村的自然凋敝、易地搬迁项目实施、美丽乡村建设项目等的开展，面临着被遗弃荒废或失去特色的困境。三是广大乡村基层文化生活在形式、内容上都比较单一，部分文化管理工作停留在表层，文化基础设施仍需完善，如在青海乡村普遍设立的村民文化室、新时代讲习所等，由于各种原因基本处在闲置半闲置状态。另外，从文化产业化发展要求来看，青海省乡村植根于乡村文化内涵的文创开发还非常落后，大部分优势特色乡村文化没有进行有效的文创开发，已有的文创产品也存在同质性高、文化共鸣低、有形转化难等问题。

四、美丽乡村生态建设问题

2019年青海省生态环境厅环境公报显示，全省生态环境状况总体保持稳定。通过生物丰度、植被覆盖、水网密度、土地胁迫、污染负荷指数综合评价，全省县域生态环境以"良"为主；与上年相比，各县生态环境状况指数变

化幅度在 −1.72～0.69 之间。41 个重点生态功能区县域生态环境状况保持稳定。三江源、青海湖流域和祁连山地区等重点生态功能区生态环境状况良好。国家重点生态功能区县域生态环境状况趋向良好。

据 2017 年、2018 年青海省各市州生态文明建设年度评价结果[①]分析（表6-2，表6-3），青海省各市州基于资源利用指数、环境治理指数等 7 个方面，53 项评价指标测算的绿色发展指数比较，2017—2018 年各市州指数变化情况为：黄南州（−2.08）、西宁市（+2.87）、海北州（+1.65）、海南州（+1.81）、海东市（+1.91）、玉树州（−3.18）、海西州（+5.16）、果洛州（+3.09）。除黄南州与玉树州绿色发展指数下降外，其余 6 市州指数均为上升态势。表明全省总体生态文明建设向好，生态效益收益明显增加。

表6-2　2017年青海省各市州生态文明建设年度评价结果

地区	绿色发展指数	分项指标						公众满意程度（%）
		资源利用指数	环境治理指数	环境质量指数	生态保护指数	增长质量指数	绿色生活指数	
西宁市	80.78	75.15	85.1	79.46	79.63	93.28	83.25	92.71
海东市	78.97	79.85	80.12	81.21	79.83	73.8	73.83	88.13
海西州	77.12	75.91	78.49	89.47	61.95	84.23	72.25	92.67
海南州	79.54	70.14	83.7	96.73	82.05	77.4	70.44	93.25
海北州	79.7	74.19	78.21	96.76	77.73	73.53	78.94	94.49
玉树州	78.34	71.16	75.81	99.76	80.66	71.44	71.39	93.5
果洛州	76.79	67.75	68.96	98.65	90.45	71.43	66.1	91.46
黄南州	82.71	82.54	82.66	98.8	80.16	74.71	66.23	87.5

数据来源：《2017年青海省各市州生态文明建设年度评价结果公报》，青海省统计局2019年4月1日发布。

---

① 生态文明建设年度评价按照《青海省绿色发展指标体系》实施，绿色发展指数采用综合指数法进行测算。青海省绿色发展指标体系包括资源利用、环境治理、环境质量、生态保护、增长质量、绿色生活、公众满意程度等7个方面，共53项评价指标。其中，前6个方面的52项评价指标纳入绿色发展指数的计算；公众满意程度调查结果进行单独评价与分析。

表6-3　2018年青海省各市州生态文明建设年度评价结果

地区	绿色发展指数	分项指标						公众满意程度（%）
		资源利用指数	环境治理指数	环境质量指数	生态保护指数	增长质量指数	绿色生活指数	
西宁市	83.65	85.75	82.7	77.11	77.61	93.17	89.78	93.47
海东市	80.88	85.1	79.05	80.89	79.52	73.97	79.18	92.83
海西州	82.28	83.21	84.49	94.51	67.78	82.35	75.01	92.64
海南州	83.46	85.09	71.94	97.17	83.38	79.39	78.3	93.22
海北州	81.35	81.73	70.5	96.24	81.07	75.32	79.29	93.45
玉树州	75.16	73.87	61.57	99.79	75.94	63.6	69.9	94.25
果洛州	79.88	80.41	66.99	99.36	87.25	71.05	63.97	94
黄南州	80.63	83.96	67.63	97.55	80.44	72.08	71.41	92.5

数据来源：《2018年青海省各市州生态文明建设年度评价结果公报》，青海省统计局2020年1月20日发布。

脱贫攻坚期内，通过脱贫攻坚与生态保护紧密结合，各地也普遍开辟总结出生态脱贫新路径，实现了保护生态与脱贫致富并蒂开花。

青海省乡村生态环境客观来看，目前依然面临着不容忽视的发展压力。就前期开展调研的六州局部生态及微生态现状来看，以下生态问题依然典型：一是草原草场、森林的鼠害、虫害、毒杂草、黑土滩等生态问题依然存在。二是水环境治理问题较为普遍，虽然全省普遍施行河长制进行管理，但诸如河道清淤防洪压力、小河流生态功能差、村域内河道存在防洪及各类生产生活污染影响河道水环境的隐患等问题依然存在。三是传统的生产生活方式对生态环境的负效应累积增加，如：牧业区传统放牧方式增大存栏量，使得草场退化等问题；全省种植区土地虽然普遍推行了施用有机肥补助措施，个别地区推行了地膜生产旧膜换新膜鼓励政策，但农药、化肥等投入品影响土壤生态的情况依然存在，农产品的生产清洁化程度不高；农业区分户养殖效益低、生态副产出多，造成生活环境脏乱等；生活垃圾处理方式依然原始，影响村庄及全省人居环境等。四是农牧民的生态保护意识仍有待提高，调研中秸秆焚烧、垃圾缺乏无害化处理等问题依然存在。

五、美丽乡村组织建设问题

全省乡村基层党组织建设完备，基层党员作为乡村组织建设与乡村发展的中坚力量发挥了文化引导、产业带动、模范带头等作用。但从乡村长远发展以计，除了充分发挥基层党组织和党员的作用之外，还需要从乡村整体组织构建及各组织结构要素的优化抓起。

就调研所得，调研村的乡村组织发展现存问题有：

1. 乡村组织发展与村级组织管理的基础信息不完善、更新不及时，诸如（不包括各类转移性收入的）农户收入统计资料、基层党建（计划及工作记录类、台账类）、户籍变动、精准脱贫建档与非建档信息资料等，这些数据信息的完善与更新的迟滞性，一定程度上影响了乡村低保、危房改造、脱贫扶助政策、乡村建设、产业发展项目等资源的合理有效分配。

2. 全省大部分乡村中，保障乡村组织管理效果的村规民约以约定俗成的伦理道德约束为主，大多停留在表层形式，较少有形成完备体系的管理制度。

3. 乡村法治建设仍需强化，如，村民的权利保护意识有待提高，部分乡村还存在黑恶势力、宗族恶势力、非法宗教活动、利用宗教干预村级公共事务等现象。

4. 村级治理组织体系尚需完善。除了乡村党组织、村务管理组织的健全之外，全省乡村管理中设置的村务监督管理委员会的职能发挥不明显。

5. 党员活动室、村民活动室等基础设施配备完备，但由于缺少维护管理费用及村民的活动积极性不高，其效果没有充分发挥，甚至有些乡村党员活动室、村民活动室处在闲置半闲置状态。

6. 村级基本组织设施不够完备，如，法治宣传栏、村务一站式服务点等，影响了村级基本组织职能的发挥。

第二节　青海省美丽乡村建设现存个性问题

一、建设资金及整合力度与实际需求仍有较大差距

青海省多数美丽乡村建设村基础条件差、历史欠账多，需建设的项目多，环境整治难度大，部分建设村（尤其纯牧业县乡村）村民居住分散，资金投入明显不足。部分涉农项目和资金与高原美丽乡村建设项目整合不够，一些村的建设缺项较多，没有达到预期的效果；高原美丽乡村建设项目投入资金少，推进速度缓慢。在资金筹措方面主要依靠省级财政投入，社会力量参与不够，筹资渠道单一，部分村庄建设效果不太明显。尤其是随着高原美丽乡村建设的不断推进，剩下的建设村基本上都是基础条件较差、远离城镇的村庄，基础设施建设投入需求会越来越大。这些村庄由于地处偏远地区，交通不便、居住分散且人口较少，农牧民参与美丽乡村建设积极性普遍不高，因而造成自筹资金收缴困难，仅靠现有的补助资金很难满足高原美丽乡村建设需求。从前期建设村资金投入结构来看，甚至有来源于项目整合及群众自筹的资金占总经费一半以上的情况。这对经济基础弱、发展底子薄的村镇而言压力可想而知。

由于青海省各地上下梳理整合的建设项目和资金量大面广，一些地区项目对接效率低，资金落实渠道缺乏，各类帮建资金整合不到位，村级争取项目和落实资金难度大，村级基础设施建设仍然存在薄弱环节。多数建设村经济基础薄弱，部分项目村村民居住分散、需建设的项目多，环境整治难度大，群众自筹资金筹措难，使资金投入很难满足建设需要，达不到预期的整体建设效果。

二、美丽乡村建设工作推进不平衡，重点不清晰

目前，美丽乡村建设推进的实践显现出，青海省各地，地区与地区、村庄与村庄之间建设推进不平衡。从调研实际来看，不少村的建设理念还停留在改围墙、修大门、建广场上。涉及有关美丽乡村建设的后续需要等问题时，基层干部也缺乏深度的思考和清晰的建设思路。满足于基础设施改善的变化，对

乡村发展尤其乡村振兴的思考不够，少数地区群众动员发动不够，群众参与度低；有的地区基础性工作差，制度不健全，管理不规范。部分地区在项目建设和资金安排上"蜻蜓点水，撒胡椒面"，人居环境改善的重视程度不够，特别是对农牧区垃圾收运处理、污水处理等人居环境基本问题重视不够。如表6-4所示，调研期间重点调研村在排水管网、生活垃圾收运处置、污水处理等方面普遍非常薄弱。12个重点调研个案村中，有排水管网的村3个，占比25%；有完整生活垃圾收运处置体系的村5个，占比41.67%；有污水处理设施的村2个，占比16.67%。下一阶段美丽乡村建设及提质增速的乡村振兴实施中，这些基础设施投入需要给予足够重视并加大力度。

表6-4 重点调研村基本情况汇总

所属州	村名	主导产业	有无排水管网	有无户用厕所改造	有无完整生活垃圾收运处置体系	有无污水处理设施
海西州	德令哈市希望村	种植、劳务输出	无	有	无	无
	格尔木市新庄村	种植、劳务输出	无	有	无	无
海南州	贵德县阿言麦村	种植、养殖	有	有	有	无
	贵南县拉扎村	种植、养殖	无	有	有	无
海北州	门源县瓜拉村	种植、养殖	无	有	无	无
	祁连县郭米村	养殖、生态旅游	无	有	无	无
玉树州	囊谦县东帕村	养殖、劳务输出	无	有	无	无
	治多县叶青村	养殖、虫草采挖	无	有	无	无
果洛州	玛沁县年扎村	养殖	无	有	有	无
	甘德县江千村	养殖	有	有	无	无
黄南州	同仁市加查玛村	唐卡制作、种植	无	有	无	有
	尖扎县德吉村	生态旅游	有	有	有	有

资料来源：表中村庄信息以实际调研各村具体情况统计。

三、"绿水青山就是金山银山"的建设理念显效不够

自高原美丽乡村建设项目开展以来，一些建设村在保护生态环境、保留乡

村风貌、传承乡村历史文化脉络等方面仍然存在理念不清、研究不深、方法简单的问题，热衷于"穿衣戴帽"和"拆旧立新"的面子工程，甚至存在不切实际地照搬城市建设思路与流程的做法，导致村落古朴风貌和地方传统文化得不到有效传承的现象屡有发生。这类问题除重点调研个案村外，其他调研村也有存在。在前一阶段的美丽乡村建设中，建设规划设计粗放、建设管理迟滞也导致乡村生态及人居环境保护改善、乡村建筑的民族地域特色保留不尽人意，民俗文化、耕读文化、牧业文化的传承也在乡村发展变迁过程中面临巨大冲击。乡村生态伦理观的培育也处于较落后阶段，距离乡村承担全省生态保护屏障的历史责任要求仍有距离。

四、美丽乡村建设成果的长效巩固机制不健全

调研中发现部分村庄建设缺乏日常监督维护，由于村级基建工程建设质量不高，诸如硬化路面沙化、粉化等现象较为普遍。同时，由于没有建立有效的建设成果巩固长效机制，重建设过程，轻后期管理，建设成果不能得到有效巩固，尤其美丽乡村建设项目开展较早的乡村，基础设施建设成果已损耗明显，很难为下一步提质升级的乡村振兴提供有效的基础支撑；已建设的部分村庄因经费不足和无长效管理机制，出现了公厕、道路、绿化、路灯等设施建后管理不到位、损坏失修的现象。对比包含重点调研个案村在内的调研村建设现状明显发现，投入建设期早的乡村诸如道路硬化、村级活动广场健身器材等的建设成果维护巩固堪忧，甚至美丽乡村的建设效果已然不明显。

五、美丽乡村建设结对共建工作有待加强

调研中也发现，少数结对共建单位存在畏难情绪，结对帮建的积极性不高，工作不实。譬如，有的单位只签署了帮扶协议而无后续进展；有的单位甚至未进行任何形式结对帮扶工作；部分共建单位对高原美丽乡村建设工作没有足够重视，缺乏主动性，结对帮扶资金落实不到位甚至没有落实等。诸如此类情况，均造成美丽乡村建设中急需的各类社会资源的有效整合利用难度加大，

影响了建设效果。如海北州 2018 年全州 16 个高原美丽乡村共有省、州、县 97 个单位结对帮扶，但截至当年年底，只有 68 个单位签订共建协议，协议资金 765.8 万元，且部分已签订帮扶协议的单位未真正落实项目和资金。

第七章　青海省美丽乡村建设问题解决建议

精准扶贫战略支持下实现美丽乡村建设总要求，要充分利用乡村脱贫攻坚前期积累的丰硕成果，具体围绕美丽乡村建设发展的几个层面精准施策。

第一节　青海省美丽乡村建设共性问题解决建议

一、美丽乡村产业发展建议

2020年青海省政府工作报告中提出，统筹"五个示范省"建设，即国家公园示范省、国家清洁能源示范省、绿色有机农畜产品示范省、高原美丽城镇示范省、民族团结进步示范省。其中绿色有机农畜产品示范省建设为全省尤其是涉藏地区农畜产业发展点明思路。

要解决目前农畜产品及产业发展单一及效能受限的困境，关键思路是大力发展"组织化指导下的农畜产品全产业链"以及"单一产业的深度营销管理"。

（一）优化产业发展环境，培育建设全产业链中坚力量

农产品生产要通过对种植/养殖饲料、种养殖与收割屠宰、食品深加工、分销、品牌运营、农产品销售等完整环节的综合管理，构成产业链体系。通过全产业链管理，可以实现对农产品品质的全程监控，提高产业效益。

从乡村农产品"重生产、轻营销"的现实来看，配合全产业链建设应首先配套完善农牧产品区域品牌、企业品牌运营，建立以物流、销售、售后服务为关键节点的营销管理体系，培育乡村产业经营主体、新型农牧业服务主体等。降低各类投资乡村产业发展的企业、资本的进入门槛、成本和风险，在农业扶

持政策限度内，加强对产业经营主体的支持力度。

鼓励引导形成示范性经营主体→普通经营主体→普通农牧户之间，及农业农村专业化、市场化服务组织和农户间的利益联系和联动机制，提高乡村新型经营、服务主体对乡村产业发展的辐射助力。以深度营销管理为指导，农畜产品在品种的选择、产品生产、加工及销售的完整过程都要紧紧围绕市场需求进行。首先应优化农畜产品品种，加强对产业链源头的质量监控。其次，加强对农牧户分散种养殖的技术指导和生产管理，提高产品品质，着力打造区域农牧产品品牌。再次，由政府牵头整合各乡各村产业扶持资金及各类扶持村集体经济发展资金创办深加工企业，深挖精深加工环节，提高产业增值能力。最后，积极对接渠道下游环节，拓宽分销渠道终端环节，实现精深加工与零售及终端消费的对接。

（二）找准乡村产业振兴重点，协调城乡与区域间的分工协作关系

目前青海省乡村产业振兴的主角是畜牧业，但在今后较长的发展期内，产业振兴的重点应是如何解决乡村经济结构农业化、农业结构单一化等问题。在抓重点的同时，发展对农牧民增收效果稳定、优势明显的特色产业和企业，丰富乡村产业经济内涵，提高乡村经济综合化发展能力，真正实现乡村引贤聚才、吸纳资本。

在此过程中，应积极打造"几村一品""一镇一品"，甚至"一县一品"。提炼区域自然地理、人文禀赋、生产加工等的自身优势，按照区域化布局、专业化生产和规模化经营的原则，发展符合当地产业优化要求的特色产品和产业，并以此形成产业集群，从而最大程度实现农村劳动力的就地转移，实现美丽乡村及乡村振兴。

而具有乡村亲和力、发展适宜性和比较优势的企业，能在城乡之间形成合理的分工协作、错位发展结构。如乡村康养业、乡村旅游业、乡村文创业、乡村生活性服务业甚至新兴的乡村教育培训业。调研过程中发现的具有代表性的如班玛县红军沟红色旅游教育基地，兼具党性教育、红色旅游、拓展训练等功能，除了能带动本村劳动就业、文化增值、产业提升之外，还辐射带动了亚尔堂乡各村的共同发展。

二、美丽乡村人才发展建议

吸纳人才、汇聚贤能,乡村建设发展才能根基稳固,乡村的长期发展离不开以人才为支撑的各类要素资源集聚的良性循环。

(一)继续完善乡村人才引进机制,增大诱因

从乡村现状及发展前景来看,本地乡村吸引外来人才难度较大。而如果人才的原生家庭在乡村,他们就有深厚的乡村情感和归属感,不论是对当地乡村的文化传承或是产业发展、组织建设都有先天优势。因此,应当加大对本土人才返乡创业、扎根故土的政策扶持,加大乡村工作待遇、福利等方面的吸引力。

(二)形成乡村人才培育体系,主动造血

纵观全国乡村发展振兴的制约条件,人才短缺是共性问题。不论是组织管理人才还是专业技术人才都成为乡村发展的短板。青海乡村的人才振兴既有共性问题,也有自体差异,而增大人才储备最有效、最符合实际的方法就是通过打造完善的人才培育体系,形成技能培训、教育管理、政策帮扶的人才储备方式,完成乡村人力资本增值的造血功能。

村级管理人才以积极吸纳大学生村官、大学生回乡创业、本村培养人才为主。技术人才培育需要进行大力改革,传统的人多面广、短期培训的方式是对培训资源的极大浪费。应当把村级单位收集到的村民培训意愿与市场技能需求充分结合,合理设置培训内容,筛选技能培训自主意愿高的村民参加(脱贫攻坚期无区别地主要面向贫困户,美丽乡村建设与乡村振兴新时期应提高培训对象与培训内容的契合度),增强培训含金量。同时,还可以充分调动已产生产业带动效能的本村能人、技术带头人的积极性,开展更符合乡村生产需要的技能培训。

（三）改革基层人事管理机制，释放活力

要提高社会对乡村生产管理工作的认同度，大力推行职业农民职称制度是非常必要的。这就对乡村基层职称认定与管理提出了更高要求。对乡村发展稀缺的，或者已经做出突出示范带头作用的专业技术人才直评直聘；改进乡镇事业单位人才招聘方式，增加对民族语言、基层生活及工作经历、职业诚信等的考核；建立乡镇统筹的岗位管理使用制度等，都是有切实需要的改革方向。

（四）重视乡村人才服务保障机制，优化劳动环境

从全省乡村实际出发，留住人才的方法：一是对掌握地方及民族语言、熟悉基层环境、有技术特长等的人才提供绿色服务通道，提高物质和精神激励，提高社会对乡村工作的高度认同，做到乡村就业能够名利双收；二是塑造暖心留人的社会氛围，加大乡村基础设施建设，提高各类人才在乡村工作与生活的配备条件，在乡情乡愁的心理感染下，帮助留乡人才坚定扎根乡村的信心信念。

三、美丽乡村文化发展建议

美丽乡村建设及乡村振兴战略设计实施过程中，要通过文化振兴，提高乡村软实力，满足农牧民日益增长的美好文化生活需要，为在乡村生活的人民提供意义感、幸福感和快乐感，可以抓住人心、留住人口，使乡村更有吸引力和凝聚力，从而为乡村振兴创造主体条件和良好的社会环境氛围。

文化振兴的主体思路是需要推行乡村文化的供给侧改革。改革的核心是提高文化产品（服务）的供给质量和效率，形成完备的供给体系，提供种类丰富、可接受性强的文化产品和服务，探索乡村文化产业创新，最终实现乡村文化健康可持续发展。

（一）开展精神扶贫指导下的村级道德品牌建设

城镇化建设进一步加大了城乡经济差距，乡村遭受外来文化冲击，同时村民的文化认同感随之降低，造成乡村或多或少出现梁漱溟先生所论的"文化失调"问题。在目前达成共识的移风易俗、树立文明乡风工作开展的同时，充分尊重各民族文化，进一步抓好村规民约的完善与监督管理工作，开展村级道德

品牌建设，树立道德模范，提高全省乡村的伦理道德建设水平。优秀的乡村道德品牌本身，也会成为乡村吸引力、竞争力的有效构成因素。

（二）实现基层文化硬件带动的常态化群众文化活动

在青海省所有乡镇建成的综合性公共文化服务中心，及覆盖到村的基层综合文化服务中心建设项目的基础上，有计划的常态化开展群众文化活动，立足乡村文化环境特点及已有的群众喜闻乐见的文化形式与活动，搞活乡村文化生活、丰富乡村文化内涵。通过文化纽带有效传递党的各类政策，实现用文化统领带动乡村发展。

（三）树立新农村观念下的新生活观

对不适宜居住、影响乡村长期发展的人居环境积极改善并合理规划，在危房改造和高原美丽乡村建设基础上，加强乡村规划、乡居特色的打造。对具有突出乡土特色、民族特色的传统乡居合理规划、维护并保护。创造乡村文化的繁衍土壤需要广大农牧民树立科学、文明、环保的新生活观。爱护维护乡村生态人居环境、和谐邻里关系、乡村伦理美德等，也为乡村文化的农本价值增值提供有效条件。同时，要继续深入开展民族团结进步教育，引导各族农牧民树立"五个认同"。

（四）鼓励乡村自然和人文资源禀赋基础上的文化创新

只有不断创新的文化才是鲜活的生命力旺盛的文化。乡村文化振兴除了承担乡村原生文化、非遗项目等的文化传承职能外，还要进行文化创新。创新的过程就是文化提高生命力的过程，要提高乡村创新文化的可接受性，不能生搬硬套，如目前乡村普遍开展的村级图书室建设，原则上看对提高乡村文化生活结构和水平是大有裨益的。但从2017—2020年的调研情况看，部分村级图书室所藏图书与乡村群众的文化教育水平差距较大、图书内容与群众所需缺乏相关性、不能激发群众的阅读兴趣，闲置率普遍较高。以此为例，乡村的文化创新形式与内容切记要在自然与人文资源基础上提高精准性和针对性。

四、美丽乡村生态发展建议

乡村生态管理应从宏观层面和微观层面加以重视并针对性管理。全省乡村的生态水平关系到青海省的切身发展利益，也关系到全国的可持续发展和整个中华民族的长远发展。依据青海省生态立省战略的指导，乡村生态建设发展应首先保证宏观生态环境层面的振兴。与此同时，通过乡村的微观生态环境发展，助力乡村产业发展、人才吸纳、乡村形象提升，并最终提高乡村群众生活质量。

（一）继续加强草原、耕地的生态保护

青海省乡村土地资源利用呈现出畜牧业用地面积大、农业用地面积少、林地面积比例低的利用特点。这也充分印证了畜牧业发展在乡村产业结构中占绝对优势的现实。因此，草原生态保护应与耕地、林地保护同等重要，应继续加强草场沙化和鼠害、虫害、毒杂草治理。采取补播、鼠虫害防治、毒杂草灭治等综合措施，改善草原生态环境。

在耕地奖补、草原奖补基础上，积极探索农村宅基地改革，加大农村土地复耕复种。

（二）大力推进农牧业绿色生产

作为全国重要的生态屏障，青海农牧业发展首先要以资源环境承载力为基线，大力推进农牧业供给侧结构性改革及农牧业转型升级，努力探索人与自然和谐发展的农牧业生产方式。提高资源利用效率、保障清洁的产地环境、提升绿色供给能力、合理划分农牧业功能区、优化农牧业生产资源布局与管控。引导农牧民住养分离，进行村级养殖集中托管管理，既可以极大改善人居环境、提高养殖效率，同时也为实现生态养殖、循环养殖创造必要条件。同时，及时跟进青藏高原第二次科考，围绕有关青海省农业种植、草地资源、家畜数量及结构、农牧业生产和消费调研，理清主要农畜产品的供需格局变化，聚焦粮食、畜产品等主要农牧产品，系统梳理高原农畜产品供需格局的演变过程及未来发展趋势，以绿色消费为依据、绿色流通为手段、绿色生产为基础，评估高原农牧业发展潜力，构建农牧耦合的绿色发展途径和模式，助力高原美丽乡村

建设及乡村振兴。

（三）对原村庄环境进行修复，保护好村庄生态环境

加强村域内小河流生态治理和保护，在小河流治理，如流域内垃圾清理、清淤防洪等的同时，加强对乡村水资源的规划利用，丰富乡村自然景观要素；合理高效地开展厕所革命，要结合乡村具体的用水条件、粪便处理及村居管理的实际，兴建乡村户厕和公厕。但是鉴于目前乡村基础设施尤其是上下水管网建设的薄弱（2017—2020年间项目组前期调研的六州乡村下水管网建设滞后），目前青海乡村户厕仍以卫生旱厕为主，距离厕所革命的目标仍有较大距离。美丽乡村建设推进过程中，仍需以人为本，在大力完善乡村基础设施的基础上，推广以社、街巷或片区为单位建设化粪池，以村为单位建设垃圾污水处理设施，全面普及乡村户用水厕，实现乡村厕所革命实用化、标准化；提高乡村植树绿化面积，开展美丽庭院评选，抓好生活垃圾、农村粪便、污水等处理工作，打造村居环境示范村。

五、美丽乡村组织发展建议

乡村各项工作活动的顺利开展离不开乡村组织的核心引领。青海省乡村组织发展工作要围绕着完善乡村组织结构的基本面、努力提高组织职能进行，最终实现美丽乡村的高度社会协同与公众参与。

（一）持续加强乡村基层党组织建设

乡村基层党组织是美丽乡村建设推进的终端触角，完善乡村组织结构，以助实现党建促治理、党建促发展。吸纳致富能人、技术人才、在乡乡贤等进入组织，支持他们担任或者参选村两委干部。同时，积极提高村干部报酬，提升乡村基层组织管理工作效用。

（二）壮大村级集体经济

在全省乡村集体经济"破零"工程背景下，发展规模化集体农牧业，鼓励村级集体创办联办生产经营、劳务服务实体等，注重分类施策，充分合理利用

各类扶贫项目发展壮大集体经济，带动农牧民增收。农牧民对组织的认同感与基层组织的社会影响力通过发展集体经济的方法更容易实现。同时，集体经济发展壮大，也可以使乡村各类发展振兴有保障、有基础、有路径。

（三）多角度发挥乡村组织职能

乡村组织职能在美丽乡村建设过程中需要不断进行重心下移。推行村级管理"职权清单化、用权程序化、结果透明化"的阳光三权村级管理；继续引导并加强乡村社区化建设和管理，尤其对各社混住的乡村，社区的带动与管理更加重要；提高村级组织的综合服务能力，规范村级组织公共服务一站式代办机制；助力乡村法制建设，开展各类法治宣传、教育、援助等活动；开展乡村道德示范工程、道德实践活动，提高道德共建水平。

（四）充分利用发挥好乡村非正式组织效用

前期调研总结发现，全省乡村组织管理事务是高度总体性的、细碎的、偶然性的、重复性低且不规范，这就使得规范化甚至科学化的正规基层组织管理很难应对乡村基层事务。通过借鉴果洛州玛沁县十化党建组织管理经验，建议各乡村可参考推行十化党建带动村级管理的组织制度，这种高度动员式、全民参与式的非正式组织，以其高度灵活性和低成本更适合乡村基层事务的管理。

第二节　青海省美丽乡村建设个性问题解决建议

一、夯实基础，创新推进建设资金利用机制

美丽乡村建设要坚持规划先行的思路，结合传统村落保护发展规划，进一步明确高原美丽乡村规划编制工作重点，对建设项目村进行规划设计，因地制宜、因村制宜，确保有序建设、科学建设。规划时准确掌握村庄特色，在高原美丽乡村建设实施中因地制宜，极力避免使用破坏传统风格的现代建材、建筑元素和颜色，努力还原原始、古朴的自然风貌。高原美丽乡村建设实施前，应由住建、文旅等相关部门专业人员开展高原美丽乡村建设村庄摸底调查，以传

统村落保护为主，按照"缺什么、补什么"的原则，重点从村庄风貌整治、环境整治、道路整治、住房建设、产业发展等方面制定符合民族特色、地域特色、文化内涵的实施方案，着重加强对古村落、古民居、古建筑的保护，努力体现村庄的原始自然肌理，保持乡村特色和提升乡村魅力。规划设计及建设过程全程要重视群众参与权和知情权的保障和维护。在规划设计和项目实施的前期，通过召开村民大会等形式，及时征求群众意见建议，有效激发群众参与的积极性。同时，项目村建设规划及实施方案突出三级审核，通过村民代表大会表决，州、县规划委员会审查把关后，最终经县四大班子联席会议审定后公示执行。

脱贫攻坚期后青海省美丽乡村建设，需紧扣青海省高原美丽乡村建设领导小组办公室重新修订的高原美丽乡村建设考核验收各项指标，各级部门结合各自职能，统筹高效安排项目资金。各地区各部门也要积极结合地区特点和优势，因地制宜，不断创新资金管理利用工作机制，完善推进措施，总结提炼典型做法。如门源县和贵德县通过政府购买服务，建立PPP等模式开展农牧区生活污水治理。部分地区采取城乡一体化模式，通过建立乡村保洁队伍、县级财政兜底、统一配备处理设施等方式开展农牧区垃圾专项治理工作，均收到良好实效。同时，各地也应积极建立完善组织领导、责任分工、资金监督管理、建设档案管理、村庄保洁及"三议一表决"等各项体制机制和规章制定。特别是通过"村两委"换届选举，吸纳更多有知识、会管理、责任心强、群众威信高的能人进入"村两委"并成为乡村建设的带头人，进一步充实基层力量，加强村庄基础工作。

二、明确美丽乡村建设重点，均衡推进建设工作

根据县域村镇体系规划和村庄规划，科学地对所建项目进行选址，确定基础设施和公共服务设施项目与建设施工标准，明确不同区位、不同类型村庄人居环境改善的重点和时序，合理安排项目和资金。强化规划的科学性和约束力，加强监督检查，确保规划的落地。在青海省乡村积极引导推进"创新、协

调、生态、共享"的美丽乡村建设发展理念。通过围绕乡村建设开展各类创新工作，激发美丽乡村建设动力与活力；通过协调推进物质文明建设和精神文明建设，让美丽乡村建设均衡有效开展；通过乡村生产生活方式的引导转变，提升乡村生态功能；通过保障和改善民生工作，让农牧民群众有更多获得感、幸福感。

各级党委政府和建设村"两委"也要积极动员部署，召开各种形式的动员会，认真听取群众对村庄建设的意见和建议，根据村庄建设需要，加强沟通协调，整合项目资金，制定建设方案，并组织群众积极参与高原美丽乡村建设，有序推进各项工作任务。建立县、乡（镇）、村三级领导负责机制、责任落实机制和监督检查机制。各县政府细化工作目标，明确工作责任，强化工作措施，形成各负其责、合力共推的工作机制。在高原美丽乡村建设中，组织动员群众修建和改造棚圈、厕所，清除村庄房前屋后垃圾，治理乱堆乱放，拆除违章建筑，疏浚河道沟渠，使村庄面貌环境得到美化净化。尊重历史文化继承和长远发展，有效利用村庄格局机理和自然环境等资源禀赋，注重乡村风貌打造，彰显村庄特色。同时，通过"美丽庭院"评选、村民成立环境督察小组自查监督、完善乡村环境考核机制等提升村庄人居环境质量。按照抓好乡村人居环境整治提升、乡村生活设施便利化基本实现的标准，因地制宜地实施农牧区生活污水治理试点、非正规垃圾堆放点排查、农牧区垃圾专项治理、人畜饮水、电网升级、公共文化服务通村到户、道路硬化、村庄亮化、园林绿化等工程，力求农牧区基础和公共服务设施配套水平明显提升，农牧民生产生活条件明显改善。

三、以"两山"理论深入指导美丽乡村建设

结合青海省生态文明建设目标，切实保护农牧区生态环境，展示农牧区生态特色，围绕生态人居、生态旅游、生态农牧业，打造宜居、宜游、宜业的高原美丽乡村。按照高原美丽乡村建设要求，会同林业部门，开展植树造林，进行村庄绿化，合力创建绿色村庄，争取使更多村庄成为全国绿色村庄。同时，全面开展保障基本、环境整治、美丽宜居等3种类型示范村创建活动。引导并

规范乡村将提供生态屏障和生态产品作为自身基本功能。与特色小镇、美丽城镇相结合。在高原美丽乡村建设的基础上结合特色小镇、田园综合体、乡村振兴建设升级工作，根据地区特色产业、风俗文化，因地制宜，规划建设一批以特色小镇辐射带动的高原美丽乡村，并以小城镇基础设施延伸、产业辐射，带动周边农村环境整治、产业结构优化，从而改善农牧民居住环境，提升农牧民经济收入。实现与特色小镇、美丽城镇协同推进、共同发展，推动资源整合、丰富建设内涵，形成高原美丽乡村建设新的增长点。对人文要素及遗产丰富的村庄要积极组织申报中国传统村落，加快完成新列入中国传统村落名录的行政村保护性建设规划的编制。

四、完善美丽乡村建设成果巩固机制

美丽乡村建设成果巩固首先要健全美丽乡村建设投入机制和帮扶机制，多渠道增加投入，鼓励社会资本参与乡村基础设施建设和在乡村兴办各类事业，切实帮助解决乡村的实际困难。不断改进建设方式，不搞一刀切，引导企业和社会组织参与高原美丽乡村项目的建设、管理和运营。在此基础上，健全美丽乡村建设成果巩固管理机制，探索农村各项公共服务运行机制，公益性工程和项目可采用政府购买服务，实现管理有规章、管护有人员、运转有保障。

为有效巩固美丽乡村建设成果还应建立目标考核奖补机制，将高原美丽乡村建设工作纳入相关部门和乡镇年终目标考核范围，对工作推进突出的乡镇、改善效果明显的村庄和积极帮扶共建的单位予以表彰奖励，激励形成全社会共同推进高原美丽乡村建设的良好局面。同时，借助精准扶贫建档立卡贫困人口解决部分公益性岗位的举措，定期清洁村庄卫生，巩固环境卫生整治成果，不断改善村庄人居环境。

要针对不同地区采取不同措施，建立一整套符合实际、简便易行、群众接受的常态化建管机制；落实环卫保洁管护监督人员和资金，健全保洁制度，进一步完善环境卫生管理长效机制；完善村规民约，约束并杜绝不卫生、不文明、不健康行为，提高群众的环保意识、卫生意识和公共道德意识，通过行之

有效的途径和方法，使庭院小环境和村庄大环境相适应，进一步巩固提升建设成果。

五、与脱贫攻坚过渡期同步推进，加强帮扶共建

下一步高原美丽乡村建设需与农牧区脱贫攻坚过渡有机结合起来，继续加强与帮建单位的沟通与引导，积极主动与结对共建企业协调帮扶工作，落实帮扶资金及帮扶项目，最大程度撬动帮建单位将人、财、物投入于高原美丽乡村建设中来。最大限度地实现项目资金有效使用，力争做到"多渠道进水，一个阀门出水"的原则，加大高原美丽乡村建设资金保障。同时，努力健全和完善高原美丽乡村基础设施管护长效机制，特别是环境卫生监管制度，用制度管事、管人，切实在改善人居环境上下功夫，真正创建出"田园美、生活美、村庄美"的高原美丽乡村。

六州各地在高原美丽乡村建设中，应继续注重培育特色产业，把发展特色优势产业、带动致富作为重点来抓，不断增强农村"造血"功能，帮助农牧民发展生产，增加收入，摆脱贫困，为美丽乡村建设打基础。结对共建单位也应紧密结合自身职能，创新结对共建工作，通过智力帮扶、产业搭桥、文化下乡、金融进村、旅游富民等活动，扎实开展村庄建设。

第八章 西部地区美丽乡村建设重点及保障机制

第一节 西部地区美丽乡村建设重点

一、确保乡村意识形态安全

意识形态工作是西部地区一项极端重要的工作，事关地区发展稳定。一直以来，意识形态领域都是党领导广大群众与敌对势力和十四世达赖集团等斗争的主战场。尤其在西部边疆地区乡村，意识形态工作的领导权、话语权必须牢牢掌握在党手中。美丽乡村建设过程中，要切实巩固马克思主义、习近平新时代中国特色社会主义思想在乡村意识形态领域的主导地位，保证意识形态安全。乡村管理各级党委要把意识形态工作牢牢放在心上，认真抓、时时抓。在美丽乡村建设过程中，一是要深入开展爱国主义教育，特别是教育好青年一代，结合党史学习，塑造青年一代爱国爱党爱人民的坚定信念，培养他们扎根基层，服务乡村的意识。二是要注重培养熟悉意识形态工作、懂管理、善经营、有责任心的乡村管理各级干部主抓美丽乡村建设工作。三是要关注网络意识形态安全、网络舆情管控，确保网络意识形态阵地可控可管。充分利用网络平台，使其成为意识形态管控的前沿阵地。四是要深入开展民族团结宣教和民族团结进步创建活动，引导乡村群众树立坚定的中华民族意识、家国意识和科学世界观，增强乡村发展凝聚力和强大合力。

二、坚定民族政策贯彻落实

深入贯彻落实、实施好党的民族政策，是新时期民族工作的重要任务，更是民族地区乡村稳步发展的坚实基础。西部地区特殊的民族发展历史与基础，决定了美丽乡村建设必须紧密结合民族政策的深入贯彻落实，扎实稳步推进。美丽乡村建设过程，一是应确保从地区实际出发，充分考虑如地区群众信教、乡村人居分散、生态保护制约等现实，使乡村建设发展既能与时俱进、聚力创新，又能扎根本地、富有生命力。二是在毫不动摇地坚持西部地区民族平等政策，确保民族团结、加强民族互助、实现民族和谐的同时，充分尊重西部地区民族风俗及生活习惯，大力扶持发展民族产品生产，完善乡村公共服务，制定返乡创业扶持政策等，提升西部地区乡村群众的获得感和幸福感。

三、加强乡村民主法治建设

新农村建设使西部地区乡村的基层民主、村民自治、村务公开等得到大力推进落实。乡村发展过程中，民主选举普遍开展，民主决策普遍贯彻，民主管理普遍推行，各地乡村的基层民主法治建设水平有效提升，并依法确保了广大农牧民群众当家作主的权利。继续提升乡村民主法治建设水平，是保证西部地区美丽乡村建设稳步开展，及地区社会稳定与经济繁荣的前提。新时期美丽乡村建设过程中，乡村民主法治建设的开展，一是要加强基层党组织和自治组织建设。切实发挥基层党组织的战斗堡垒和领导作用；优化基层党组织内部年龄结构，积极吸纳党组织发展的新鲜血液；加强对党员及村民的法治宣传教育力度；加强村两委班子建设。二是要完善民主法治体制机制建设。着力使乡村工作在贯彻法治精神的前提下，因地制宜的有效开展；完善事前审查与事后责任追究制度，确保民主决策的科学合理；结合各村实际，充分发挥"法治＋德治＋自治"的管理合力，实现乡村善治。三是要重视乡风文明建设。西部美丽乡村建设要发挥社会主义核心价值观的价值引领作用，以各类形式弘扬社会主义核心价值观，增强村民主人翁意识和参与意识；完善矛盾调解化解机制，同时继续深入开展扫黑除恶专项斗争。

四、提升乡村现代化治理能力

乡村现代化治理能力是国家整体治理效能在神经末梢的最终体现，也是西部地区现代化治理能力在乡村的具体实践体现。这直接影响着西部地区现代化治理能力的提升速度和质量，是事关全省治理能力现代化建设的关键一环。

有效提升西部地区乡村现代化治理能力，一是确保提升基层党组织的治理能力。有效强化乡村基层党员的信仰忠诚度，全面提升基层党组织对乡村管理工作的领导能力。充分带动发挥乡村社会多元共治与协同治理，完善基层组织治理方式与机制。二是致力于实现城乡基本公共服务均等化，实现乡村在教育、医疗、社会救助、设施布局方面的实质性的均等化投入。三是紧密构建乡村利益关联机制。要充分调动农牧民参与乡村共治，引导建立多种形式的乡村社区利益共同体，并在此基础上构建多级多层的乡村基层社会治理体系。同时，完善能保障公众参与的乡村公共空间建设，保护乡村固有的各类公共活动，培养农牧民的公共参与意识与习惯。重视网络公共空间的建设与管理，将其发展为乡村治理的新方式、新平台。四是积极吸纳各类社会力量参与乡村现代化治理。积极营造有助于社会力量参与乡村治理的环境氛围。建立并完善社会力量的参与机制，引导规范化现代化的协同治理参与体制。

五、实现宗教和谐与精神脱贫

宗教和谐鼓励各民族群众积极巩固脱贫攻坚成果，努力创造美好生活，勉励广大宗教界人士继承弘扬爱国爱教优良传统，自觉抵御境外渗透和宗教极端思想，为当地经济发展、社会和谐贡献力量。西部地区美丽乡村建设要主动把宗教治理纳入乡村治理体系，积极引导宗教与社会主义乡村发展相适应。一是要正确引导，切实减轻群众宗教负担。把精神脱贫工作与减轻信众宗教负担、减少农牧民群众宗教支出紧密结合。把"精神扶贫"与地方脱贫致富、精准扶贫工作有序衔接，做到"精神脱贫"与"精准扶贫"工作精密结合，相互关联。同时，积极倡导利用法会、利用宗教代表人士，正面发声、正面引导，树立"脱贫光荣""勤劳致富"的思想；有效控制法会收支。二是要加强教育，切实转变禁宰惜售观念。有针对性地开展教育引导。解决少数宗教教职人员借宗教名义干预牲畜屠宰出售。加强网上舆论引导，深入推进民族团结进步创建进寺院，把法制宣传与依法治寺、依法管寺、以戒管僧相结合。三是移风易俗，切实转变陈规陋习。把移风易俗与脱贫攻坚结合起来。在尊重宗教信仰自由和地方民俗的基础上，引导农牧民群众移风易俗，鼓励寺院为家庭贫困的信教群众在丧葬、嫁娶和祈福等宗教议程上进行无偿诵经，减轻宗教负担。积极倡导信教群众在经济允许的范围内适当布施，婚丧嫁娶中理性消费，坚决杜绝举债信教和攀比消费。四是重视巩固西部地区基础教育成果。继续巩固普及义务教育成果，强化教育的社会责任；优化地区教育资源配置，增加优质教育资源覆盖面，引导教育资源在各个地区合理流动，使基础教育资源配置结构更加优化，以解决教育资源配置的不平衡问题。

第二节　西部地区美丽乡村建设保障机制

精准扶贫、脱贫攻坚解决了局部的、紧迫的具体问题；美丽乡村完成了乡村发展腾飞的基础性工作。下一阶段的美丽乡村建设将关注于完成系统性、长期性的与乡村振兴战略的有效衔接问题。重点围绕精准扶贫新时期扎实织牢防返贫网，有效缓解相对贫困、解决多维贫困、统筹城乡贫困的同时，高效率完成新时代"三农"工作与乡村发展的历史任务。为保障这项历史使命的有效衔接与落地施效，需构建如下动力机制。

一、农村市场经济体制确保乡村发展的保障机制

积极完善和深化精准扶贫与脱贫攻坚成果巩固时期农村市场经济体制改革是实现党确立的"两个一百年"奋斗目标和实现中华民族伟大复兴的必经之路，也是符合当前构建国内大循环为主体、国内国际双循环相互促进的新发展格局要求的工作任务。农村市场经济体制机制改革要坚持党的领导，最大限度地发挥社会主义制度和市场经济的优越性。

（一）全面完善产权制度，深化土地制度改革创新

精准扶贫新时期美丽乡村建设与乡村振兴背景下，农村土地要积极探索以更合理方式实现保护与开发并重。土地制度改革创新是巩固脱贫攻坚成果迈向美丽乡村及乡村振兴的保证，也是精准扶贫与脱贫攻坚政治性的有利体现；精准扶贫与脱贫攻坚的系统性决定土地改革过程要对精准扶贫及扶贫新时期美丽乡村建设提供必要保证；精准扶贫与脱贫攻坚的复杂性决定了土地制度改革创新将为脱贫攻坚的持久性效果提供巨大保障。

一是在农村集体产权制度改革、农村土地制度三项改革试点工作基础上，成熟完善农牧区承包地"三权分置"制度，提高土地的资产性产出效率。二是要合理盘活利用各类社会资本，建立开发与保护并重的农村土地经营机制。在严格坚持农村土地集体所有制的同时，防止城市资本对农村土地资产市场的过度渗透影响。三是持续深化还权赋能，允许农地有偿流转并适度规模经营，给予农牧民更多在土地流转承包等土地经营行为上的自主权。四是统筹集体范畴内的农村土地利用开发，规范土地使用，保证农村土地集体所有的底线。施行诸如农房财产权抵押、经营性建设用地入户等，在现有城镇国有建设用地基准地价基础上，扩展为城乡统一的建设用地基准地价，允许村集体依法把有偿收回的闲置宅基地、废弃的集体公益性建设用地转变为集体经营性建设用地入市等。

（二）培育和增强农牧民的市场意识，改革农村社会主义市场经济管理体制

一是由于西部脱贫村尤其西部民族地区转移性收入占比普遍偏高，精准扶贫后扶贫时期急需转变侧重于政策主导性帮扶和社会动员性"给予"的做法，积极完善和深化后扶贫时期农村市场经济体制改革，充分调动脱贫主体和广大农牧民参与精准扶贫基础上美丽乡村建设衔接工作的主动性、积极性。二是加强对农牧民及基层干部有关商品、服务、市场等知识的教育引导，除了继续规范加强实施普遍开展的各类技能培训外，应首先侧重实施"眼界工程"，即选派农牧民尤其是乡村中心人物、乡贤代表、致富带头人等，到各地省会、省外城市及发达乡村参观学习，加大感性认识与信息刺激，拓展其视野思路，激发

其发展动力，帮助他们更好地了解并融入市场经济体系。三是建立符合市场经济要求、弱化行政管理职能的产供销一体化管理体制，可充分借助如供销合作社联合社等已有的乡村物流、销售、管理体系，加强农牧业产前投资、生产物资供应、农业信贷保险、农牧产品物流、重要物资储备等平台及部门建设。

（三）培育乡村产业发展的社会基础和社会支持系统

一是充分发挥乡村组织及乡镇级政府、农村信用社、基层银行机构的融资职能，利用农村信用社小额贷款、双基联动合作贷款、"530贷款"等方案为乡村发展提供有效资金支持。精准扶贫及脱贫攻坚资金及资源投入机制已难再次复制到美丽乡村及后续乡村振兴发展阶段，要保证精准扶贫与美丽乡村建设直到乡村振兴的有效衔接，必须要兼顾好后扶贫时期的巩固脱贫成果投入与美丽乡村建设投入的均衡性。在对乡村产业发展效果进行合理评估考核的基础上，加大对市场发展潜力大、优势明显的产业发展专项配套资金支持，确保政策支持的稳定性、持久性。二是以基层行政管理制度、社会服务制度、社会保障制度改革为重点，加强城乡互动与综合合作，激发乡村各项改革动力。完善乡村市场经济服务体系，畅通市场信息传递渠道，抓好农牧业专业生产社会化服务。

（四）大力发展乡镇企业、龙头企业及此基础上的农牧产品营销管理

一是西部地区较为单一的产业发展结构决定了"一村一品"的乡村发展任务实现难度太大。但以乡镇企业为带动的区域产业优势挖掘仍有较大潜力。应大力发展以地标产品、特色产品、区域品牌产品等为代表产品的乡镇企业，全面扶持民族特色企业、民族特需商品定点生产企业，改革乡村整体产业经营模式，创造规模效益。二是多渠道增加农牧业投入。除继续加大国家财政、技术、政策等投入引导外，需统筹高效利用各级各类援建项目资金，以活跃乡村资金供应。三是加大农牧产品物流渠道建设。创新短链流通模式，探索农牧产品专卖店营销，大力拓展对接餐饮、商超渠道，做好参展招商等工作。积极推动产地市场和新型经营主体与超市、社区、学校等消费终端对接，探索发展订单农牧业。创新产销对接方式，完善农超对接、农批对接、农产品直销等模

式。打造农牧产品产地预冷等冷链物流基础设施网络，大力推进电子商务、大数据基础建设。开展季节性促销、扶贫促销等产销对接活动，积极实践展会推销、网络促销等，探索形成完整稳定的综合性销售网络与合作关系。创新产品上行运营管理，在各地前期开展的农村电商发展基础上，继续帮助农牧业经营主体、加工企业与电商平台的对接，将线上需求现实化，使线下资源与线上需求有效对接。

二、坚持和优先科学规划引领机制

合理的美丽乡村建设规划设计要推动城镇现代化空间布局向乡村延伸，构建协调融合的城乡保护开发格局。

（一）准确认识美丽乡村规划编制要求

美丽乡村建设规划不是传统意义上单一村庄（或者某一行政区域内）的空间规划、土地规划、产业规划。如何将乡村各方面的发展需要融会贯通，做到各地乡村区域上的一体化设计、内容上的多规合一，才是美丽乡村建设规划的核心要义。要充分进行实地调研，梳理调研信息，重点进行两方面分析。一是城乡关系分析。以全域规划理念指导城乡发展一体设计、功能互补，形成多规合一的城乡规划体系；城乡关系分析切忌脱离城乡发展互动的乡村发展规划与建设，以避免出现乡村发展落后于区域发展总体要求，难以借力城镇发展辐射影响。二是乡村发展现状分析。明确乡村规模、功能和发展定位，在此基础上，进行乡村发展总体定位，编制目标体系和总体发展框架，形成美丽乡村建设及乡村振兴战略实施计划及分阶段发展规划。结合实际具体完成乡村的基础设施及公共服务、产业发展、空间布局、社区社群布局、乡村治理、人才储备等分项内容，提出各具特色的可操作性强的美丽乡村建设规划。乡村发展现状分析重点要明确乡村发展定位，切忌跟风式的大兴土木，以及弱化乡村乡土气息的建设管理。如海西州德令哈市柯鲁柯农垦小镇广场，整体规划建设整齐美观统一。但调研中当地基层干部与群众普遍反映，由于所有小镇商铺严格进行商业化管理，取缔了原有的集市商品开放式摊点销售，乡镇烟火气随之消失，部分节令性农产品也很难找到临时销售摊点而难觅踪影。群众评价小镇的建设面貌是好了，但生活及消费体验下降了。这反映出类似的村镇总体规划与管理未能将"政府、投资者、老百姓"的不同诉求有效融合，进行准确合理的发展定位。

（二）科学设定衔接目标和工作重点

精准扶贫的后扶贫时期美丽乡村建设实施，一是需把握当前经济高质量发展要求特征，科学评价精准扶贫与脱贫攻坚产生的乡村产业发展、组织建设、生态建设及乡村治理等方面实际效果，明确后扶贫时期农牧民群众对精准扶贫与脱贫攻坚的知晓度、支持度、满意度，合理设定衔接目标和工作重点，避免因未充分考虑区域差异和现实条件，而为完成统一任务搞形式主义和形象工程。二是合理设定衔接目标，帮助农牧民正确看待自身利益获得，设定合理的心理预期，避免出现因不科学的目标设定而致使农牧民所得和预期间出现较大差距，最终导致其心理失衡而影响美丽乡村建设的获得感。

三、培育和优化人才支撑动力机制

习近平新时代中国特色社会主义思想明确指出，必须坚持以人民为中心的发展思想，不断促进人的全面发展，实现全体人民共同富裕。美丽乡村建设过程中，人才水平直接决定了产业发展、组织建设、文化振兴的总体水平。

（一）要因地制宜构建人才培育吸纳机制

西部地区乡村实际情况是，村干部专职化背景下，该群体整体缺乏产业经营管理能力（包括动力）。这直接导致集体经济发展表现出较高的发展规模基础上未产生相匹配的经济发展效益。而经济、管理能人大多外出务工经商或者在村内自主发展产业。这些以"新农人""新乡贤"等为代表的乡村精英群体具有更大的致富潜力。一是要结合各地需要，有计划地培养在城乡规划、农创产品开发、乡村公共服务、文化宣传与文化传承等方面有工作潜力和带动引领作用的人才；对乡村振兴发展中稀缺的各类人才进行统计，精准配备、加强管理。二是大力推动城企村资源联合，建立配套于乡村产业发展的职业教育机制，培养新型职业农牧民，充实扎根乡村的人才库。最终实现由"引入精英"变为"培养精英"，提高乡村人才留乡服务率。三是鼓励吸引社会人才支持乡村发展。支持他们以各种方式参与美丽乡村建设及乡村振兴，服务乡村发展。

另外，通过传统人事考核方式选拔的乡村基层干部可能存在语言不通、不熟悉当地乡村实际情况、缺乏扎根精神、群众认同感低的问题，他们最终成为乡村发展中的匆匆过客。传统的人才选聘机制一定程度上忽视了本土人才的天然优势。本地人才胜在熟悉当地实际情况，进行乡村管理沟通等工作更接地气。他们才是本省美丽乡村建设及乡村振兴发展中宝贵的中坚力量，他们更留得住、更得人心、更能成为乡村建设发展的推动者。

因此，调整人才任用选拔机制是目前就西部地区乡村实际，需要改革的部分。应增加对民族文化认同（包括语言文字）、基层工作信念等方面的考察，增加对本土人才选拔培训的力度，必要时给予政策倾斜。

（二）配套完善的乡村创业保障机制

一是对乡村创业群体提供更现实的收益、多方激励和保障。充分发挥近乡人才的积极示范作用。急需克服目前社会保障本身存在的碎片化缺陷，制定完整的农牧民创业物质条件和保障制度。

二是设立农牧民创业孵化机制。对符合乡村振兴实践要求的项目给予启动资金支持，构建完善创业信息与科技服务支持平台，进一步完善乡村住房、教育、医疗等公共服务基础，构建乡村创业保障体系。

四、夯实和推进技术支持助力机制

美丽乡村建设的生产生活基础设施技术水平、农牧业生产技能水平、创新发展产业的技术支持等决定了乡村可持续发展和生态乡村建设水平。

（一）要继续完善乡村生产生活基础设施及技术支持

提高农村公路覆盖深度和网络化水平，加快构建村级公路养护资金投入保障机制、养护规范和考核体系建设。加快城乡客运服务一体化，提高城乡客运客车通达深度。在完善交通节点、贯通物流设施基础上，建设现代化物流体系、村级物流服务点、快递收发点等；推进智慧水利建设，以水利信息化支持水利现代化发展，提高乡村水资源利用率；建设乡村能源体系，完善能源基础设施网络，推动清洁能源利用，推广农牧区绿色节能建筑和节能技术、产品；加快农牧区乡村宽带普及，缩小城乡信息差距，探索农牧区信息创新应用模式，推广远程教育、远程医疗、信息综合服务等。

（二）大力完善技能培训体系

在已有的技术下乡、技能培训框架基础上，以政府及基层乡村组织为主体，整合各类社会技术资源，开展不同层面、形式、内容的乡村产业、生产技能技术培训。提高乡村已有生产项目的技术水平，满足群众技能培训的现实需要，使技能技术培训更高效地转产能、出效益。一是对乡村技能培训内容进行先期调研，从乡村群众的自主需求、市场需要、产业发展要求等角度进行精准筛选，找到培训需求重点。二是将培训内容进行系统化、长期化的优化设置，改革原有短平快的技能培训模式。推行定期化、层层递进式的技能培训，形成由简入深、含金量高的技能技术培训体系。三是开展技能竞赛，提高农牧民群众参与技能培训的积极性，起到以点带面的作用。

（三）从生产技术方面给予美丽乡村建设大力支持

一是调整农牧产品品种和技术创新方向，助推农牧业结构调整。二是加大农牧业产业链技术研发，加紧各类农产品精深加工技术、农副产品综合利用技术、农产品质量安全控制技术等的开发落地。三是加强支撑农业新业态发展的技术研发。推进现代信息技术如大数据、物联网、云计算、车联网等应用于农业生产经营、农产品加工销售及乡村旅游等产业，加快农村产业结构优化升级。

五、创新和丰富乡村文化运行机制

西部地区前期美丽乡村建设过程中，对乡村文化的保护挖掘工作一定程度上是滞后的。已建成的美丽乡村人居环境极大改善，乡村基础设施如道路硬化、乡村亮化、民居改造等都取得了卓有成效的进展。但不能忽视的是，传统乡村的建筑风貌、乡村文化在乡村快速发展过程中受到不同程度的冲击和影响。新居的改扩建造成传统民居废弃，传统民俗也受到外来文化的巨大冲击而日渐凋敝，农事生产的现代化使原生态的生产形式被大大简化。而这些日渐衰微的乡村文化符号恰恰是美丽乡村及乡村振兴中的灵魂所在。

乡村各类文化符号的有形化、品牌化可以创造巨大的经济、社会收益，激发乡民的自尊自信，提振乡村发展动能，培育乡村发展的内生动力。

（一）基层党建引领乡村文化发展

通过抓实基层党建推进意识形态工作向基层延伸，着力解决"素质贫困""思想贫困"。一是注重乡村农牧民思想教育引导，继续推动乡村移风易俗和乡风文明建设，完善村规民约，营造崇文尚礼、文明健康的社会环境。二是加强感恩教育。组织开展各类感恩行动，大力宣传后扶贫与美丽乡村建设衔接期的先进典型，激发基层干部及农牧民干事创业热情。充分借助基层党建各类活动形式及内容发挥对乡村文化发展的引领促进作用。

（二）重视乡村文化信心的提振

一是抢救恢复传统乡村原有的生活方式、情感线索、文化符号、乡村价值观，使它们与当代价值文化相互碰撞，摩擦出新的价值和文化活力。二是推行品牌乡村工程。具体的小区域农牧产品到大区域乡村形象都会从品牌乡村工程中获益。而乡村特色产业及自身发展成功的标志也是形成专业村甚至专业镇，拥有品牌，占领市场等。应引导西部地区乡村重视村名宣传、村标建设，将乡村发展与品牌乡村打造紧密结合。以品牌乡村带动乡村产品、产业及整体发展。三是提炼乡村文化特色，将其赋能于乡村品牌建设发展中，在区域内形成乡村鲜明品牌形象与社会知名度。

（三）加大乡村文化物质载体的保护

美丽乡村建设中，要重视乡村原生建筑保护。在维护乡村文化物质载体基础上，进行严格合理的村庄规划。融于自然生态环境的乡村原生建筑、文物古迹、农业遗迹等均是乡村文化的典型代表。而诸如藏族古堡、撒拉木栏式建筑、农业区传统庄廓等这些极具特色的传统民居既是最有效的文化载体，也是文化传承、开展乡村旅游的重要资源。

（四）创新文化形式的再创造

要充分利用乡村文化的丰富内涵，结合发展智慧乡村模式、实景演出模式、民族文化创意商品开发模式、民族传统技艺保护和传承基地模式、乡村创意生活与休闲乡村模式等，形成乡村文化新的生命力。

六、提升和推进公共服务共享机制

东部农业区乡村人口进城迁移成为该地产业发展的必要基础，而西部乡村受宗教文化、生活消费观念、区域位置、城镇辐射等因素影响，人口迁移表现弱于东部地区。待到美丽乡村建设缩小城乡经济差距后，乡村人口的迁移流动会趋于平衡。

2020年9月16日国家发展改革委政策研究室副主任、新闻发言人孟玮表示，下一步将聚焦"两新一重"领域扩大有效投资，将加快推进以县城城镇化补短板强弱项为重点的新型城镇化建设。未来小城镇的发展将更加依赖于城乡交互式融合，美丽乡村及乡村振兴的最终着力点也将是把乡村发展纳入城乡一体化范畴，实现以乡村为基点，以小城镇带动辐射周边乡村，乡村发展融入城镇化的过程中。

在此趋势下，有序引导乡村人口向小城镇迁移，加强公共服务产品供应和公共服务体系的城乡共享机制建设，将一方面保障乡村建设发展主体的长久发展获利，另一方面也将达到美丽乡村、乡村振兴与新型城镇化建设有效融合协调发展的最终目标。

（一）大力提升公共设施和服务能力

通过前期大量基础调研发现，基层乡村医疗硬件水平在精准扶贫与脱贫攻坚及高原美丽乡村建设期间得到高质量建设，但与之配套的乡村医生数量及素质差距明显。调研中基层干部普遍反映医务室设备有了，但村医不够。2020年新冠疫情也暴露出城镇化及前期乡村建设在公共设施和服务能力上的短板，因此要继续健全乡村医疗卫生服务体系，完善相关的政策制度，着力解决当前乡村医疗卫生人才缺乏的困局。

（二）完善城乡统一的社保制度

精准扶贫与脱贫攻坚以来，全省已实现贫困人口基本医疗有保障。全省在实施"基本医保—大病保险—医疗救助"三重保障基础上，构筑了健康扶贫医疗服务保障体系，认真落实"先诊疗后付费"和"一站式"报销政策等健康扶贫措施，政策范围内报销比例在90%以上，有效确保解决了"看病难""看病贵"的问题。在健康扶贫政策下，西部地区各县至少建有1所二级公立医院。前期调研中从贫困户看病负担角度来看，普遍反映看病负担明显减轻。美丽乡村建设与乡村振兴阶段要在精准扶贫与脱贫攻坚积累的农村医疗保险、养老保险、最低生活保障等基础上，加快实现医疗保险、养老保险等各类社会保险标准统一、制度并轨，充分发挥社保对保障人民生活、调节社会收入分配的重要作用。这也是实现城乡协调发展、体现新时代中国特色社会主义制度优越性的现实表现。

（三）完善社会救助体系

社会救助在脱贫攻坚期内，充分发挥了底线兜底保障作用。继续优化外部扶持性公共福利体系的同时，建立内生性互助福利救助机制。应建立村民互助帮扶小组，引导乡镇村内外进行互助式养老、互助式留守儿童帮扶等。

七、建立和推广顶层设计与基层实践互动机制

精准扶贫、脱贫攻坚成果与美丽乡村衔接期内的顶层设计是来源于基层实践的总结升华。脱贫攻坚积累的工作经验与美丽乡村、乡村振兴衔接期的实践探索为顶层设计保驾护航。必须要坚持群众路线，深入挖掘和提炼衔接期内各类工作成果，完整有序地进行理论升华，用于辅助顶层设计。同时，基于基层实践经验反馈完善后的顶层设计，可以有效地用于实践理论指导和统筹协调。

（一）加强美丽乡村实践经验检验评估

在科学管理后扶贫时期美丽乡村建设落地实践"溢出效应"的同时，侧重

对衔接期内美丽乡村建设经验的检验评估。对实践效果良好且适用于各地的美丽乡村衔接发展经验，及时凝练补充到美丽乡村与乡村振兴实施的顶层设计中；对影响面广、效果短期难测且不成熟的美丽乡村落地设计，应进行个别地区试行，在完善并经过准确的效果评估后再广泛推广。

（二）完善"经验总结—指导—反馈"模式

后扶贫时期与美丽乡村衔接的顶层设计和基层探索中，应对精准扶贫与脱贫攻坚期间工作效果客观评价。需持续总结基层实践经验，优化战略方案，完善理论指导反馈，提高接续效果，形成渐进式、递增式的制度衔接完善机制。

八、重视和强化动力激发带动机制

2020年是脱贫攻坚的决胜之年，也是美丽乡村建设的转折年，美丽乡村及后续乡村振兴制度框架和政策体系也基本形成。精准扶贫及脱贫攻坚期间，基层农牧民及工作人员的脱贫工作任务压力陡增，身心负担加剧。前期针对基层群众及干部的心理调研发现，疲于应付、无所适从的心理在此期间非常典型。

前期调研总结可得，贫困县脱贫户中有劳动能力和主动意愿的贫困群众均能实现产业扶贫项目带动脱贫。从建档立卡脱贫户人均收入情况看，在各类产业扶持措施帮助下，建档立卡户收入明显提高，2019年人均收入高的地方能达到当地当年扶贫标准的2.5倍以上。但收入增长背后还应客观评价收入结构问题。虽然脱贫攻坚结束后将坚持"四个不脱"，但及时干预并调整收入结构，将是后扶贫时期巩固脱贫成果，并保证收入稳定增加的同时要解决的重点问题。

而各级基层工作人员在后扶贫时期与美丽乡村、乡村振兴的衔接期内，将承受更大的工作压力与工作强度。结合美丽乡村建设及乡村振兴战略实施，进一步完善驻村帮扶制度的同时，如果不能确保基层人员在美丽乡村建设及乡村振兴战略实施中全身心投入，将严重影响后扶贫时期美丽乡村建设的有效推进。

（一）智志双扶激发群众内生动力

客观来看，必须多角度激发基层农牧民内生动力，以满足后扶贫时期精准扶贫政策过渡与调整后美丽乡村建设及乡村振兴快速发展的现实需要。应重点完善针对贫困边缘户的系统性支持，减少贫困户与非贫困户之间由于脱贫政策支持力度不均产生的隔阂，维护好原有社区（群）内部的各项利益平衡，培养提高村干部综合素质，推进村干部职业化管理制度，强化社会整体动力提升及动员效果。

（二）释压兼慰励激发基层干部行动力

针对脱贫攻坚工作压力还未完全释放的基层干部，必须配以恰当的压力传递与动力激发机制，以保障后续美丽乡村及乡村振兴工作的顺利施行。平衡好后扶贫时期压力传递和美丽乡村及乡村振兴衔接期的动力激发关系，力保脱贫攻坚压力转化为乡村后续建设发展动力，并用乡村发展动力激发后扶贫时期解决多维贫困、相对贫困和城乡贫困的内在潜力。要确保美丽乡村建设及乡村振兴工作任务的有效层层下放，达到目标清晰、责任明确、滴灌实效。将后扶贫时期精准扶贫成果巩固、美丽乡村建设及乡村振兴战略目标、广大农牧民对美好生活的追求以及各级工作人员绩效考核合理有效结合。坚持适度原则，防止衔接期内过度化、指标形式化的工作评价。防止过度依赖考核与督查，应更加关注将压力传导变为正向激励。

结　语

新中国成立以来，特别是改革开放以来，西部地区认真贯彻落实党在农业农村的各项方针政策，出台了一系列强化农牧业发展的新政策、新措施，农村牧区发生巨大变化，从农村联产承包责任制到免除农业税，再到农村集体产权制度改革、美丽乡村建设、精准扶贫、乡村振兴，农牧区实现了从计划经济到市场经济，从传统农牧业到现代农牧业的嬗变，农牧民人均纯收入从20世纪的百元到如今突破万元大关，农牧民生产生活方式也发生了翻天覆地的变化。呈现出农牧业生产连年丰收、农牧民收入大幅增长、生态环境明显改善、农牧区社会和谐稳定的新局面。在此背景下，西部地区紧密结合精准扶贫和农牧区人居环境整治工作要求，持续实施高原美丽乡村建设，补齐建设短板，巩固提升了乡村建设效果。

首先，西部地区受自然历史条件影响，乡村建设发展水平明显落后于东部农业区。在美丽乡村建设及乡村振兴战略推进的历史大潮中，要追赶东部农业区乡村发展的步伐，必须拓展乡村发展思路，积极实现西部地区乡村"生态美、经济美、生活美"。

其次，西部地区美丽乡村建设基础差异明显，各地资源禀赋迥然有别，村庄建设基础、生态环境、产业发展、公共服务、乡风文明等各有不同，即乡村发展起点已有先天差距。这就要求下一阶段美丽乡村建设及乡村振兴必须贴合乡村实际，从各地地方差异性优势特点出发，挖掘乡村潜能，找到发展突破口。

再次，美丽乡村建设的重点已不是单纯的乡村"美丽"，不论是乡村可持续发展或是村民生存发展的需要，都要求美丽乡村建设必须重视产业、人才、文化、生态与组织。只有乡村发展的这五个层面均衡和谐发展，美丽乡村建设才能显实效、见长效，并有效激发村民共建热情，提升乡村发展的内生动力。

最后，美丽乡村建设是乡村振兴的前提条件和必要条件。美丽乡村建设初期完成的村庄规划、村庄建设、生态环境建设、经济发展、公共服务、乡风文明的建设成果是实现乡村振兴的前提条件。每个层面都决定了当地乡村振兴的起点。因此，乡村振兴战略的推进要先以完成美丽乡村建设为基础。